Michael Brandenburg

Hafenführer DDR

Von Travemünde bis Usedom
mit Rügen und den Boddengewässern

Edition Maritim

Impressum

CIP-Titelaufnahme der Deutschen Bibliothek
Brandenburg, Michael:
Hafenführer DDR: Travemünde – Usedom; mit Rügen und Boddengewässern / Michael Brandenburg. – Hamburg: Ed. Maritim 1990
ISBN 3-89225-203-3

©DK Edition Maritim GmbH 1990
Stubbenhuk 10, D-2000 Hamburg 11

Umschlag: Jan Buchholz und Reni Hinsch, Hamburg
Satz: Hess Fotosatz GmbH, Hamburg
Lithografie: Leonhard Baader, Hamburg
Druck und Bindearbeiten: Clausen und Bosse, Leck

Fotonachweis:
ADN, Berlin: S. 32, 71, 120
Archiv Edition Maritim, Hamburg: S. 70
Svante Domizlaff, Hamburg: S. 52, 61, 66
Foto Bode, Ribnitz-Damgarten: S. 85, 91
Harry Hardenberg, Stralsund: S. 53, 78, 97, 101, 136
Interflug, Berlin: S. 37 (Freig.-Nr. ZLB/L 820021-677), 46 (Freig.-Nr. ZLB/L 820021-1104), 82 o. (Freig.-Nr. ZLB/L 820021-626), 95 (Freig.-Nr. LFB 83004-24), 109 (Freig.-Nr. LFB 830038-788), 115 (Freig.-Nr. LFB 830038-644), 165 (Freig.-Nr. LFB 830038-810)
H.-G. Kiesel/Yacht, Hamburg: Titelfoto, S. 83 o., 144 o.
Gerhard Martens, Warnemünde: S. 45
Bodo Müller, Rostock: Rückseitenfoto, S. 81, 82 u., 83 u., 84, 86, 143 u., 144 u. 152
Rudolf Sack, Berlin: S. 64
Sächsische Landesbibliothek, Abt. Deutsche Fotothek, Dresden: S. 29, 67, 112, 130, 135, 143 o., 162
Jürgen Chr. Schaper, Hamburg: S. 23, 38
Kurt Schwarz, Berlin: S. 11, 17, 42, 62, 104, 106, 111, 132, 140, 146, 157, 160, 166, 168, 170, 174, 175, 176, 178, 181, 184, 191, 192, 195, 197, 199, 201, 210, 213, 215, 216, 219
Hanjo Volster, Wismar: S. 26, 31, 36, 39
Dr. Egon Weber, Düsseldorf: S. 141, 142
Ulrike Zülow, Rostock: S. 128

Titelfoto: Hafen am Alten Strom, Warnemünde

Printed in Germany 1990

Inhalt

Einführung 9	Nördliche Rügensche Bodden .. 93
Segelsport in der DDR 10	Stralsund 99
Häfen 11	Hiddensee 105
Brücken 12	Neuendorf 107
Seekarten/Nautische Bücher 13	Vitte 109
Navigation 13	Schaprode 113
Einklarierung/Zoll- und	Wiek/Rügen 115
andere Bestimmungen 16	Kuhle 118
Wind und Wetter 18	Breege 121
Versorgung 19	Glowe 123
Notfälle und Krankheit 20	Ralswiek 126
	Lietzow 128
Von Travemünde nach Wismar .. 22	Martinshafen 131
	Saßnitz 133
Die Wismarbucht 24	
Timmendorf 27	Der Greifswalder Bodden 139
Kirchdorf 30	Stahlbrode 148
Wohlenberg 33	Puddemin 150
Wismar 35	Wieck/Greifswald 151
	Lauterbach 155
Warnemünde und Rostock 41	Seedorf 159
	Baabe 161
Boddengewässer zwischen Barhöft	Gager 163
und Ribnitz-Damgarten 51	Thiessow 166
Barhöft 57	Freest 169
Barth 59	Wolgast 171
Zingst 62	
Prerow 67	Achterwasser und Haff 177
Bodstedt 71	Lassan 181
Born 73	Zinnowitz 184
Althagen 76	Stagnieß 186
Wustrow 79	Anklam 188
Dierhagen 87	Karnin 190
Ribnitz-Damgarten 89	Usedom (Stadt) 195

Inhalt

Mönkebude	197	Ziegenort / Trzebiez	214
Ueckermünde	200	Kalkofen / Wapnica	217
Kamminke	203	Wollin / Wolin	220
Altwarp	205	Neuwarp / Nowe Warpno	221
Polnische Häfen am Haff	209	**Register**	224
Swinemünde / Swinoujscie	211		

Vorwort

Der vorliegende Hafenführer DDR stellt ein für bundesdeutsche Segler bisher völlig unbekanntes Revier vor. Die Häfen zwischen Timmendorf (auf Poel) und Altwarp am Haff waren jahrzehntelang nicht erreichbar. Doch seit der Öffnung der DDR-Grenzen können westdeutsche Skipper endlich auf Ostkurs gehen.

Viele werden sich die einmalig schönen Boddengewässer erschließen, in geschützte Buchten und Wieken einlaufen und mit ihren Yachten die alten Hansestädte Rostock, Wismar und Greifswald besuchen. Die Ankerplätze und Häfen werden zu Stätten der Begegnung mit den DDR-Seglern.

Diese allerdings sehen der zu erwartenden „Invasion" mit gemischten Gefühlen entgegen. Der Vorfreude auf das Kennenlernen der bundesdeutschen Segler, auf Erfahrungsaustausch und gemeinsame Fahrtenseglertreffen steht bei vielen von ihnen eine gehörige Portion Skepsis gegenüber.

Sind die Zeiten, in denen man ganz allein in einer stillen Bucht ankern konnte, jetzt vorbei? Werden jetzt DDR-Segler in den eigenen, oft nur unter großen Anstrengungen gebauten Häfen keine Liegeplätze mehr bekommen? Geht der zu erwartende Ansturm auf Kosten der mancherorts schon bis an die Belastbarkeitsgrenze strapazierten Natur? Das sind die wohl meistgestellten Fragen.

Anworten darauf werden sich erst im Verlauf der diesjährigen Saison ergeben. Damit Spannungen zwischen Besuchern und Einheimischen gar nicht erst entstehen können, sind von beiden Seiten viel gegenseitiges Verständnis und Toleranz notwendig.

Besucher der DDR-Gewässer sollten sich keine Illusionen machen: Ein flächendeckender, bis zur Perfektion entwickelter Service wie zu Hause wird sie nicht erwarten.

Vielmehr wird sich zeigen, daß die kleinen Häfen mit ihrem ohnehin schon knappen Liegeplatzangebot den Ansturm nicht auffangen können. Sicheres Ankergeschirr, lange Leinen und ein Beiboot sollten daher auf jeden Fall zur Ausrüstung besonders der größeren Yachten gehören. Der allgemein unterentwickelte Service – von sanitären Einrichtungen bis hin zu Reparaturleistungen – wird vollkommen überfordert sein. Wer um diese Verhältnisse weiß und sie vorerst in Kauf nimmt, der wird durch die wohl schönste Küstenlandschaft in der südlichen Ostsee mehr als entschädigt. Herrliche Segelreviere und eine vielfältige Natur lassen die Unzulänglichkeiten an Land schnell vergessen.

In dem vorliegenden Buch werden zunächst die einzelnen Segelreviere und dann die dazugehörigen Sportboothäfen vorgestellt. Um eine geschlossene Darstellung auch des Haffs zu bieten, wurden die dort liegenden polnischen

Vorwort

Häfen mit einbezogen. Denken Sie daran, daß zur Einreise nach Polen ein Reisepaß und ein Visum benötigt werden.

Die Aussagen zu Revieren, Ansteuerungen und Liegeplätzen sind das Ergebnis langjähriger Segelpraxis in diesen Gewässern. Sie beruhen auf sorgfältigen Recherchen vor Ort und einer detaillierten Auswertung aktueller Materialien.

In unserer durch rasche Veränderungen geprägten Zeit wird in engem Zusammenhang mit politischen Entscheidungen auch eine deutliche Verbesserung für Fahrtensegler, die den anderen Teil Deutschlands besuchen, eintreten. Verbesserungen in der Infrastruktur durch den Neubau von Yachthäfen und die gemeinsame Schaffung kurzfristiger Übergangslösungen werden bald wirksam werden.

Ein weiterer Abbau der verbliebenen Formalitäten steht ebenso in Aussicht wie die deutliche Verbesserung der Versorgungsleistungen.

Möge dieses Buch dazu beitragen, die noch unbekannten Gewässer der DDR dem interessierten Leser näher zu bringen. Es soll für Skipper, die auf Ostkurs gehen, ein unentbehrlicher Begleiter auf ihren Entdeckungstörns in die Gewässer zwischen Wismarbucht und Haff sein.

Jürgen Chr. Schaper, Hamburg, danke ich für seine Routenbeschreibung Travemünde – Wismar.

Michael Brandenburg,
März 1990

Aktuelle Hinweise

Die Behörden der DDR erkennen die bundesdeutschen Führerscheine an. Allerdings müssen Skipper von Fahrzeugen mit einer Maschinenleistung unter 5 PS auch den Sportbootführerschein See vorweisen können. Schiffsführer auf Segelyachten ohne Motor müssen in jedem Fall den entsprechenden Verbandsführerschein des DSV mitführen. Die Verkehrsminister werden im Frühjahr 1990 ein entsprechendes Merkblatt herausgeben, das beim DSV oder DMYV erhältlich sein wird.

Für die zu erwartende große Zahl der bundesdeutschen Segler stellt das Seefahrtsamt der DDR kurzfristig zusätzlich Festmachemöglichkeiten und Liegeplätze bereit. Diese Einrichtungen bestehen teilweise nur aus Stahlspundwänden mit Ringen oder Klampen oder aus freigegebenen Anlegern in folgenden Orten: Wohlenberg und Hohen Wieschendorf in der Wismarbucht, Vieregge auf der Halbinsel Lebbin W-lich des Breeger Bodden, Ralswiek am Großen Jasmunder Bodden, Saßnitz, Neuhof im Strelasund W-lich Stahlbrode, Glewitzer Fähre gegenüber Stahlbrode, Stahlbrode am S-Ausgang des Strelasundes und Vierow W-lich Lubmin am Greifswalder Bodden.

Einführung

Die vor allem in West-Ost-Richtung verlaufende DDR-Ostseeküste beginnt wenige hundert Meter neben der Travemünder Hafeneinfahrt und reicht bis Ahlbeck an der polnischen Grenze.

Ein ständiger Wechsel zwischen flachen Strandabschnitten und Steilufern, zwischen tiefen Buchten und vorgelagerten Inseln wie Hiddensee, Rügen und Usedom bestimmt ihr Antlitz.

An der Außenküste liegen nur wenige Häfen, die wichtigsten von ihnen sind Warnemünde und Saßnitz.

Das eigentliche Segelrevier der DDR liegt aber weniger vor der Küste. Zwischen den Ostseeinseln und dem langgestreckten Festland gibt es traumhaft schöne Bodden, Haffs und Wieken, stille Buchten, geschützte Ankerplätze und kleine Fischerhäfen.

Schilfbewachsene Ufer und weiße Sandstrände, von gewundenen, schiffbaren Flußabschnitten durchzogenes Flachland und immer wieder weite Wasserflächen lassen das Herz jedes Seglers höher schlagen.

Die Gewässer zwischen Wismar und Altwarp sind mit nur wenigen Ausnahmen allesamt für Kielboote geeignet.

Für Yachten mit mehr als 1,5 m Tiefgang gibt es folgende Einschränkungen: Das Salzhaff, der Kubitzer Bodden nördlich Stralsund, der Breetzer Bodden östlich der Wittower Fähre und die Krumminer Wiek im Achterwasser sind flache Gebiete mit steinigem Grund. Sie sollten gemieden werden.

Die Gewässer östlich der Zingster Meiningenbrücke eignen sich vor allem für Boote, die weniger als 1,5 m Tiefgang haben.

Die übrigen Reviere wie das Oderhaff, der Greifswalder Bodden, die Wismarbucht und die Nördlichen Rügenschen Bodden sind auch für größere Boote ideal.

Für Yachten mit mehr als zwei Meter Tiefgang gibt es in einigen Häfen an bestimmten Liegeplätzen Probleme. Dies trifft vor allem für Anlegemöglichkeiten auf der Insel Poel, im Jasmunder, Saaler und Bodstedter Bodden zu.

Durch Windeinfluß können die Wassertiefen bis zu 0,5 m zu- oder abnehmen. Darauf ist bei lang anhaltenden Winden aus einer Richtung zu achten.

Oft finden sich in unmittelbarer Hafennähe geschützte Ankerplätze.

Die Ostseeküste ist das wichtigste Erholungsgebiet der DDR. Neben etwa einer halben Million Einwohner, die sich vor allem auf die größeren Städte Rostock, Stralsund und Wismar konzentrieren, wurden in letzter Zeit jährlich etwa drei Millionen Urlauber gezählt. Die kleinen Häfen an der Boddenseite liegen jedoch fast ausnahmslos abseits des Touristenrummels.

Als Segler findet man dort noch völlig unberührte Natur, Ecken, die vom Massentourismus bisher verschont blieben. Be-

Einführung

sonders auf dem Darß, auf Hiddensee und Rügen gibt es zahlreiche Landschafts- und Naturschutzgebiete. Sie wurden eingerichtet, um die Schönheiten der Umwelt mit ihren vom Aussterben bedrohten Tierarten und der vielfältigen Pflanzenwelt zu bewahren.

In diesen Regionen dürfen keine Veränderungen vorgenommen und die befestigten Wege dürfen nicht verlassen werden. Besondere Vorsicht ist in der Brutzeit der zahlreichen Vogelarten angebracht. In den geschützten Buchten Rügens baut der selten gewordene Seeadler seinen Horst, dort nisten Turmfalken und hunderte Arten von Wasservögeln.

Einige vor allem zum Brüten genutzte Gebiete, wie die östlich von Hiddensee gelegene Fährinsel oder die nördlich Poel liegende Vogelinsel Langenwerder, dürfen nicht betreten werden.

Wenn jeder Urlauber dazu beiträgt, diese einmalige Flora und Fauna zu erhalten (DDR-Touristen sind leider nicht immer beispielgebend) wird auch in einigen Jahrzehnten die Freude an der wunderschönen Landschaft noch ungetrübt sein.

Segelsport in der DDR

Der Wassersport in der DDR hat in den letzten Jahren sehr viel an Popularität gewonnen. Dennoch liegen in den weiten Boddengewässern nur wenige Sportboote. Gegenwärtig gibt es an der DDR-Küste. Etwa 650 Yachten. Der größte Teil von ihnen hat sich dem Fahrtensegeln verschrieben, etwa 150 Boote nehmen regelmäßig an der Ostseeregatta oder der Stralsunder Segelwoche – den größten Veranstaltungen dieser Art in der DDR – teil.

Die insgesamt erfreuliche Entwicklung ist um so positiver zu bewerten, als es in der Vergangenheit eine Reihe hemmender Faktoren gab. Die Führung des Bundes Deutscher Segler (BDS) – in ihm sind die meisten Segler organisiert – war einseitig auf den Leistungssport in den olympischen Bootsklassen ausgerichtet.

Die Fahrtensegler, von medaillenhungrigen Funktionären vielfach als störende Randgruppe empfunden, wurden kaum unterstützt. Die frühere Parteiführung sah im Seesegelsport offenbar ein Sicherheitsrisiko, er paßte nicht in das durchorganisierte, auf Höchstleistungen getrimmte Sportsystem.

Die Ausübung des Seesegelns wurde durch bürokratische, künstlich errichtete Hindernisse erschwert. Das Segeln auf der Ostsee war nur noch mit Sondergenehmigung möglich. Reisen wie in den sechziger Jahren in das Mittelmeer, nach Island und England durften nicht wiederholt werden.

Die Produktion von Yachten und Ausrüstung blieb weit hinter den Erfordernissen zurück, von der Erhaltung oder gar dem Neubau kommunaler Häfen für Yachten ganz zu schweigen. Die über viele Jahre hinweg schwierige Situation führte dazu,

Blick auf die Having am Greifswalder Bodden

daß sich das kleine Häuflein der DDR-Seesegler eng zusammenschloß.

Häfen in der DDR

An der DDR-Boddenküste gibt es etwa 50 vor allem kleinere Häfen. Große, perfekten Service bietende Marinas sind nicht vorhanden.

Die meisten Häfen haben Platz für zwanzig bis dreißig Boote, viele Liegeplätze davon sind allerdings durch Einheimische belegt. Yachten über 12 m Länge sind in der DDR die Ausnahme, dementsprechend sind auch die Liegeplätze für diese Größen selten. Nur wenige Häfen verfügen über extra ausgewiesene Gastliegeplätze. Trotzdem wird niemand, der in einen schon überfüllten Hafen einläuft, weggeschickt – das verbietet die Gastfreundschaft. Statt dessen wird eben noch enger zusammengerückt.

An den zu Sportgemeinschaften gehörenden Liegeplätzen wird unabhängig von der Schiffsgröße eine Gebühr von maximal 2,– M/Tag erhoben.

In fast allen kommunalen Häfen – sie werden meistens auch von Fischereifahrzeugen und der Weißen Flotte (Fähr- und Passagierschiffe in der Küstenfahrt) angelaufen – kann kostenlos festgemacht werden.

Auf Hiddensee muß im „Rat der Gemeinde" eine Kurtaxe von einer Mark je Person und Übernachtung entrichtet werden. Insgesamt sind die Gebühren – falls es überhaupt welche gibt – sehr niedrig. Dafür ist der gebotene Service aber oft auch gleich Null.

Trinkwasser wird grundsätzlich kostenlos in fast allen Häfen abgegeben. Mit den sanitären Einrichtungen sieht es schon schlechter aus. Toiletten, soweit überhaupt vorhanden, sind manchmal kaum noch zumutbar. Duschen und Waschräume sind seltene Ausnahmen. Einen Hafenmeister gibt es nur in wenigen Häfen. Für ortsfremde Besucher heißt das, möglichst bei ortsansässigen Seglern nachzufragen, ob ein Liegeplatz frei ist. Solche Kleinigkeiten vermeiden unnötigen Ärger und sollten im Interesse eines guten Klimas beachtet werden. Der Skipper einer einlaufenden Yacht sollte sich nicht wundern, wenn sich ihm beim Anlegen viele helfende Hände entgegenstrecken. Gegenseitige Unterstützung ist völlig normal. Ein guter Tropfen wird durch die Helfer nach dem Aufklaren selten abgelehnt.

Brücken

Wer in den DDR-Gewässern segelt, passiert folgende Brücken:
— die Zingster Meiningenbrücke
— die Stralsunder Ziegelgrabenbrücke
— die Wolgaster Peenebrücke
— die Zecheriner Peenebrücke zwischen Achterwasser und Oderhaff
— die historische Zugbrücke über den Ryck.

Mit dem Heißen von zwei Flaggen senkrecht untereinander wird dem Brückenwärter die Absicht bekundet, die Brücke bei der nächsten Öffnungszeit passieren zu wollen.

Das Ankern im Bereich von 100 m vor oder hinter der Brücke ist nicht gestattet. Wie überall in den inneren Seegewässern der DDR ist der Berufsschiffahrt Vorfahrt zu gewähren. Dieser Punkt ist vor allem an der Stralsunder Ziegelgrabenbrücke wichtig, denn dort herrscht reger Berufsverkehr.

Das Durchsegeln der Durchfahrten ist eigentlich nicht gestattet. Wenn mit raumem Wind eine zügige Passage erfolgt, wird das durch die Wasserschutzpolizei meistens toleriert. Keinesfalls sollte versucht werden, in den engen Durchfahrten, in denen zuweilen auch starker Strom setzen kann, aufzukreuzen.

Das ist nicht nur gefährlich, sondern zieht mit großer Wahrscheinlichkeit auch ein Strafmandat nach sich.

Statt dessen sollte unter Maschine gelaufen werden.

Wenn diese unklar ist, wird man sicher von anderen Yachten durchgeschleppt.

Seekarten und nautische Bücher / Navigation

Die Öffnungszeiten ändern sich von Jahr zu Jahr.
Außer bei der Meiningenbrücke, die nur ein- bis zweimal in der Woche öffnet, sind mindestens drei Passagen täglich gewährleistet.

Seekarten und nautische Bücher

Die Gewässer der DDR sind navigatorisch teilweise sehr anspruchsvoll. Das betrifft vor allem die schmalen, oft unbefeuerten Fahrrinnen, die die einzelnen Bodden miteinander verbinden.
Aber auch steinige Untiefen im Greifswalder Bodden und im Achterwasser und manchmal nicht ganz einfache Hafenzufahrten erfordern die ständige Arbeit mit nautischen Hilfsmitteln. Besonders Kielboote sollten unbedingt Seekarten für die entsprechenden Gewässer mitführen.
Die Karten des Seehydrographischen Dienstes der DDR (SHD) vertreibt der VEB Schiffsversorgung, 2500 Rostock-Überseehafen, V.- und B.-Stelle. Sie werden nur in geringer Auflagenhöhe gedruckt und sind deshalb schwer zu bekommen. Es ist zu empfehlen, sich bereits in der Bundesrepublik ausreichend mit Kartenmaterial zu versorgen.
Seekarten des Deutschen Hydrographischen Instituts Hamburg (DHI) verkaufen beispielsweise Bade & Hornig, Stubbenhuk 10, 2000 Hamburg 11, und Eckardt & Messtorff, Rödingsmarkt 16, 2000 Hamburg 11.

Die in diesem Buch enthaltenen nautischen Hinweise, Hafenpläne und Übersichtskarten wurden anhand eigener Nachforschungen und langjähriger Erfahrungen in den DDR-Gewässern erstellt. Die entsprechenden Veröffentlichungen des Seefahrtsamtes der DDR und des Deutschen Hydrographischen Institutes wurden einbezogen.
Nautische Hinweise, Hafenpläne und Fotos in diesem Buch dienen als Ergänzung der Seekarten, keinesfalls ersetzen sie diese!

Nautische Bücher
Ostsee-Handbuch III. Teil, Von Flensburg bis Utklippan und zur polnisch-sowjetischen Grenze (DHI 2003)
Leuchtfeuerverzeichnis Teil II, Ostsee, SW-licher Teil und Gewässer zwischen Ost- und Nordsee (DHI 2101)
Jachtfunkdienst Nord- und Ostsee (DHI 2155)

Navigation

Anfang der achtziger Jahre führte die DDR in ihren Gewässern das IALA-System „A" ein. Es werden nur noch fünf verschiedene Tonnenarten verwendet:

— Lateralseezeichen (rote und grüne Fahrwassertonnen)
— Kardinalseezeichen (schwarz/gelbe Gefahrentonnen, vor allem bei Untiefen)

Einführung

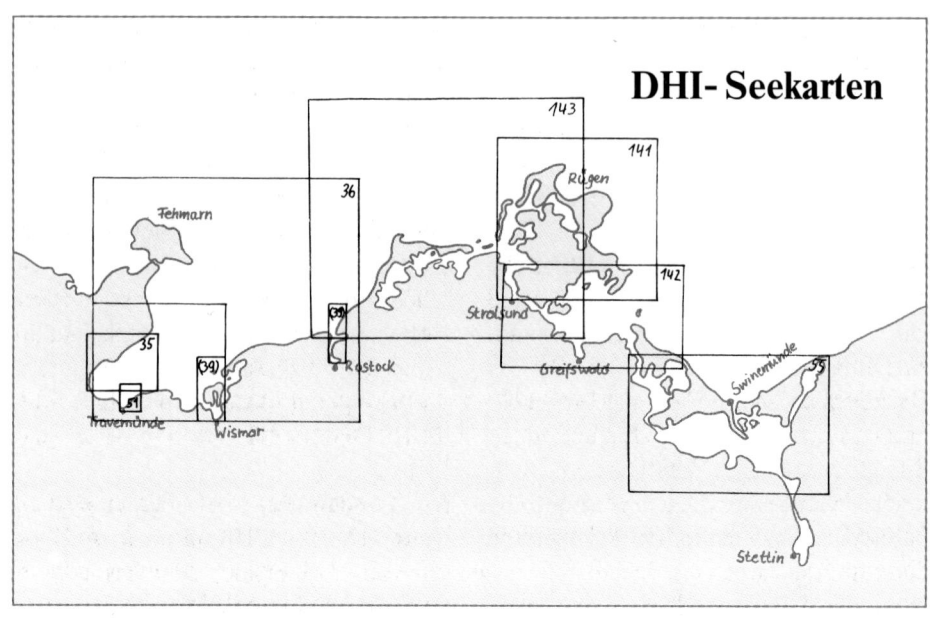

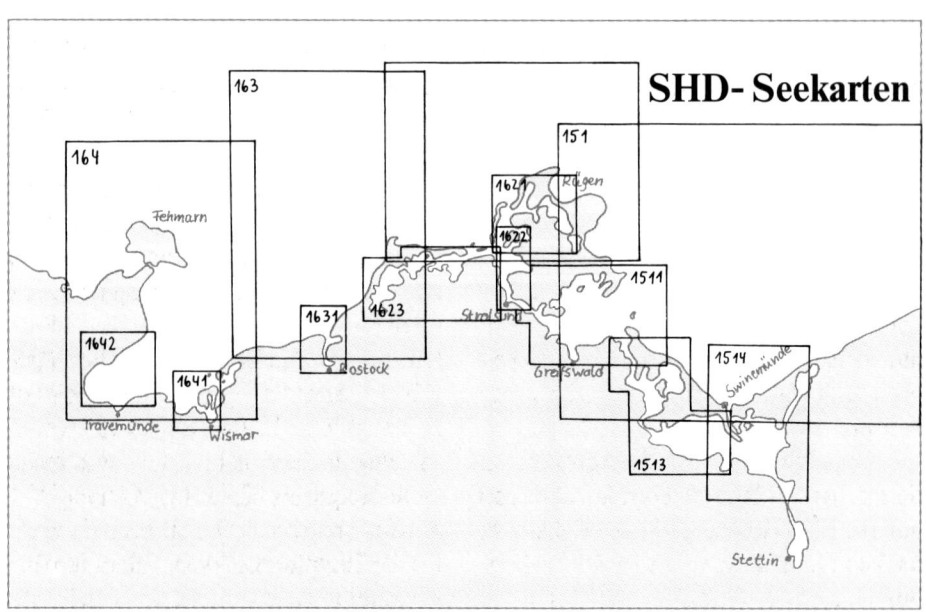

Navigation

— Einzelgefahrseezeichen (schwarz/rote Gefahrenseezeichen, vor allem bei Wracks)
— Mittefahrwasserseezeichen (rot/weiße Ansteuerungstonnen)
— Sonderseezeichen (gelbe Sperrgebietstonnen)

Die Gewässer, die durch die Berufsschifffahrt regelmäßig befahren werden, sind gut betonnt, aber nicht überall ausreichend befeuert.

Die Bodden westlich der Meiningenbrücke sind dagegen streckenweise nachlässig bezeichnet. Vertriebene und fehlende Tonnen sind keine Seltenheit. Die Fahrwasser und die Hafeneinfahrten in diesem Gebiet sind nicht befeuert.

In allen Bodden wird in teilweise großem Ausmaß Fischfang betrieben. Dadurch wird die Bewegungsfreiheit der Segler in einigen Gewässern (im Saaler und Greifswalder Bodden) stark eingeschränkt. Bei schlechter Sicht und in der Nacht können Navigationsprobleme auftreten.

Die Reusen- und die Stellnetzfischerei sind die beiden gebräuchlichsten Formen. Reusen beginnen in unmittelbarer Ufernähe – sie können unter Land also nur selten umsegelt werden – und reichen bis zu einer Seemeile weit in das freie Gewässer.

Ihre Köpfe stehen meistens in etwa 2,5 m tiefem Wasser. Sie sind unbefeuert und nur am Tage, dann aber auch bei schlechter Sicht, gut auszumachen.

Stellnetze sind dagegen auch bei guter Sicht von Yachten aus sehr schlecht zu erkennen. Ihre Enden sind durch kleine schwarze Flaggen markiert. Die Oberkante des senkrecht hängenden Netzes wird mit Korkstücken an oder leicht unter der Wasseroberfläche gehalten. Das Durchfahren kann zu schweren Schäden am Fischereigerät führen.

Nachts sind die Stellnetze nicht befeuert. Es wird empfohlen, in der Dunkelheit im Bereich der Fahrrinnen zu segeln.

Zur Navigation mit elektronischen Hilfsmitteln können folgende Hinweise gegeben werden:

Bei der Benutzung von Deccageräten muß beachtet werden, daß vor allem im Nordteil des Greifswalder Boddens und im Großen Jasmunder Bodden durch die vorgelagerte Küste Rügens die Genauigkeit der Anzeigen beeinträchtigt wird. Die Abweichungen vom wahren Standort können unter Umständen mehr als 150 m betragen.

Bei der Navigation mit Radargeräten werden vor allem durch die hohen Steilufer der Insel Rügen und durch die meisten Abschnitte der Außenküste gute Echos erzielt.

Das einzige Seefunkfeuer an der DDR-Küste befindet sich auf Position 54°10,59′N 12°05,15′E an der Warnemünder Hafeneinfahrt. Die Merkmale sind: Frequenz 303,4 kHz; Kennung WN; Sendefolge 1,3,5: h+00-60; Sendeart A2A; Reichweite 20 sm. Das einzige Flugfunkfeuer der DDR steht bei Trent

Einführung

auf Rügen (54°31,9′N 13°14,5′E). Frequenz 348 kHz A2A; Kennung TRT; Reichweite 45 sm; Sendezeit: ununterbrochen. Wegen des Küsteneffekts ist dieses Funkfeuer für Yachten nur eingeschränkt nutzbar.

UKW-Sprechfunk darf auch durch Sportboote in den Hoheitsgewässern der DDR benutzt werden, die Anwendung sollte sich jedoch auf das für das Einholen von Informationen notwendige Maß beschränken.

Verkehrsleitstellen und Hafenkapitäne der großen Seehäfen wie Rostock-Warnemünde, Saßnitz, Stralsund, Wismar und Wolgast sind auf Kanal 14 erreichbar. Die Hafenmeister in den kleinen Marinas sind nicht mit UKW-Funk ausgerüstet.

Die Zollorgane der DDR erheben bei der Einklarierung im Auftrag der Deutschen Post eine Funkgebühr. Die Staffelsätze beginnen mit 15,- M für einen Tag und sinken in Abhängigkeit von der Benutzungsdauer. CB-Funk ist auf dem Territorium der DDR (noch) verboten.

Einklarierung, Zoll- und andere Bestimmungen

Die Hoheitsgewässer der DDR erstrecken sich bis maximal 12 sm auf See. Von Travemünde bis Kap Arkona verläuft die Seegrenze parallel zum internationalen Schiffahrtsweg.

Vorausgesetzt, die Sperrgebiete werden beachtet, kann die Einreise entlang der Küste erfolgen. Beim Einlaufen in die DDR-Gewässer wird einmalig ein- und beim Verlassen einmalig ausklariert. Das Versegeln zwischen den einzelnen Gebieten, z.B. von Warnemünde nach Stralsund, erfolgt ohne Grenz- und Zollformalitäten.

Der Sportschiffahrt stehen folgende Grenzkontrollpunkte zur Verfügung:

Wismarbucht:
— Timmendorf
— Wismar (Alter Hafen)

Warnemünde:
— Mittelmole, Alter Strom, Warnemünde, am Ostufer

Boddengewässer:
— Insel Bock (Östlich des Gellen)
— Halbinsel Bug (Libben)
— Hafen Saßnitz
— Kontrollschiff nördlich der Landtiefrinne
— Insel Ruden

Haff:
— Zollhafen Karnin
— Grenzkontrollpunkt Ueckermündung.

Die Einklarierung erfolgt bei Vorlage des gültigen Reisepasses. Visapflicht und Zwangsumtausch sind aufgehoben.

Die Zollvorschriften der DDR verbieten die Einfuhr von Waffen (mit Ausnahme der zur Ausrüstung gehörenden Signalpistole), Rauschgiften und pornographischen Erzeugnissen. Begrenzungen für Spirituosen und Tabakwaren gibt es

Einklarierung / Zoll

nicht. Die eingeführten Mengen dürfen nicht für Handelszwecke vorgesehen sein.

In der DDR gilt die Null-Promille-Regel für den Rudergänger. Die Wasserschutzpolizei führt Kontrollen durch.

Schiffsführer von Yachten müssen im Besitz eines Berechtigungsscheines zum Führen von Sportbooten sein. In der Bundesrepublik gültige Scheine werden in der DDR anerkannt.

Die mitzuführende Ausrüstung entspricht den Bestimmungen der BRD. Wichtig ist, daß für jedes Besatzungsmitglied eine Rettungsweste vorhanden ist und daß die vorgeschriebenen Notsignale an Bord sind. Man beachte die Sicherheitsrichtlinien der KA des Deutschen Segler-Verbandes.

Die detaillierten Bestimmungen sind der Sportbootanordnung der DDR zu entnehmen. Obwohl das Mitführen der Sportbootanordnung bisher nicht vorgeschrieben ist, sollte sie an Bord sein.

Gewarnt werden muß ausdrücklich vor der Verletzung militärischer Sperrgebiete und vor dem Betreten militärischer Stützpunkte. Damit ist in fast allen Fällen viel Ärger verbunden. Die im Buch dazu gegebenen Hinweise sollten unbedingt befolgt werden!

Das Angeln ist nur mit einer Berechtigungskarte gestattet. Sie kann in jedem Anglerladen und beim Deutschen Anglerverband gegen eine geringe Gebühr erworben werden. Gelegentlich werden durch die Fischereiaufsicht Kontrollen durchgeführt. Das Baden in den Häfen ist aus Sicherheitsgründen untersagt.

Ankerplatz am Weißen Berg / Achterwasser vor Usedom

Einführung

Wind und Wetter

Die Ostseeküste der DDR liegt im Einzugsbereich westeuropäischer Tiefdruckgebiete. Daher sind ebenso wie an den Küsten der Bundesrepublik auch in den Sommermonaten längere Perioden mit sonnenscheinarmem Wetter möglich. Bei der Bildung kontinentaler Hochdruckwetterlagen kann jahreszeitabhängig mit trockener und warmer Luftzufuhr gerechnet werden.

Absolute Flautentage sind ebenso selten wie Tage mit schweren Stürmen. Im Frühjahr und Sommer sind West- und Nordwestwinde am häufigsten.

Vor allem an Ost-/Westküstenabschnitten treten bei stabilen sommerlichen Hochdruckwetterlagen ausgeprägte Seewindsysteme auf. Dabei weht früh morgens schwacher Südwind, der über Südwest vormittags bis auf Nordwest dreht und bis Bft 5 aufbrisen kann. Die Rückdrehung erfolgt erst in den Abendstunden. Der Land-/Seewindeffekt tritt im Gebiet vor Warnemünde und in der Wismarbucht besonders stark auf.

Generell kann davon ausgegangen werden, daß in den Boddengewässern (mit Ausnahme des Greifswalder Boddens, der seeähnliche Bedingungen aufweist) etwa eine Windstärke weniger herrscht, als zum gleichen Zeitpunkt auf der Ostsee.

Skipper, die in geschützten Buchten oder gut schützenden Häfen liegen, sollten sich nicht von der dortigen ruhigen Lage täuschen lassen. Beim Auslaufen aus der von hohen Bäumen gesäumten Ueckermündung in das Oderhaff oder beim Verlassen der Häfen von Freest oder Ralswiek wurde schon manche Crew von den tatsächlichen Wetterverhältnissen überrascht.

Der Greifswalder Bodden sollte von Jollen- und Jollenkreuzerbesatzungen keinesfalls unterschätzt werden. Dieses größte Revier der DDR kann auch kleinen Kielbooten gefährlich werden. Auftretende Düseneffekte und eine steile, sich rasch aufbauende Welle können für schwierige Bedingungen sorgen. Besonders beim Durchzug von Gewitterfronten ist große Vorsicht angebracht. In den letzten Jahren gab es in diesem Gebiet immer wieder Opfer unter den Jollenseglern zu beklagen.

Seewetterbericht

Die Seewetterberichte der DDR-Rundfunksender und Küstenfunkstellen bestehen aus Starkwind- und Sturmwarnung, Wetterlage, Vorhersage und Aussichten für jeweils 12 Stunden.

Zeit	Sender	Frequenz
0345(GZ)	Deutschlandsdr.	177 kHz
0550(GZ)	Deutschlandsdr.	177 kHz
0612(GZ)	Radio DDR II (Rostock)	558, 729 kHz (1.5.–30.9.); 91,05 MHz

Versorgung

1150(GZ) Deutschlandsdr. 177 kHz
(nicht samstags)
1750(GZ) Deutschlandsdr. 177 kHz
2350(GZ) Deutschlandsdr. 177 kHz

Radio DDR II (Sender Rostock) sendet auf 91,05 MHz täglich nach den 0900-Nachrichten eine zusätzliche Wetterinformation für Wassersportler.

Die Küstenfunkstelle Rostock sendet um 0730 und 1930 (UTC) einen Seewetterbericht auf UKW-Kanal 26 sowie über die abgesetzten Stationen Ahrenshoop Kanal 23, Buk Kanal 21 und Wismar Kanal 84. Starkwind- und Sturmwarnungen werden von dort nach Eingang und um h+20, zweistündlich ab 0020, zu den Sammelanrufen verbreitet.

Die Vorhersagegebiete von Radio DDR II und der KFSt Rostock sind Südliche Ostsee, Westliche Ostsee und Boddengewässer Ost. Der Deutschlandsender bedient zusätzlich vorher das Gebiet Südöstliche Ostsee. Kostenlose Wetterinformationen gibt die Seewetterdienststelle Warnemünde, Telefon 5 22 29.

In einigen Häfen wird am Hafenamt der aktuelle Wetterbericht ausgehängt.

Versorgung

Lebensmittel sind in jedem kleinen Dorfladen (Konsum) erhältlich. Etwas schlechter sieht es schon mit Frischobst aus. Obst wie Erdbeeren, Kirschen und Südfrüchte sind rar.

In jeder größeren Stadt gibt es mindestens eine sogenannte Kaufhalle, ein supermarktähnliches Geschäft, in dem neben Lebensmitteln auch Haushaltswaren und Putzmittel angeboten werden.

Die Preise für Grundnahrungsmittel sind seit vielen Jahren unverändert niedrig, sie werden durch den Staatshaushalt stark subventioniert. Eine allgemeine Preiserhöhung wird für 1990 erwartet.

Die Geschäftsöffnungszeiten sind sehr unterschiedlich. Bäckerläden öffnen spätestens um 07.00 Uhr, Kaufhallen ebenfalls. Die übrigen Geschäfte machen um 09.00 Uhr auf, schließen in der Mittagszeit und haben bis 18.00 Uhr geöffnet. Kaufhallen sind durchgehend bis 18.00 Uhr geöffnet.

Die vorhandenen Gaststätten reichen besonders in den Monaten Juli und August – der Hochsaison – nicht aus, um jedem Besucher ohne Wartezeiten einen Platz zu sichern. Anders als in der Bundesrepublik sind die Lokale abends nur bis etwa 23.00 Uhr geöffnet. Nach Mitternacht sind nur noch Nachtbars geöffnet.

Die Gaststättenpreise sind ebenfalls relativ niedrig. Ein reichhaltiges Essen kostet mit Vorspeise und einem Getränk selten mehr als 8,– M. Manchmal bieten kleine Kioske direkt am Hafen Spirituosen, Tabakwaren und Süßigkeiten an.

Benzin und Diesel müssen in der DDR von den Tankstellen geholt werden. Es sollte daher immer ein Kanister an Bord sein. Die Preise: Diesel 1,40 M; Normalbenzin 1,50 M; Super 1,65 M.

Bleifreies Benzin bieten nur größere Tankstellen an. An den Minol-Stationen werden Propangasflaschen aufgefüllt. Der Preis liegt bei 1,– M je Kilogramm. Flaschen, deren Gültigkeitsstempel abgelaufen ist, werden nicht nachgefüllt. An einigen Stationen wird das Zertifikat der Bordanlage verlangt. Propan nachbunkern kann man in Rostock, Stralsund, Bergen, Greifswald und Zinnowitz. Segelmacher gibt es in Rostock, Wismar, Ribnitz, Stralsund und Greifswald. In Stralsund befindet sich direkt am Stadthafen eine Taklerei. Yachtartikel werden in sehr geringem Umfang in fast allen größeren Städten angeboten. Der einzige Spezialladen dafür ist in Ueckermünde vorhanden.

Da das Angebot keinem Vergleich mit Geschäften in der Bundesrepublik standhält, sollten immer ausreichend Reservematerialien ebenso wie Ersatzteile für die Maschine an Bord sein.

Bei Notreparaturen kann man sich an die wenigen Werften wenden. Die Hafenmeister oder ortsansässige Segler helfen, soweit es in ihrer Macht steht, gern weiter.

Ein langes Elektrokabel sollte an Bord sein, denn die Liegeplätze sind nur selten mit Stromanschluß versehen.

Notfälle und Krankheit

Die Staatliche Versicherung der DDR gewährt keinen Versicherungsschutz für ausländische Sportboote.

Die existierenden Abkommen mit der HUK in der Bundesrepublik beziehen sich nur auf Kraftfahrzeuge.

Es muß also vorher geklärt werden, ob sich der durch die heimatliche Versicherungsgesellschaft gewährte Schutz auch auf die DDR-Gewässer erstreckt.

Bei größeren Sach- oder Personenschäden sollte auf jeden Fall die Polizei eingeschaltet und auf der Erstellung eines Protokolls bestanden werden. Bei ernsten Problemen kann die Unterstützung der Ständigen Vertretung der Bundesrepublik in der DDR, 1040 Berlin, Hannoversche Str. 30, Tel. 2 80 51 01, in Anspruch genommen werden.

Dänische Staatsangehörige erreichen ihre Botschaft in DDR-1080 Berlin, Unter den Linden 41, Tel. 2 20 29 16. Österreichische Botschaft: Otto-Grotewohl-Straße 5, DDR-1080 Berlin, Tel. 2 29 10 31. Schweizerische Botschaft: Esplanade 21, DDR-1100 Berlin-Pankow, Tel. 4 72 40 02 oder 4 72 40 24.

Bei Unfällen oder Krankheit kann eine kostenlose Betreuung in Anspruch genommen werden, dieses ist durch bilaterale Abkommen geregelt. Leichte Fälle werden in jeder Gemeindeschwesternstation, auch in den kleinen Dörfern, versorgt. Ärzte gibt es in jedem größeren Ort.

Komplizierte Fälle behandeln Polikliniken und Spezialkrankenhäuser in den größeren Städten.

Wer nach Hause telefonieren will, muß

Entfernungstabelle

beachten, daß von der DDR in die Bundesrepublik nicht durchgewählt werden kann. Die Verbindung stellt das Fernamt her. Die Wartezeit kann mehrere Stunden betragen. Es ist aber möglich, von jedem Münzfernsprecher aus Telegramme auch ins Ausland aufzugeben – daher sollte man stets genügend Kleingeld bei sich haben.

Travemünde	185	176	170	157	153	138	127	130	130	127	113	121	132	123	117	111	104	131	118	110	96	74	46	26	20
Timmendorf	176	167	161	148	144	129	118	121	121	118	104	112	123	114	108	102	95	122	109	101	87	65	37	7
Wismar	183	174	168	155	151	136	125	128	128	125	111	119	130	121	115	109	102	129	116	108	94	72	44
Warnemünde	139	130	124	111	107	92	81	84	84	81	67	75	86	77	71	65	58	85	72	64	50	28
Hfn. Darßer Ort	125	116	100	87	83	68	57	60	60	57	43	49	58	49	43	41	34	61	48	40	26
Barhöft	99	90	74	61	57	42	31	34	34	31	17	45	32	23	17	15	8	35	22	14
Barth	103	94	88	75	71	56	44	48	48	45	31	59	46	37	31	19	22	25	12
Prerow	111	102	96	83	79	64	5	56	56	53	39	67	54	45	39	37	30	22
Ribnitz	124	115	109	98	92	77	65	69	69	66	52	82	67	58	52	50	43
Stralsund	81	72	66	53	49	34	23	26	26	23	9	48	32	23	17	15
Schaprode	96	87	81	68	64	49	37	41	41	38	24	34	20	11	5
Vitte	99	90	84	71	67	52	39	44	44	41	27	34	18	9
Wiek / Rügen	104	95	89	76	72	57	45	49	49	46	32	39	20
Ralswiek	113	104	98	85	81	66	54	58	58	55	41	48
Saßnitz	77	70	64	51	47	32	31	21	26	28	33
Stahlbrade	73	64	57	44	40	26	13	17	18	15
Lauterbach	70	61	55	42	38	23	15	9	9
Seedorf	69	60	54	41	37	22	18	9
Thiessow	64	55	49	36	32	17	16
Wieck Greifsw.	70	61	55	42	38	23
Wolgast	47	38	32	19	15
Zinnowitz	47	38	32	19
Karnin	28	19	13
Ueckermünde	24	15
Altwarp	13

Entfernungstabelle: Distanzen in Seemeilen (abgerundet)

Von Travemünde nach Wismar

Karten:
SHD 1641
DHI 36,39

Nach dem Verlassen von Travemünde halte man sich – schon mit Rücksicht auf den starken Fährschiffsverkehr – zunächst hart an der Ostseite oder eben außerhalb des betonnten Fahrwassers.
Die Seegrenze zur DDR ist deutlich mit großen, gelben Tonnen markiert. Schon von der Grenz-Tonne 6 aus kann man den Kurs parallel zum hier noch niedrigen Ufer absetzen. Bei normalen Wetterbedingungen und guter Sicht ist ein Abstand von etwa 1 Seemeile zur Küste ausreichend. Bei auflandigem Wind, schlechter Sicht oder nachts sollte ein größerer Sicherheitsabstand gehalten werden.
Vorsicht bei Nacht: Der hier sichtbare rote Warnsektor des mit 114 m höchsten deutschen Leuchtfeuers Travemünde auf dem Hotel „Maritim" führt allmählich zu dicht unter Land und in flaches Wasser! Ein weiterer, zu beachtender Umstand ist die enorme Feuerhöhe. Bei niedrigen Wolken oder hohem Nebel ist es auf See oft nicht sichtbar!
Die zunächst auf der Höhe von Rosenhagen an der Küste noch ganz flache Landschaft wird allmählich höher und hügeliger. Dabei gibt sie den Blick frei auf das hoch liegende Hinterland des Klützer Winkels, eines vergessen wirkenden, einsamen Landstrichs Mecklenburgs, mit seiner höchsten Erhebung von 92 m bei Hohenschönberg. Bei guter Sicht ist diese Erhebung schon weit von See aus sichtbar.
Ab Warnkenhagen beginnt eine zum Teil schroff abfallende und bis zu 30 m hohe, landschaftlich sehr reizvolle Steilküste besonders auf der Strecke zwischen Klein und Groß Klützhöved. Einen Hafen gibt es von hier bis Wismar nicht. Dieser Küstenabschnitt ist bei Winden aus den nördlichen Quadranten vollkommen ungeschützt. Erst die bei Groß Klützhöved nach Süden in das Land schneidende Boltenhagenbucht und später die Wohlenberger Wiek bieten bei Winden aus den südlichen Quadranten guten Schutz, bei nördlichen jedoch nicht.
Der Ankergrund vor der Küste und später in den beiden genannten Buchten besteht aus Sand und ist überall rein. Lediglich bei Klein und Groß Klützhöved sowie in der Bucht nördlich von Boltenhagen lie-

gen dicht vor den Abbruchkanten des Steilufers große Steine. Im westlichen Teil der Bucht liegt das kleine Seebad Boltenhagen mit einem kleinen Anleger mit etwa 1,80 m Wassertiefe am Kopf. Die Küste der Bucht ist landschaftlich schön und abwechselnd von Wiesen, Äckern und Wald geprägt. Bis auf die erwähnten Steine kann man sich dem Ufer fast überall ungefährdet nähern und – unter Berücksichtigung des Wetters – ankern. In Boltenhagen ist eingeschränkt Versorgung möglich. An schönen Sommertagen herrscht hier starker Badebetrieb.

Will man nach Wismar, gilt es Abstand von der Küste zu halten und das bis auf eine Wracktonne mit Nordtoppzeichen unbezeichnete Offentief anzusteuern. Von der Tarnewitzer Huk reicht ein Sperrgebiet etwa 2 Seemeilen nach Nordosten über den vorgelagerten Sand Lieps.

Das Offentief hat eine geringste Wassertiefe von 5,5 m. Bei Nacht halte man sich mit etwa Ostkurs im grünen Sektor des Feuers Golwitz, bis man in den weißen Sektor des südöstlich liegenden Feuers Timmendorf gerät. Hierauf halte man zu, bis man in die nach Süden führende, durch die Richtfeuer von Hohen Wieschendorf bezeichnete Baggerrinne halten kann.

Bei stürmischen nordwestlichen Winden kann im Offentief Brandung stehen. Es empfiehlt sich dann der 12 Seemeilen lange Umweg durch das gut bezeichnete Große Tief, die Hauptansteuerung nach Wismar. Auch bei unsichtigem Wetter oder ungenauer Position sollten tiefergehende Schiffe das Offentief meiden, da auf beiden Seiten die Wassertiefen schnell auf 3 m abnehmen.

Anleger in Timmendorf (Poel)

Die Wismarbucht

Karten:
SHD 1641
DHI   39

Die stark gegliederte Wismarbucht ist das westlichste Segelgebiet der DDR.
Bei einer Entfernung von Travemünde von knapp 20 sm ist das Revier in nur wenigen Stunden erreichbar, ein Abstecher über das Wochenende von den Marinas an der Lübecker Bucht nach Poel oder Wismar ist bei günstigem Wind leicht zu bewältigen. Das Ein- und Ausklarieren sowie die Zollkontrolle finden in dem kleinen Hafen von Timmendorf auf der Insel Poel statt. Yachten müssen dazu am Grenzkontrollpunkt an der Nordmole anlegen. Im Wismarer Hafen kann ebenfalls einklariert werden. Die Wismarbucht schneidet zwischen der Huk Groß Klützhöved und der Halbinsel Wustrow bis zu acht Seemeilen tief in die Küste ein. Am Scheitel der Bucht liegt die alte See- und Hafenstadt Wismar.

Das sich östlich der Insel Poel bis zum Ostseebad Rerik erstreckende Salzhaff ist ein beliebtes Revier für Jollensegler und Surfer. Durch seine geringen Wassertiefen zwischen 0,5 und 1,5 m und zahlreiche große Steine ist es für Kielboote nicht geeignet.

Die nördliche Begrenzung des Salzhaffs, die Halbinsel Wustrow, wird als Militärstützpunkt genutzt. Das Anlegen oder Betreten ist streng verboten.

Steilküste und flache Ufer wechseln in der Wismarbucht einander ab.
Der Grund besteht vor allem aus Schlick und feinem Sand. Im Ostteil der Bucht gibt es starken Bewuchs durch Seegras. Die Wassertiefe nimmt von etwa zehn Metern im Nordteil auf drei bis vier Meter im Südosten ab.

Vor Tarnewitz, um die kleine Insel Walfisch (53°56,6′N 11°25,6′E), bezeichnet durch Ob-F. Ubr (2) w/r/gn. 12s 8/6/4 sm), in der Eggerswiek, östlich der Einfahrt in den Hafen Kirchdorf sowie nördlich der Hohen Wieschendorf Huk liegen ausgedehnte Steingründe unter Wasser. Diese Gebiete sollten gemieden werden.
Die Vogelschutzinsel Walfisch darf nicht betreten werden. Östlich des Eilands und im Norden der Halbinsel Wustrow gibt es ständige Sperrgebiete, die nicht befahren werden dürfen.

In der Wohlenberger Wiek werden zeitweilig militärische Übungen durchgeführt. Die Sperrung des Gebietes wird im jeweiligen Falle durch Marinefahrzeuge angezeigt.

Bei Tage setzen diese zwei rote Doppelstander übereinander, nachts ein rotes und zwei weiße Lichter senkrecht untereinander.

Gleiches gilt für das zeitweilige Sperrge-

Die Wismarbucht

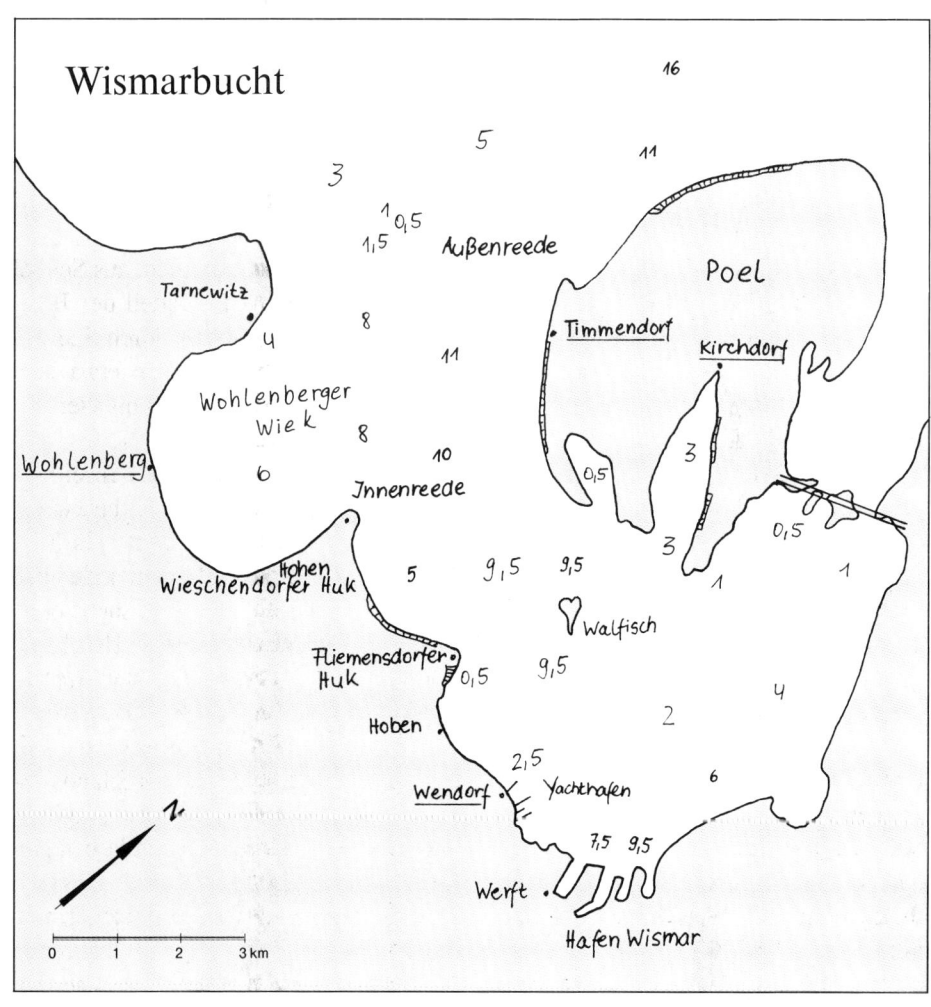

biet bei der Untiefe Lieps. Innerhalb folgender Punkte werden zeitweise militärische Übungen durchgeführt:
a.) 53°59′08″ W 11°14′46″ E
b.) 54°00′44″ W 11°16′20″ E
c.) 54°00′36″ W 11°17′16″ E
d.) 53°58′06″ W 11°15′37″ E

Sobald die Signale von den Marineeinheiten gesetzt werden, müssen Sportboote die Gebiete schnellstmöglich verlassen. Das zeitweilige Schießgebiet Grasort wird nur selten genutzt. Bei Sperrung

Die Wismarbucht

Der Fischereihafen von Wismar

wird auf Beobachtungstürmen an Land tagsüber ein roter Ball und nachts ein rotes Licht gesetzt. Das Gebiet ist dann ebenfalls unverzüglich zu verlassen.
Bei Ansteuerung der Wismarbucht muß die nordöstlich Tarnewitz liegende, nicht bezeichnete Untiefe unbedingt beachtet werden (siehe Seekarte).
Bei Niedrigwasser fallen einige Gebiete von Lieps trocken! Die Untiefe muß nordöstlich umfahren werden. Von Westen kommend ist mit Sportbooten die Einfahrt in die Wismarbucht südöstlich der auf Position 54°01,8′N 11°17,6′E liegenden Wracktonne durch das Offentief möglich.
Wenn die Bucht von Osten her angesteuert wird, sollte man sich an das gut betonnte Fahrwasser halten.
Die durchschnittlichen täglichen Wasserstandsschwankungen betragen 50 cm über oder unter einem Mittelwasser entsprechendem Pegelstand von fünf Metern.
West und Südwestwind verursachen fal-

lendes, Nord- und Ostwind steigendes Wasser.
Die Gezeiten spielen in der Wismarbucht wie an der gesamten DDR-Küste keine Rolle.
Die ländlichen Gebiete um die Wismarbucht sind relativ dünn besiedelt.
Besonders in den Sommermonaten Juni bis August herrscht hier ein starker Fremdenverkehr.
Urlauber und Tagestouristen sorgen dann vor allem auf Poel für volle Strände.
Bei Wanderungen in das Landesinnere oder über die Insel Poel kann man trotz des Trubels am Wasser in Ruhe die abwechslungsreiche Natur genießen.

Timmendorf

53°59,6′N 11°22,8′E

Karten:
SHD 1641
DHI 39

Lage und Umgebung

Der Hafen Timmendorf liegt im Westteil der Insel Poel nördlich eines Steilküstenabschnittes.
Direkt am Hafen steht ein 1871 erbauter Leuchtturm, dessen Sektorenfeuer (F.w/r/gn. 16/13/11 sm) die Wismarbucht aus 21,1 m Höhe über Mittelwasser bestreicht.
In Timmendorf befindet sich eine Lotsenstation. Der Hafen ist Standort eines Rettungskreuzers.
Etwa zwei Seemeilen südwestlich des Hafens liegt die für bis zu 16 Seeschiffe zugelassene Innenreede des Seehafens Wismar.

Ansteuerung und Liegeplätze

Die Ansteuerung Timmendorfs ist tagsüber problemlos. Der weithin sichtbare weiße Leuchtturm ist eine gute Orientierungshilfe.
Nachts erleichtert die nur zwei Kabellängen vor der Hafeneinfahrt liegende, befeuerte rot-weiße Ansteuerungstonne (Glt. 4s) das Einlaufen.
In den Hafen führen zwei befeuerte Richtbaken in Linie 055,4°, Ob-F. und U-F. je Fkl. ztws.
Timmendorf wird durch zwei zangenförmige Steinmolen eingefaßt.
Bei hohem Wasserstand und starkem Wellengang aus westlichen Richtungen setzt die See teilweise über die Molen.
Das Betreten und das Anlegen bei schwerem Wetter kann dann zu einer gefährlichen Angelegenheit werden, zumal im Hafenbecken bei Westwindwetterlagen auch starker Schwell auftreten kann.
Bei östlichen Windrichtungen bietet der Hafen guten Schutz.
An der Südwestmole können im seichten

Die Wismarbucht

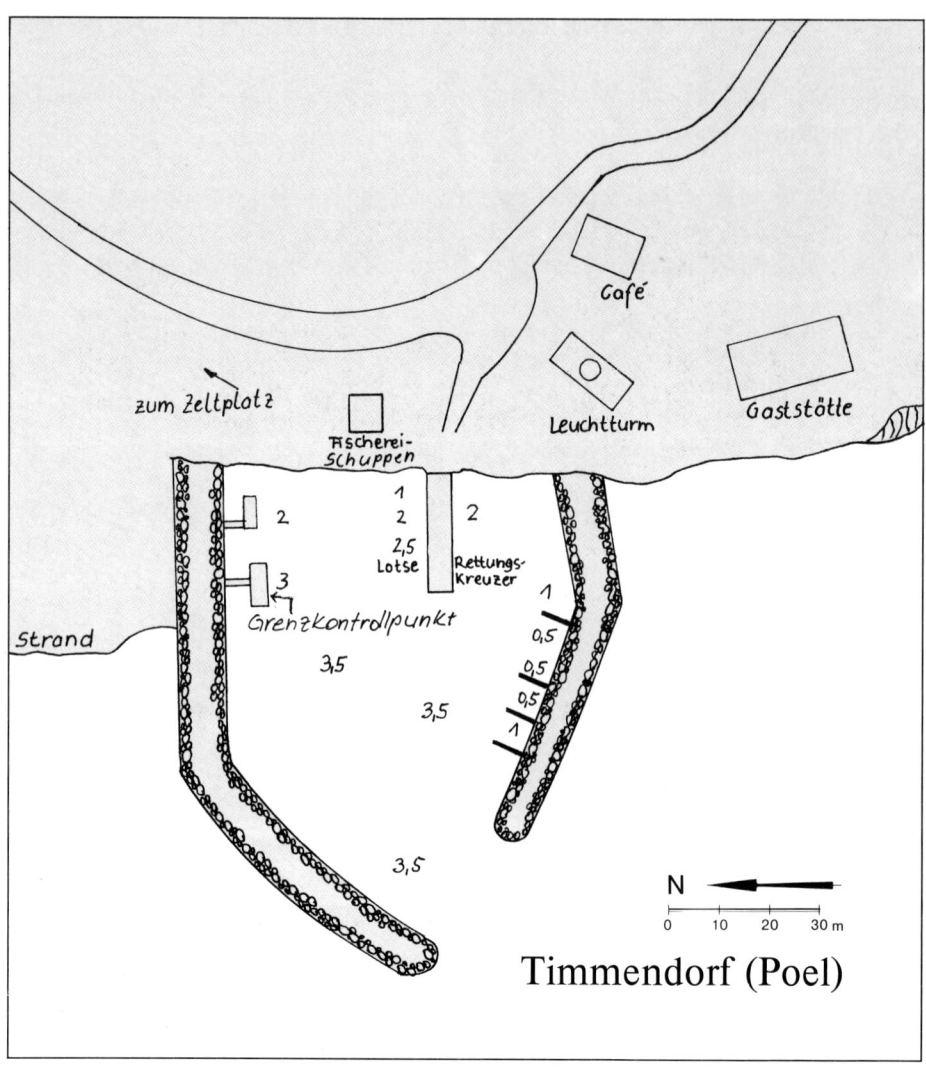

Timmendorf (Poel)

Wasser bis zu 20 Jollenkreuzer festmachen, Liegeplätze für Kielboote gibt es nicht. Die nordwestliche Brücke ist für die Weiße Flotte reserviert.

Im Notfall wäre es sicher möglich, nach Absprache mit dem Schiffsführer längsseits eines Fischkutters zu liegen. Aufgrund der Enge und des nicht ausreichen-

Timmendorf

Hafen und Leuchtturm Timmendorf

den Schutzes bei Westwindwetterlagen ist der Hafen von Timmendorf kaum zu empfehlen. Für Yachten ist Kirchdorf besser geeignet.

Versorgungsmöglichkeiten

Wasser ist auf dem nahegelegenen Campingplatz und in der Gaststätte direkt am Hafen erhältlich.
Eine Toilette gibt es nicht.
Die etwa 100 m entfernte Kaufhalle ist nur in den Monaten Mai bis September geöffnet. Lebensmittel kann man auch direkt an der Hauptstraße, etwa einen Kilometer entfernt, erhalten.

Die nächste Arzt- bzw. Zahnarztpraxis gibt es im 5 km entfernten Kirchdorf.

Sehenswürdigkeiten und Ausflugtips

Der in unmittelbarer Hafennähe beginnende Sandstrand ist durch Camper und Tagestouristen oft überfüllt.
Empfohlen werden kann eine Wanderung oder Fahrradtour zum Nordteil der Insel. Es besteht eine Busverbindung nach Wismar, die Haltestelle liegt 150 m vom Hafen entfernt.
Direkt am Hafen befindet sich ein Spielplatz für Kinder.

Kirchdorf

53°59,8′N 11°26,5′E

Karten:
SHD 1641
DHI 39

Lage und Umgebung

Der Hafen von Kirchdorf, dem größten Ort der im Ostteil der Wismarbucht liegenden Insel Poel, liegt im Scheitel der Kirchsee, eines tiefen Einschnittes in den Südteil der Insel.
Das Eiland ist durch einen 1,2 km langen Damm und eine Brücke mit dem Festland verbunden.
Poel ist mit 37 km² die nach Rügen und Usedom drittgrößte Insel der DDR.
Im Jahre 1163 erstmals urkundlich erwähnt, gehörten Grund und Boden im 13. Jahrhundert zum größten Teil dem Dom-Kapitel und dem Heiligengeisthospital in Lübeck.
Der Herzog Adolf Friedrich v. Mecklenburg ließ Anfang des 17. Jahrhunderts auf Poel eine Festung errichten, von der heute nur noch ihre Wälle zeugen.
Als Ergebnis des Dreißigjährigen Krieges kam die Insel 1648 unter schwedische Hoheit und gehört erst seit 1903 wieder endgültig zu Mecklenburg.
Die Insel ist niedrig und nahezu waldlos,

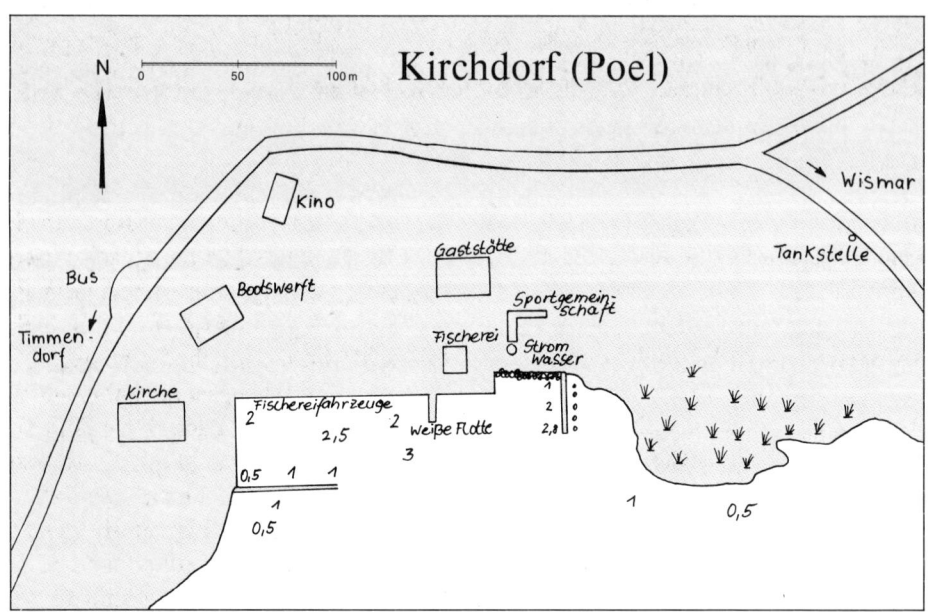

Kirchdorf

Hafen Kirchdorf (Poel)

nur im Norden leicht hügelig. Poel ist mit 2800 Einwohnern nur dünn besiedelt und wird landwirtschaftlich genutzt.

Ansteuerung und Liegeplätze

Der Hafen ist besonders bei westlichen und nordöstlichen Winden gut geschützt. Bei starkem Südwind steht leichter Schwell im Hafenbecken. Die Zufahrt erfolgt durch ein 1,8 sm langes betonntes Fahrwasser. Bei der Einfahrt in die drei Meter tiefe Rinne sollten Sportboote sich in jedem Falle westlich von der schwarzen Ansteuerungstonne mit der Aufschrift „Kirchdorf" (53°57,4'N 11°26,6'E) halten, da östlich von ihr Steine liegen. Jedes zweite Tonnenpaar des Fahrwassers ist nachts befeuert. In den Hafen führt eine Richtfeuerlinie mit 006,4°, Ob-F. und U-F. je Ubr. (2) 10s 10 sm. Der Hafen wird vor allem durch Fischereifahrzeuge genutzt. Die Brücke ist von Mai bis Ende September für die Ausflugsdampfer re-

Die Wismarbucht

Die alte Bootswerft in Kirchdorf

serviert. Für Jollenkreuzer und flachgehende Kielschwerter mit maximal 0,8 m Tiefgang besteht eine Anlegemöglichkeit am südlichen Steg (etwa 20 Boote), empfohlen wird das Festmachen mit Bugleine und das Ausbringen mindestens eines Heckankers. Sportboote mit einem Tiefgang von mehr als 0,8 m müssen an der Spundwand oder längsseits bei einem Fischkutter, nach vorheriger Absprache mit dem Schiffsführer, anlegen.

Der im Osten des Hafens liegende Steg der Sportgemeinschaft ist für Kielboote wegen der zu geringen Wassertiefe (unter 1,5 m) nicht geeignet.

Versorgungsmöglichkeiten

Direkt am Hafen ist eine Gaststätte (Ru-
hetage Dienstag/Mittwoch), weitere Gaststätten befinden sich im Ort. Eine große Kaufhalle ist mitten im Dorf, etwa 600 m vom Hafen, entfernt zu finden.

Arzt- und Zahnarztpraxis liegen an der Hauptstraße nur wenige Minuten vom Hafen.

Benzin und Diesel sind an der vom Hafen aus sichtbaren Tankstelle erhältlich.

Eine Toilette und Wasser gibt es auf dem Gelände der Sportgemeinschaft.

Bei kleineren Reparaturen sollte man sich an die Bootswerft der Fischereiproduktionsgenossenschaft (FPG) mit der Bitte um Unterstützung wenden.

Sehenswürdigkeiten und Ausflugtips

Das Heimatmuseum in Kirchdorf ist in

der Saison dienstags bis freitags von 9–12 Uhr und 14–16 Uhr sowie am Wochenende von 9.30–11 Uhr geöffnet. Dort kann man Ausstellungen über die Geschichte der Insel Poel besuchen.
Zu empfehlen ist auf jeden Fall eine Wanderung oder Fahrradtour über die Insel.
Im Küstenschutzwald, in den Mooren und Brüchen wie in den nur wenig über dem Meeresspiegel liegenden Salz- und Feuchtwiesen sowie in allen Bereichen des Strandes leben für diese Biotope typische Pflanzen und Tiere noch ungestört von industriellen Einflüssen.
Nach Wismar besteht eine regelmäßige Busverbindung, die Haltestelle ist direkt am Hafen. Die Fahrzeit beträgt eine Stunde.

Wohlenberg

53°56,4′N 11°15,1′E

Karten:
SHD 1641
DHI 37

Lage und Umgebung

Wohlenberg liegt an der Ostküste der Wismarbucht im Scheitelpunkt der Wohlenberger Wiek, etwa 15 km von Wismar entfernt.
Wegen ihrer flachen Sandstrände ist die Küste ein sehr kinderfreundliches Gebiet. Steilufer und hoher Bewuchs schützen die Bucht gut bei Westwind. Windsurfer finden dort Platz für ihr Hobby.
Der nächste größere Ort ist das fünf Kilometer nördlich liegende Boltenhagen.

Ansteuerung und Liegeplätze

Obwohl dieser Küstenabschnitt ideal für den Bau einer Marina wäre, gibt es keinen Sportboothafen.
Vor einigen Jahren wurde eine 100 m lange und 30 m breite Fingerpier gebaut, damals wohl vor allem aus militärischen Gründen. Die Pier ist neuerdings auch für die Nutzung durch Sportboote freigegeben.
Die Zufahrt zum Anleger ist betonnt, die Pier ist nachts durch Straßenlaternen beleuchtet. Da die Wohlenberger Wiek gleichmäßige Tiefen zwischen 6 und 8 m aufweist, ist das Anlaufen weder bei Tag noch bei Nacht problematisch.
Die Wassertiefe nimmt von 6 m am Kopf der Pier bis etwa 1,5 m zum Ufer hin gleichmäßig ab.
Gegenwärtig wird die Anlage in der Segelsaison nur sporadisch von Marineeinheiten und Schiffen der Fischereiaufsicht genutzt.
Die Wohlenberger Wiek verfügt, außer bei starken östlichen Winden, über einen sicheren Ankergrund (sandiger Boden und Schlick).

Die Wismarbucht

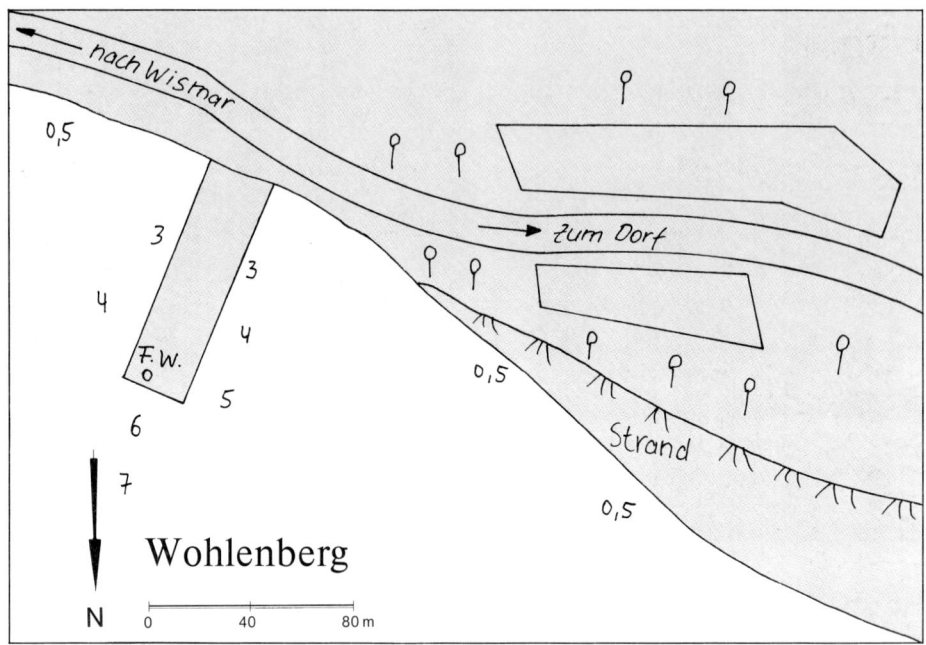

Bei Ost- und Nordostwind ist der Anleger völlig ungeschützt. An der Spundwand steht dann eine sehr starke Dünung. Bei Sturmwarnungen und Starkwindankündigungen aus östlichen Richtungen sollte daher der Anleger unbedingt verlassen werden. Schutz suchende Yachten sollten sich in diesem Falle in Lee der Küste der Insel Poel begeben oder aber versuchen, den gegen Ostwinde gut schützenden Hafen Kirchdorf anzulaufen.

Versorgung

Am Anleger gibt es bisher weder Trinkwasser noch E-Anschluß. Wasser kann im 200 m entfernten Ort geholt werden. Dort sind Lebensmittel erhältlich, auch eine Poststelle ist vorhanden.
Arzt- und Zahnarztbehandlung erfolgen im Dorf nicht.

Sehenswürdigkeiten

Wohlenberg wirkt selbst im Sommer etwas verschlafen, es fährt aber mehrmals täglich ein Bus nach Wismar und ins Ostseebad Boltenhagen.
Ein Besuch in der Klützer Mühle (Richtung Boltenhagen) ist zu empfehlen. Von der Aussichtsplattform hat man bei schönem Wetter eine herrliche Aussicht auf die landschaftlich reizvolle Gegend.

Wismar

53°54,6′N 11°26,0′E

Karten:
SHD 1641
DHI   39

Lage und Umgebung

Die Stadt liegt im Süden der Wismarbucht.
In der Hansezeit erwarb sich Wismar großen Reichtum durch Fernhandel und seine Bierbrauerkunst und ist noch heute wirtschaftliches, kulturelles und Verwaltungszentrum der Region. Wismar verfügt über den nach Rostock zweitgrößten Hafen der DDR und ist Standort einer Schiffswerft. Die Stadt hat zur Zeit etwa 58 000 Einwohner. Leider hat Wismar keinen ausgebauten Sportboothafen.

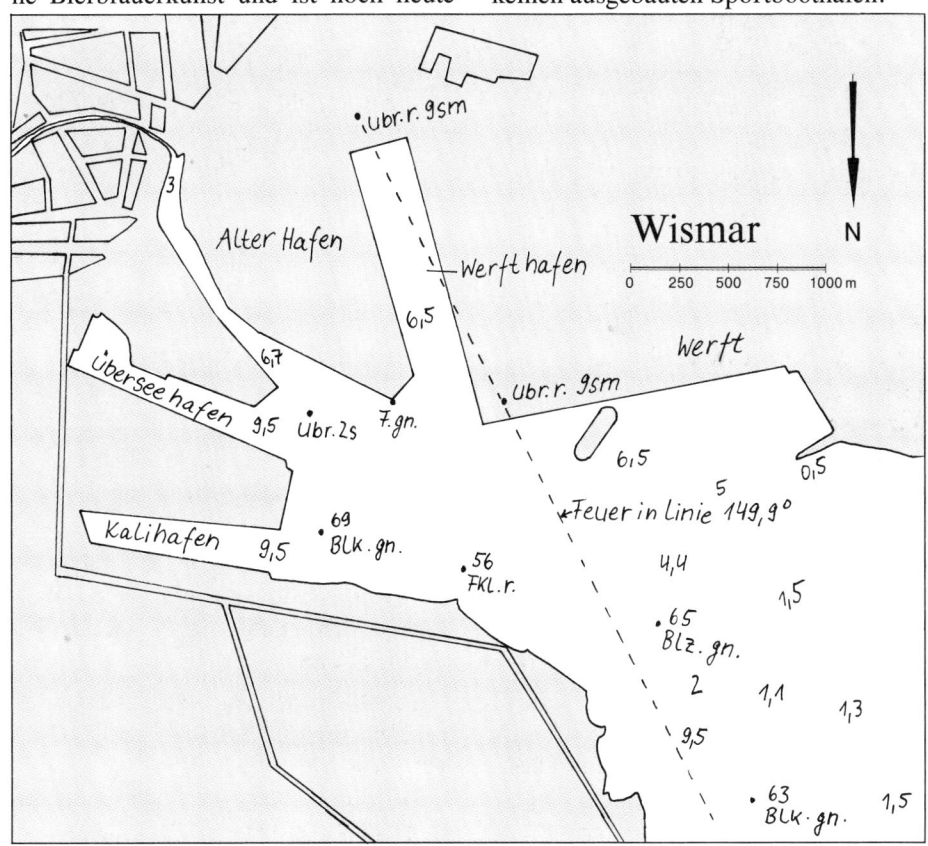

Die Wismarbucht

Der alte Hafen in Wismar, links die Liegeplätze

Es muß unbedingt beachtet werden, daß im gesamten Gebiet des Handelshafens der Sportbootverkehr, also auch das Anlegen, untersagt ist.
Angesichts des zu erwartenden Ansturms von Sportbooten hat sich das Seefahrtsamt der DDR entschlossen, Teile des Alten Hafens für Yachten zum Festmachen freizugeben. Das Einlaufen muß auf direktem Wege erfolgen, ohne die Berufsschiffahrt zu behindern.
Am Hafenbecken kann auch einklariert werden.

Ansteuerung und Liegeplätze

Von Westen kommend sollte die Ansteuerung der Bucht durch das Offentief erfolgen. Das Sektorenfeuer des Timmendorfer Leuchtturms (F.w/r/gn. 16/13/11 sm) erleichtert nachts die Navigation.
Das Fahrwasser nach Wismar ist gut betonnt und nachts wegen der regen Berufsschiffahrt beleuchtet.
Besondere Aufmerksamkeit verlangt die zwischen der Hohen Wieschendorf Huk und Timmendorf liegende Innenreede.

Der historische Marktplatz von Wismar mit der Wasserkunst

Für Sportboote empfiehlt es sich, westlich des Fahrwassers zu bleiben, um unnötige Gefahrensituationen zu vermeiden. Die in Wismar beheimateten Yachten liegen an Steganlagen (Jollen und Jollenkreuzer) und an Ankerbojen vor dem Stadtteil Wendorf gegenüber vom Tonnenhof des Seehydrographischen Dienstes der DDR.

Der Ankergrund hat eine Wassertiefe von 2 bis 3 m. Er besteht aus Schlick. An den Steganlagen ist nicht mehr als 1 m Wassertiefe.

Jollenkreuzer, die an den Stegen festmachen, müssen beachten, daß bei auslaufendem Strom und starken Südwinden innerhalb weniger Stunden weite Teile trockenfallen können. Es empfiehlt sich

Die Wismarbucht

Wismar – Alter Hafen

daher, mit tiefergehenden Fahrzeugen am Brückenkopf festzumachen. Hier beträgt die Wassertiefe etwa 1,80 m, bei starken Südwinden weniger.
Die Steganlage gehört den dort anwesenden Sportgemeinschaften. Sie liegt vor dem Gelände der Verwaltung Schiffahrt/Hafen Wismar, die auch über ein ansprechendes Clubheim verfügt. Dort befinden sich Toiletten und Duschen. Vom Clubgelände hat man einen schönen Blick über die nach Norden offene Wismar-Bucht und zur Insel Poel.
Versorgung in Wendorf (15 Min. Fußweg). Dort auch Verkehrsanbindung (Bus) nach Wismar (10 Min.).

Versorgungsmöglichkeiten

Trinkwasser ist auf dem Vereinsgelände erhältlich. Die Toiletten befinden sich auf dem Gelände hinter dem Klubraum.
Bei größeren Schäden besteht nach Absprache mit den Wismarer Seglern sicher die Möglichkeit, den vorhandenen Slip zu benutzen. Bei Segelreparaturen kann man sich an die Segelmacherei Plakotex am Alten Hafen wenden.
Im Neubaugebiet Wendorf sind mehrere Kaufhallen (Fußweg etwa 10 Min.).
Wichtige nautische Mitteilungen, Wetterberichte sowie Wind- und Sturmwarnungen können bei Wismar Port über UKW-Kanal 14 bzw. 84 abgefragt werden.
Kompaßregulierungen und Funkbeschickungen können durchgeführt werden. Der Kompensierer muß 24 Stunden vorher bei der Schiffsmaklerei im Stadthafen bestellt werden.
Ärztliche Versorgung durch Krankenhäuser und Arztpraxen in der Stadt.

Sehenswürdigkeiten und Ausflugtips

Wismar bietet als alte Hansestadt eine große Anzahl an Sehenswürdigkeiten und zeigt seine einstige Blüte noch heute in vielen architektonisch interessanten Backsteinbauten.
Besonders sehenswert ist der Marktplatz mit der Wasserkunst, einem 1580 erbauten Brunnen, der bis 1897 die Stadt über Holzrohre mit Wasser versorgte.

Wismar

Gegenüber steht inmitten anderer historischer Giebelhäuser der „Alte Schwede" (erbaut 1380), der seit etwa hundert Jahren als Gaststätte betrieben wird und nach gründlicher Restaurierung seinem Ruf als urgemütliche Hafenkneipe wieder nahekommt. Der Name erinnert an die von 1648 bis 1803 andauernde schwedische Besetzung Wismars.

Weitere zu empfehlende Gaststätten sind der „Weinberg" auf dem Boulevard und die maritime Gaststätte „To'n Zägenkrog". Im Sommer ist allerdings viel Geduld nötig, um einen Platz zu bekommen.

Sehenswert ist die einzige ganz erhalten gebliebene Kirche, die gotische Nikolaikirche, der Turm der Marienkirche sowie die Ruine der Georgenkirche.

Diese Silhouette ist schon von der Insel Poel aus zu sehen. Der Fürstenhof, das als Stadtgeschichtliches Museum genutzte Schabbelhaus, das Wassertor am Hafen sowie das klassizistische Rathaus sind weitere interessante Baudenkmale. Von Wendorf aus kann man zu Fuß in 20 Min. das am Ufer der Wismarbucht gelegene, denkmalgeschützte Künstlerdorf Hoben erreichen.

Die Weiße Flotte bietet ab Wismar Fahrten nach Kirchdorf, Timmendorf und Warnemünde an.

Mit einem umfangreichen Netz von Linienbussen kann man in die umliegenden Ostseeorte gelangen. Aktuelle Angebote sind am Bahnhof in der Nähe des Stadthafens zu erfragen.

Als Tagestour bietet sich eine Zugfahrt in das 28 km entfernte Schwerin an.

Die frühere Residenz der Mecklenburger Großherzöge ist heute ein Besuchermagnet.

Inmitten der Schweriner Seen wirkt das erst 1857 erbaute Schloß (mit Café) mit dem gegenüberliegenden Theater besonders reizvoll. Dem Kenner ist ein Theaterabend zu empfehlen.

Seefahrtsamt in Wismar (unten)

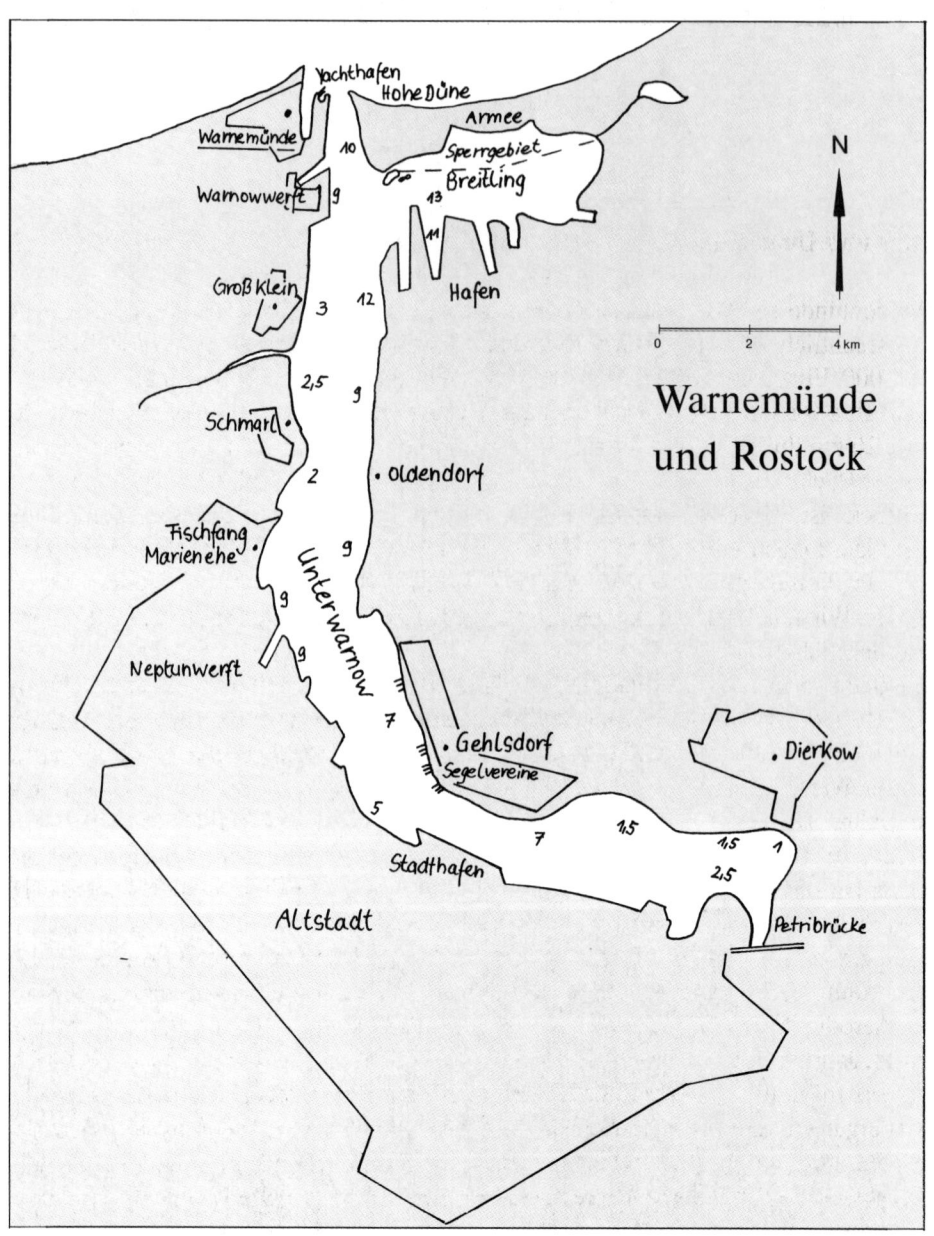

Warnemünde und Rostock

Karten:
SHD   163, 1631
DHI   39, 143

Lage und Umgebung

Warnemünde und Rostock bilden verwaltungsrechtlich eine Einheit. Die heute 254 000 Einwohner zählende Großstadt zieht sich von der Mündung der Warnow etwa 20 km flußaufwärts in die Mecklenburger Bucht hin.
Rostock ist Universitätsstadt und ein wichtiges Industrie- und Verwaltungszentrum im Norden der DDR. Die dominierenden Wirtschaftszweige sind Schiffbau und Schiffahrt.
Die Stadt verfügt über den größten, jährlich etwa 20 Millionen Tonnen umschlagenden Hafen der DDR und ist Standort zweier Werften.
Im Jahre 1161 erstmals urkundlich erwähnt, erhielt Rostock 1218 das Stadtrecht. Durch Ostsee- und Nordseehandel erwarben sich die hier ansässigen Kaufleute großen Reichtum. Die aufblühende Stadt kaufte 1323 das strategisch wichtige Fischerdorf Warnemünde.
Im 14. Jahrhundert war Rostock die nach Lübeck mächtigste Hansestadt. Mit dem Niedergang dieser mittelalterlichen Städtevereinigung verlor auch die Stadt an der Warnow ihre einstige Bedeutung. Die Bevölkerung schmolz nach dem großen Stadtbrand von 1677 auf nur noch 5 000 Einwohner zusammen.
Die wirtschaftliche Erholung setzte erst Ende des 18. Jahrhunderts ein. Vor rund 150 Jahren besaß Rostock nach Hamburg und Bremen die drittgrößte Segelschiffsflotte Deutschlands. Die kurzsichtige Politik der Rostocker Reeder, die im Gegensatz zu ihren Konkurrenten zu lange den Übergang zur Dampfschiffahrt hinauszögerten, war die Ursache für den vor hundert Jahren beginnenden Macht- und Einflußverlust.
Auch die Werften, die noch um 1850 die ersten eisernen Schraubendampfer Deutschlands gebaut hatten, verloren den Anschluß an die Konkurrenz in Hamburg, Bremen und Stettin.
Vor allem durch Warnemünde und die benachbarten Badeorte erlangte Rostock Bedeutung für den Tourismus.
Die seit 1903 von Warnemünde nach Gedser führende Eisenbahnfährverbindung beeinflußte entscheidend die Wandlung vom einstigen Fischerdorf zum heute größten Touristenzentrum im Norden der DDR und zum Verkehrsknotenpunkt.
Leider hielt die Entwicklung der Infrastruktur mit der wachsenden Einwohner- und Besucherzahl auf einigen Gebieten

Warnemünde und Rostock

Einfahrt Hafen Warnemünde

nicht Schritt. So sind die Gaststätten in den Sommermonaten oft bis auf den letzten Platz besetzt. Wartezeiten vor den Lokalen sind vor allem in der Mittagszeit keine Ausnahme.

Trotzdem ist die alte Hansestadt mit ihren historischen Bauten im Stadtzentrum, ihren zahlreichen Museen, den Theatern und vielen anderen Sehenswürdigkeiten zu jeder Jahreszeit eine Reise wert.

Ansteuerung und Liegeplätze

Wer Warnemünde von Westen her ansteuert, sollte dies am Rande des Schiffahrtsweges aus der westlichen Ostsee tun. Nördlich der Halbinsel Wustrow liegt ein ausgedehntes, weit nach Norden reichendes Sperrgebiet, das unbedingt umsegelt werden muß. Es hat folgende Koordinaten:

54°09′ 39″N   11°25′ 56″E
54°12′ 10″N   11°40′ 48″E
54°07′ 08″N   11°36′ 46″E
54°06′ 19″N   11°36′ 46″E
54°02′ 23″N   11°31′ 14″E
54°02′ 23″N   11°29′ 24″E

Warnemünde und Rostock

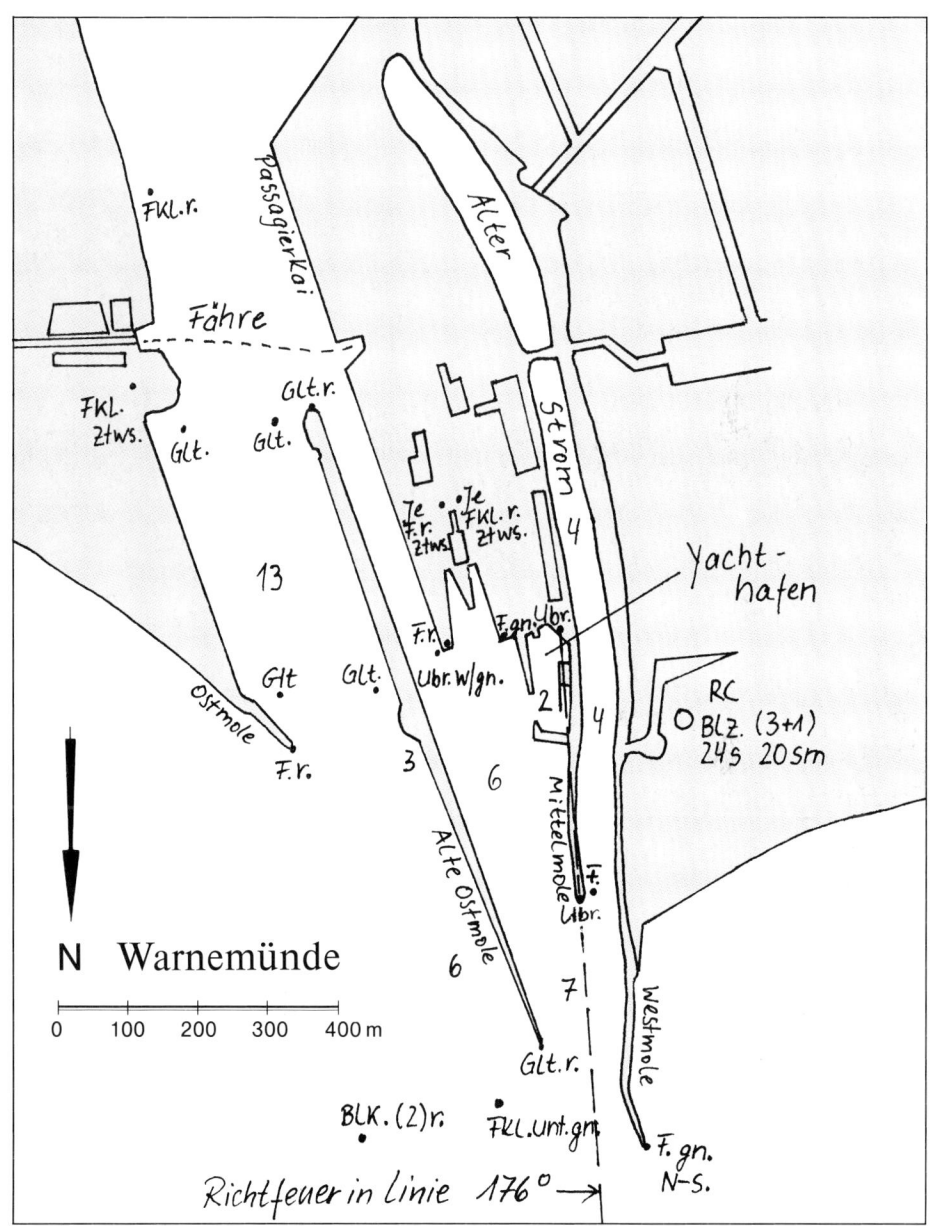

Warnemünde und Rostock

Das Gebiet innerhalb der Verbindungslinien dieser Punkte ist ganzjährig gesperrt.

Auf der Höhe von Kühlungsborn beginnt die sich bis zur Einfahrt nach Warnemünde erstreckende Reede für den Rostocker Überseehafen. Hier ist mit stärkerem Schiffsverkehr zu rechnen.

Das Ostseebad Warnemünde mit seiner markanten Silhouette ist weithin sichtbar. Besonders auffällig sind die 61 m hohe Kabelkrananlage der Werft, der weiße Klotz des Hochhauses „Hotel Neptun" und der Kirchturm.

Die nach Warnemünde führende 13 m tiefe Rinne beginnt auf Position 54°13,9′N 12°04′E (Blk. gn. 10s, Blk. (2)r. 5s). Das Fahrwasser in Richtung 161,5° ist gut betonnt und befeuert. Da es sehr stark befahren ist, sollten Yachten sich etwas außerhalb des Fahrwassers halten.

Für Sportboote gibt es in der Bucht vor Warnemünde keinerlei Tiefgangsprobleme, die Wassertiefen betragen 5 bis 12 m. Der Grenzkontrollpunkt befindet sich auf der Mittelmole. Um ihn zu erreichen, müssen die Yachten zwischen Westmole (F. gn. N-S.) und Alter Ostmole (Glt. r.) in den Alten Strom einlaufen. Der Leuchtturm von Warnemünde (Blz. (3+1) 24s 20 sm) – er verfügt auch über ein Seefunkfeuer – gestattet auch nachts und bei schlechter Sicht ein sicheres Navigieren.

Von Osten her kommend, kann der Kurs von der letzten Landspitze vor Warnemünde, von Rosenort, direkt auf die die Einfahrt begrenzenden Molen abgesetzt werden.

Bei der Ansteuerung ist folgendes zu beachten: Bei starkem Wind kann sich ein bis zu vier Knoten starker, parallel zur Küste laufender Strom entwickeln. Vor allem bei Westwind steht eine stark nach Osten setzende Dünung mit vereinzelten Kreuzseen im Bereich der Molenköpfe. Die Warnow führt meistens leicht auslaufenden Strom von ein bis zwei Knoten. Die höchste bisher gemessene Stromgeschwindigkeit des Flusses lag bei 5,3 Knoten. Solche Werte werden nur bei extremen Wetterlagen erreicht.

Vor der Ansteuerung sollte geprüft werden, ob sich ein Fährschiff am Liegeplatz neben dem Yachthafen oder im Zulauf befindet. Wenn am Signalmast der Fähre zwei schwarze Bälle parallel nebeneinander gesetzt sind (nachts zwei rote Lichter), dürfen andere Fahrzeuge nicht ein- bzw. auslaufen.

Da die Fähre westlich der Einfahrt dreht, ist der sicherste Warteplatz außerhalb der Molen östlich von der Zufahrt. Yachten, die Warnemünde verlassen wollen, müssen abwarten, bis die Ausfahrt durch Niederholen der Bälle freigegeben wird.

Nach dem Einklarieren kann auf der Warnow stromauf bis in die Nähe des Stadtzentrums gesegelt werden. Von Kielbooten mit einem Tiefgang von mehr als 1,5 m sollte der Fluß nur mit Seekarte befahren

Warnemünde und Rostock

Warnemünde: Liegeplätze im Alten Strom, rechts der Grenzkontrollpunkt

werden. Dicht neben der Rinne liegen mehrere schlammige Gebiete mit Wassertiefen zwischen einem und zwei Metern. Besonders im Unterlauf der Warnow bis zum Überseehafen ist eine rege Berufsschiffahrt zu verzeichnen. Zwischen Warnemünde und Hohe Düne sowie zwischen Gehlsdorf und dem linken Warnowufer überqueren Fähren den Strom.

Wer stromauf segelt, dem wird auffallen, daß er fast ausschließlich an Industriegebieten vorbeikommt. Der Fluß ist weder landschaftlich noch als Segelgebiet attraktiv. Die Wasserverschmutzung hat extreme Ausmaße angenommen. Baden ist nicht zu empfehlen. Auch vom Verzehr hier gefangener Fische wird abgeraten.

An der östlichen Seite des Flusses gibt es Steganlagen mehrerer Sportgemeinschaften. Sie sind nur von Booten mit einem Tiefgang unter 1,8 m erreichbar. Das Stadtzentrum ist von ihnen aus keinesfalls günstiger zu erreichen als von Warnemünde.

Segler, die Rostock besuchen, sollten sich am Alten Strom oder im Yachthafen einen Liegeplatz zuweisen lassen und von Warnemünde mit der in zehnminütigen Abständen verkehrenden S-Bahn ins Zentrum fahren.

Etwa einhundert Sportboote finden in Warnemünde ihren Platz.

Der Yachthafen am Alten Strom in Warnemünde

Am Alten Strom hat die Sportgemeinschaft der Warnowwerft ihren Standort. Dort gibt es etwa 25, allerdings meistens von Einheimischen belegte Liegeplätze. Der Yachthafen am Fährbecken hat 40 Liegeplätze. Die Abstände zwischen den Dalben sind selten größer als drei Meter. Yachten, die nicht dazwischenpassen, können an der Mittelmole südlich des Grenzkontrollpunktes festmachen. Die Wassertiefe beträgt überall mindestens zwei Meter, an der Mittelmole drei Meter. Wenn auch dort die Liegeplätze nicht mehr ausreichen, muß man im Päckchen liegen.

Das Westufer des Alten Stromes und der südliche Bereich der gegenüberliegenden Seite werden durch Fischereifahrzeuge und die Weiße Flotte genutzt. Der Hafenmeister weist den Besuchern einen Liegeplatz zu. Der Alte Strom bietet guten Schutz bei jeder Windrichtung.

Im Yachthafen liegt man bei Nordwind etwas unruhig. Es muß beachtet werden, daß die Fähren beim Ein- und Auslaufen einen starken Sog erzeugen. Außenliegende Boote in den Päckchen sollten zu den vor und hinter ihnen liegenden Yachten Festmacher ausbringen, um ein Schwoien zu verhindern.

Versorgung

Toiletten und Duschen befinden sich im Gebäude des Yachthafens. Die meisten Liegeplätze haben Stromanschluß. Trinkwasser ist erhältlich. Der Yachthafen verfügt über einen 2,5-t-Kran. Auf dem Gelände der Sportgemeinschaft steht für größere Boote ein 8-t-Kran.
Wegen Reparaturen sollte man sich an den Hafenmeister wenden, in der Umgebung gibt es vielfältige Möglichkeiten.
Im Rostocker Stadtteil Reutershagen ist eine Propangasstation. Bei Problemen mit den Segeln hilft die Segelmacherei Eikboom im Krischanweg (Nähe S-Bahnstation Marienehe).
Sowohl Rostock als auch Warnemünde bieten gute Versorgungsmöglichkeiten. Lebensmittel kauft man am besten in Warnemünde am Westufer des Alten Stromes.
Die ärztliche Versorgung ist überall, auch bei komplizierten Fällen, gesichert.
Die Warnemünder Klinik befindet sich in der Schillerstraße am Hotel Neptun.
Am Marktplatz ist ein Postamt. Gleich um die Ecke ist die wohl beste Gaststätte in Warnemünde. In der „Post" wird von echter Hausmannskost bis hin zu Wildgerichten ein breites Angebot offeriert.

Weitere gute Gaststätten in Warnemünde sind das „Kurhaus", der „Teepott" und das Spezialitätenrestaurant in der Schillerstraße.
Letzteres bietet u. a. Mecklenburger, ungarische, asiatische und skandinavische Küche, zu allerdings recht hohen Preisen.

Sehenswürdigkeiten und Ausflugtips

Die jahrhundertealte Geschichte begegnet dem Besucher in Warnemünde auf Schritt und Tritt. Ehemalige Kapitänshäuser, Villen, die zur Jahrhundertwende für die Kurgäste errichtet wurden, die beliebte Seepromenade mit Leuchtturm und Teepott, der Alte Strom und die Molen geben dem Ort ein unverwechselbares Gesicht.
Im Heimatmuseum in der Theodor-Körner-Straße wird dem Gast anschaulich die wechselvolle Geschichte des Seebades anhand vieler historischer Ausstellungsstücke gezeigt.
In der Warnemünder Kirche werden in regelmäßiger Folge Orgelkonzerte gespielt. Architektonisch wertvoll ist das Gebäude des „Strandhotels", es wurde in den 20er Jahren im Bauhausstil errichtet.
Wer in die nähere Umgebung fahren möchte, kann mit dem Bus von Warnemünde aus (Haltestelle Parkstraße) die nahegelegene Kleinstadt Bad Doberan erreichen.
Das dortige, reich ausgestattete, von Zisterziensermönchen im 14. Jahrhundert

im gotischen Stil errichtete Münster ist ein Anziehungspunkt für Touristen aus dem In- und Ausland.

Von Bad Doberan aus fährt eine denkmalgeschützte Schmalspurbahn nach Heiligendamm, das erste deutsche Seebad. Die „Molli" zuckelt unter Dampf anfangs durch die Geschäftsstraßen der Kleinstadt und später durch die abwechslungsreiche Landschaft bis zur Ostseeküste.

Von Heiligendamm aus oder vom drei Kilometer westlich gelegenen Ostseebad Kühlungsborn (am besten erreichbar durch eine Strandwanderung) fährt mehrmals täglich ein Bus nach Rostock.

Für einen Abstecher nach Bad Doberan und in die beiden Ostseeorte sollte ein ganzer Tag eingeplant werden.

Gaststätten mit Mittagstisch findet der Besucher in allen drei Orten.

Wer von Warnemünde aus in das Zentrum von Rostock fahren möchte, sollte die S-Bahn benutzen. Von der Station Holbeinplatz aus erreicht man mit der Straßenbahn (5 Stationen) die Kröpeliner Straße, den Fußgängerboulevard Rostocks.

An ihm stehen zahlreiche Häuser aus verschiedenen Stilepochen. Neue, architektonisch interessante Bauten wie das Fünfgiebelhaus am Universitätsplatz fügen sich harmonisch in die Altbausubstanz ein.

Im zu Beginn des 13. Jahrhunderts errichteten Kröpeliner Tor befindet sich das Museum für Stadtgeschichte.

Etwas versteckt liegt wenige hundert Meter weiter, hinter dem Universitätsgebäude, das 1270 von der Königin Margarete von Dänemark gestiftete Kloster zum Heiligen Kreuz.

Die vollständig restaurierte Anlage mit ihren vielen Ausstellungsstücken aus dem Mittelalter kann besichtigt werden.

Am Ende des Boulevards steht die größte und schönste der Rostocker Kirchen: Die mächtige, vor etwa 500 Jahren erbaute Marienkirche überstand die Bombenangriffe des letzten Krieges unversehrt. Von ihrem Turm aus hat der Besucher einen weiten Blick auf die Stadt und auf die nähere Umgebung.

Aber auch das Innere der Kirche ist sehenswert: Die 1472 vollendete Astronomische Uhr, der Rochusaltar und der barocke Orgelprospekt sind die wertvollsten Schätze der Marienkirche.

Ebenso wie in den übrigen sakralen Bauten Rostocks werden auch hier ständig Chorkonzerte, Orgelvespern und Jazzveranstaltungen durchgeführt.

Im ursprünglichen Zentrum Rostocks, am Alten Markt, steht die Petrikirche. Ihr 117 m hoher Turm diente bis zu seiner Zerstörung im Jahre 1942 als weithin sichtbare Landmarke für die Schiffahrt. Die nördliche Altstadt unterhalb der Langen Straße wurde in den achtziger Jahren neu aufgebaut. Neue und historische Gebäude bilden eine architektonische Einheit. In der Wokrenter Straße befindet sich die „Kogge", eine historisch-

maritime Gaststätte. In dieser Gegend gibt es viele kleine Gaststätten, in denen auch in der Hochsaison ohne lange Wartezeiten Plätze zu bekommen sind.
Neben dem bereits erwähnten stadtgeschichtlichen Museum kann das Schiffahrtsmuseum am Rosengarten empfohlen werden. Es gibt Auskunft über die maritime Vergangenheit der Stadt, ihre einst bedeutende Segelschiffsflotte und den traditionsreichen Schiffbau.
Ein weiterer Komplex, der maritime Exponate vorstellt, befindet sich am Warnowufer im Stadtteil Schmarl. In einem außer Dienst gestellten Hochseefrachter sind ständige Ausstellungen über verschiedene Themen der Schiffahrt zu sehen. Besichtigt werden können auch die Kommandobrücke und der Maschinenraum des Schiffes.

Weitere technische Denkmale wie zum Beispiel ein dampfgetriebener Kran und ein alter Dampfschlepper sind auf dem Gelände vor dem Traditionsschiff zu sehen.
Der Liegeplatz an der Warnow ist von der S-Bahn-Station Lütten Klein aus zu Fuß zu erreichen. Der einen Kilometer lange Weg ist ausgeschildert.
In Rostock gibt es mehrere Theater und Kinos.
Jugendliche Besucher sollten abends einen der insgesamt 15 Studentenklubs der Stadt besuchen. Diese Klubs werden durch die einzelnen Sektionen der Universität unterhalten und bieten abends neben Disco-Musik eine lockere Atmosphäre.

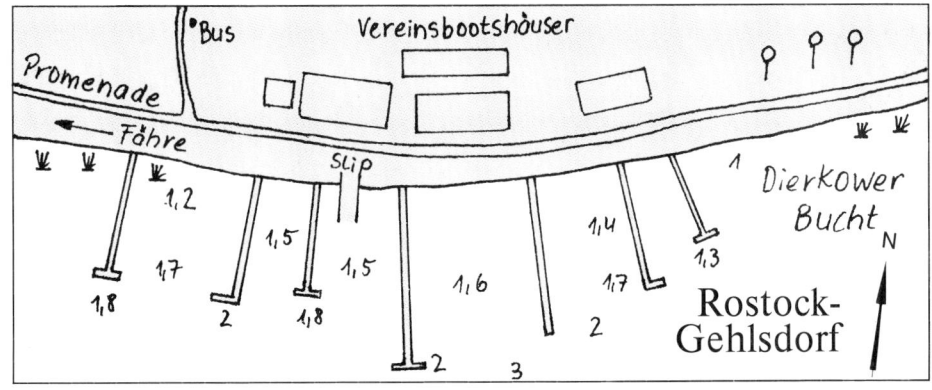

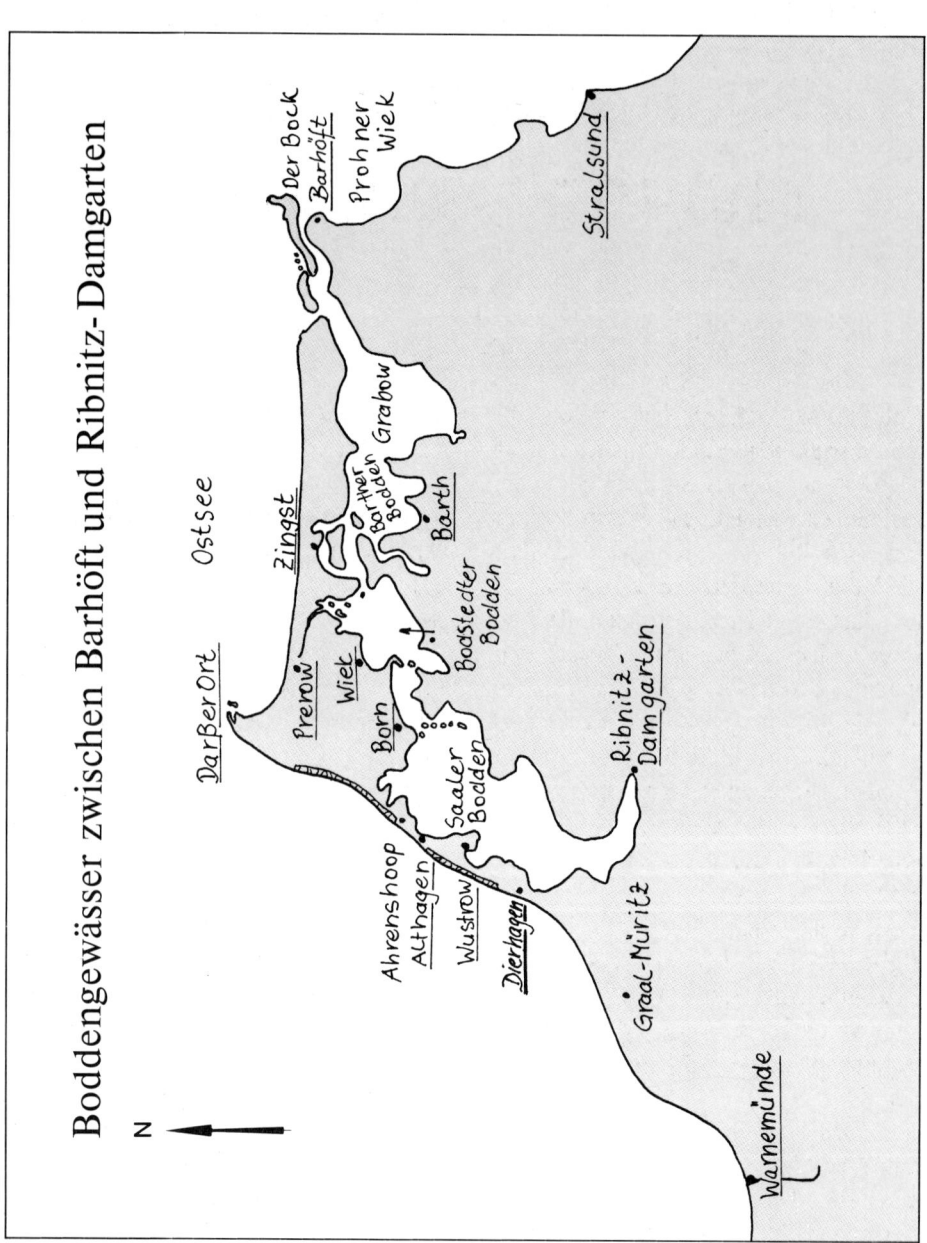

Boddengewässer zwischen Barhöft und Ribnitz-Damgarten

Karten:
SHD 1623
DHI 143

Zwischen Rostock und Stralsund liegt die Darß-Zingster-Boddenkette, ein 55 km langes Gewässersystem zwischen dem Festland und den Halbinseln Darß, Zingst und Fischland.

Sie besteht aus dem Saaler, Bodstedter und Barther Bodden sowie dem Grabow, die miteinander über enge „Ströme" verbunden sind. Sie entstand mit dem Anstieg des Meeresspiegels nach der letzten Eiszeit. Die vorher buchtenreiche Meeresküste wurde im Verlauf der Jahrtausendwende durch Hakenbildung an den vorgelagerten Inseln immer stärker abgeschnürt.

Die heutige Boddenlandschaft ist reich gegliedert, der Wechsel verschiedener Landschaftselemente auf engem Raum und die darin eingebetteten Boddendörfer verleihen dem Gebiet einen besonderen Reiz.

Der Salzgehalt nimmt von Ost nach West von 7 auf 1–2 Promille ab, charakteristisch ist daher Brackwasser. Da die eingetragenen Nährstoffe vom Gewässer nicht völlig abgebaut werden können, sind die Bodden relativ stark eutroph. Für die Sanierung gibt es ein langfristig angelegtes Programm, dessen Maßnahmen erste positive Wirkungen zeigen.

Die Darß-Zingster-Boddenkette besitzt Wassertiefen zwischen 2–4 m mit ausgedehnten Flachwasserzonen. Sie eignet sich daher besonders gut für das Segeln mit Jollen, Jollenkreuzern und zum Surfen.

Wasserstandsschwankungen werden nur von starken westlichen oder östlichen Winden verursacht und erreichen nur selten mehr als 0,5 m. Insbesondere in der Nähe der einzigen Verbindung zur Ostsee kann der ein- oder auslaufende Strom erhebliche Stärke erreichen. Im betonnten Fahrwasser beträgt die Tiefe mindestens 2 m. Häufig sind nur an einer Seite Tonnen ausgelegt, hier empfiehlt es sich, zumindest in engen Teilen des Gewässers, am Tonnenstrich entlang zu fahren.

Bis auf wenige besonders erwähnte Gebiete mit Steinen besteht der Grund aus

Auf dem Darß: Blick auf die Ostsee

Sand, in Buchten teilweise von Schlamm überlagert.

Kielboote und größere Motorboote sollten daher das Gewässer nur mit einer Seekarte befahren. Das Fahrwasser ist nicht befeuert. Nur wenige Häfen haben ein Molenfeuer. Die Fahrgastschiffahrt ist gering, noch seltener die Binnenschiffahrt.

Zu beachten ist die Fischerei mit zahlreichen Reusen und Stellnetzen. Letztere sind senkrecht unter der Wasseroberfläche schwimmende Netzwände, die nicht überfahren werden dürfen. Sie sind am Anfang und Ende jeweils mit einer schwimmenden Doppelflagge von etwa je 30 x 30 cm gekennzeichnet und bei Wellengang oder Dunkelheit schwer auszumachen. In der Regel zeigen neben den Flaggenstücken am Netz befestigte Schwimmkörper dessen Verlauf an.

Trotz der geringen Wassertiefe kann sich bei Starkwind ein erheblicher Wellengang bilden, der auch größeren Booten gefährlich werden kann. Besondere Vorsicht ist dann an den Übergangsstellen zwischen den Bodden und den „Strömen" geboten.

Das Fahrwasser beginnt an der Vierendehlrinne in Höhe Barhöft mit einer sehr schmalen Rinne von etwa 6 sm Länge. Diese Fahrrinne sollte von Kielbooten nicht verlassen und bei Gegenwind unter Motor durchsteuert werden. Anfangs folgt das Fahrwasser dem Naturschutzgebiet Bock und Werder, zwischen denen eine offene, jedoch nicht schiffbare Verbindung zur Ostsee besteht.

Der Grabow, als erster Bodden, bietet für größere Boote nur wenige Anlegeplätze in Dabitz, an der Ost- und Südseite befinden sich breite Steinriffe in Ufernähe. Gute Ankermöglichkeiten findet man vor der Halbinsel Fahrenkamp am Westrand des Grabow.

Im Barther Bodden zweigt an der grünen Toppzeichentonne 49 das Fahrwasser zur Stadt Barth ab, deren Kirche weithin sichtbar ist. In nördlicher und westlicher Richtung verläuft das Fahrwasser im Zingster Strom; die sogenannte Fitt zwischen den Inseln Oie und Kirr kann nur von Schwertbooten befahren werden.

Bei der Weiterfahrt ist die Meiningenbrücke zu passieren. Diese einspurige Drehbrücke kann im Sommer den Fahrzeugverkehr nicht bewältigen, daher ist unmittelbar westlich davon eine ausschwimmbare Pontonbrücke in Betrieb. Auf Grund der aufwendigen Öffnung dieser Behelfsbrücke wird sie für den Schiffsverkehr nur zweimal in der Woche geöffnet: Mo. 19.00 h und Fr. 13.00 h.

Es empfiehlt sich, über eventuelle Sonderöffnungen für die Berufsschiffahrt vorher in den Häfen Auskünfte einzuholen oder sie unter Telefon Barth 640 direkt beim Brückenwärter zu erfragen (zur

Auf dem Darß bei Wustrow/Ahrenshoop

Brückenpassage vgl. Hinweise beim Hafen Zingst, S. 65).

Eine halbe Seemeile westlich der Brücke verläuft an Steuerbord die schmale Fahrrinne zum Prerowstrom, einem flußähnlichen Gewässer, das sich in Windungen durch die flache Wiesenlandschaft zieht und im Ostseebad Prerow endet.

Vom Bodstedter Bodden gelangt man durch wiederum sehr schmale Fahrwasser an Born vorbei und zwischen „Bülten" genannten Schilfinseln hindurch in den Saaler Bodden. Nur Schwertboote können mit gehievtem Schwert zwischen den Schilfinseln hindurch den Saaler Bodden erreichen. In der betonten Ausfahrt zum Bodden ist bei starkem West- und Nordwestwind mit gefährlicher See zu rechnen.

Der Saaler Bodden ist ein relativ weiträumiges Segelrevier mit den gern besuchten kleinen Häfen der Ostseebäder Ahrenshoop, Wustrow und Dierhagen. An der Ostseite des Boddens sind lediglich Langendamm und Neuendorf mit kleineren Booten zu erreichen.

Der kleinen Steilküste nördlich der Gemeinde Saal und südlich Langendamm sind Steingründe vorgelagert.

Einlaufend nach Ribnitz-Damgarten darf an der östlichen Seite vom Fahrwasser wegen eines militärischen Sperrgebietes nicht angelegt werden.

Neben den kleinen Industriestädten Ribnitz-Damgarten und Barth liegen an den Ufern des Gewässers Dörfer, die durch Landwirtschaft und Erholungseinrichtungen geprägt sind. Neben kommunalen kleinen Häfen befinden sich vielfach kleine Steganlagen von Wassersportvereinen, an denen man nach Absprache auch anlegen kann.

Ansteuerung Stralsund und Boddengewässer westlich Barhöft

Die Boddengewässer werden über den Gellenstrom, eine schmale Fahrwasserrinne zwischen dem Südteil der Insel Hiddensee und der dem Festland vorgelagerten Insel Bock, angesteuert.

Aus westlicher Richtung kommend, wird nördlich des Leuchtturms Darßer Ort (Blz.(2+4)22s 20sm) gehalten. Wegen des vorgelagerten Riffs muß man sich in 1–2 sm Entfernung von der Landspitze freihalten.

Achtung: Bei östlichen Winden setzen Südwest- und Westströmungen, bei westlichen Winden Nordost- und Ostströmungen hart auf das Darßer Ort-Riff zu.

Da der Leuchtturm heute fast eine Seemeile landeinwärts liegt, sollte auch nach der Leuchttonne Darßer Ort (54°30,0'N 12°33,6'E, Fkl.(3s) 10s), die nordöstlich des Riffs liegt, navigiert werden. Ein bis zwei Seemeilen südlich davon kann auf 6 m Wassertiefe auf Sandgrund sicher geankert werden.

Hier beginnt auch mit der grünen Leuchttonne Darßer Ort 1 (Blz. gn. 4s) die Zufahrt zum Hafen Darßer Ort.

Für diesen ehemaligen Militärhafen wurde, ebenso wie für das gesamte umliegende Gebiet, die früher geltende Sperrung aufgehoben. Somit kann der Hafen auch von Sportbooten angelaufen werden. Er eignet sich besonders als Schutz- und Nothafen.

Zufahrt und Hafenbecken sind auf 6 m Tiefe gebaggert. Während die nördliche Seite mit Pier, Dalben und zwei kurzen Stegen nutzbar ist, sind die langen Holzstege auf den gegenüberliegenden Seiten fast gänzlich unbrauchbar. Durch seine ursprüngliche Funktion als Militärhafen bestehen außer Wasser, Strom und Toiletten keine weiteren Versorgungsmöglichkeiten.

Die nächsten Einkaufsmöglichkeiten und Gaststätten sind auf dem Zeltplatz Prerow (etwa 1,5 km).

Achtung: Das gesamte Gebiet des Darßer Ort ist Naturschutzgebiet.

Bei der Weiterfahrt in östlicher Richtung ist das in der Seekarte verzeichnete große Sperrgebiet nördlich Zingst, das nahezu die gesamte Wasserfläche zwischen der Prerowbank und Hiddensee einnimmt, zu beachten (über die beantragte Aufhebung war bei Redaktionsschluß dieses Buches noch nicht entschieden).

Laut Mitteilung des SHD ist der erweiterte Teil des Gebietes vom 1. Mai–25. September jeweils von Sonnabend 00.00 Uhr bis Sonntag 24.00 Uhr frei.

Während der Schießzeiten werden auf dem Darßer Ort, dem Dornbusch, und bei Barhöft folgende Sichtzeichen gezeigt: Bei Tag zwei rote Doppelstander senkrecht übereinander. Bei Nacht ein rotes und zwei weiße Lichter untereinander. Neuerdings werden im gleichen Gebiet jeweils mittwochs (bei Ausfall freitags) von 13.45–14.45 Uhr meteorologische Raketen gestartet. Während dieser Zeit wird die Schiffahrt gebeten, sich nicht im obigen Gebiet aufzuhalten (Warngebiet).

Unter Beachtung des Sperrgebietes sollte also der Kurs von Darßer Ort auf etwas nördlich vom Dornbusch auf Hiddensee abgesetzt werden.

Man erreicht die Nordansteuerung Stralsund zwischen den Tonnen „Gellen" (Blk. 10s, 54°38,2'N 13°01,2'E) und G/1 (Glt. 4s) vor Vitte und läuft dann südwärts.

An der flachen, 18 sm langen Ausgleichsküste sind bei guter Sicht die Landmarken Zeltplatz Prerow, Kurhaus Zingst, Barther Kirche und die Höhen von Barhöft auszumachen.

Aus nördlicher Richtung kommend, dient der Dornbusch-Leuchtturm (Blk. 10s 21/15 sm) und beim Näherkommen die rot-weiße Tonne Gellen (Blk. 10s), 4 sm nordwestlich des Leuchtturms, zur Ansteuerung. Der Dornbusch ist mit 72 m Höhe eine weithin sichtbare Landmarke. In Höhe des Ortes Vitte beginnt das betonnte Fahrwasser. Bei Dunkelheit halte man sich an die Feuer in folgender Reihenfolge: Weißer Sektor Leuchtfeuer Gellen (Ubr. (2) 15s 15/11 sm) Richtfeuer

Bock–Barhöft, Vierendehlfeuer und Richtfeuer Barhöft. *Achtung:* Nur bei Richtungsänderungen sind die Fahrwassertonnen befeuert. In der Gellenrinne arbeiten häufig Bagger und Schuten.

An der bewaldeten Ostseite des Bock in der Barhöfter Rinne befindet sich in geschützter Lage der Grenzkontrollpunkt, wo das Einklarieren erfolgt. Südlich schließt sich eine kleine, für Sportboote geeignete Reede an. Hier kann geankert werden, bevor die Weiterfahrt in die nicht befeuerten westlichen Boddengewässer angetreten wird.

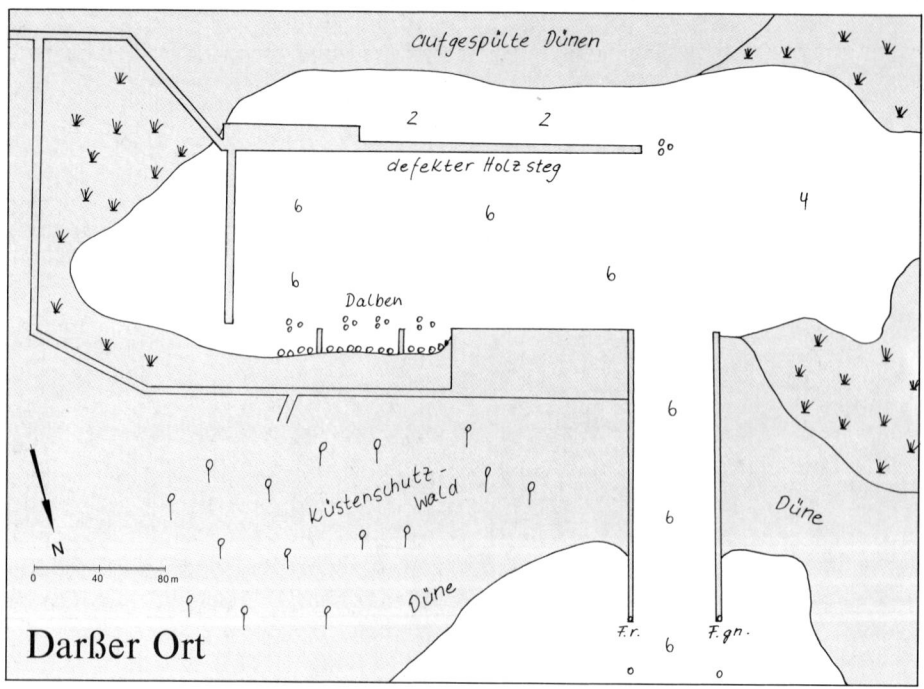

Barhöft

54°26,1′N   13°02,0′E

Karten:
SHD 1623
DHI   143

Lage und Umgebung

Der kleine Hafen Barhöft liegt im Schnittpunkt der Wasserstraßen Gellenrinne, Vierendehlrinne und Boddengewässer West auf dem Festland. Ihm gegenüber befindet sich das Naturschutzgebiet Bock.

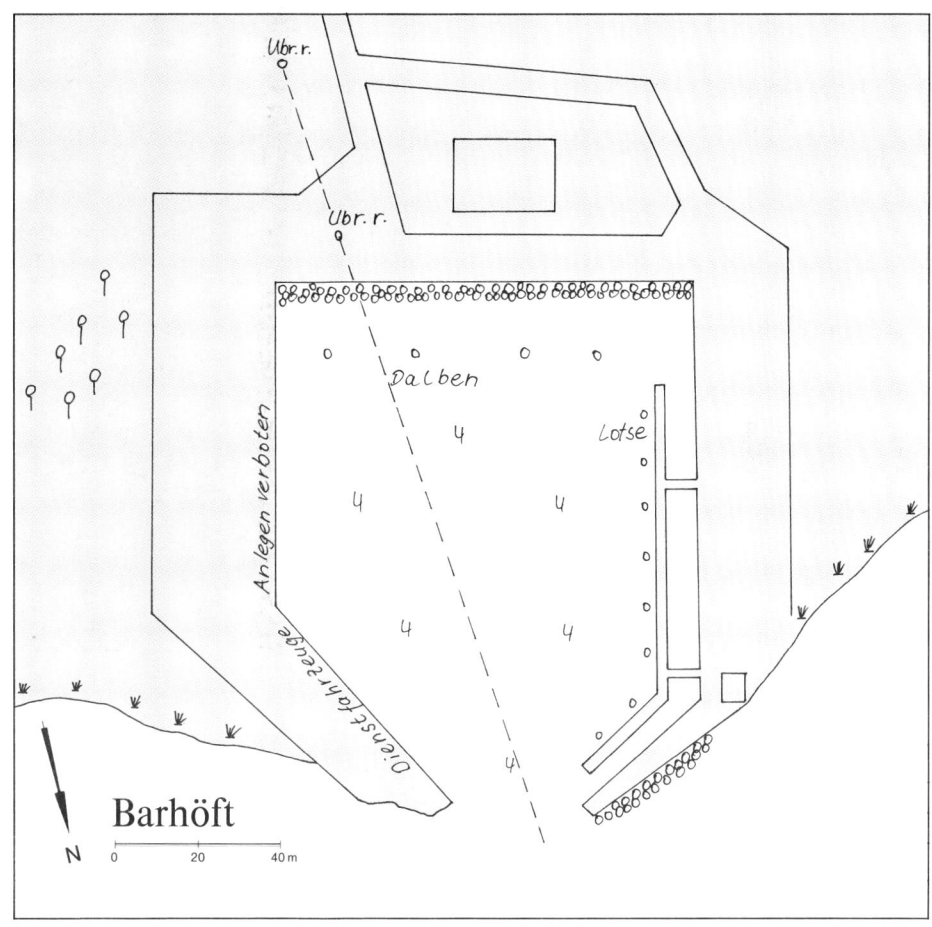

Im gut ausgebauten Hafen sind Lotsenkutter und Grenzsicherungsfahrzeuge stationiert. Er wird ab 1990 wieder für den kurzzeitigen Aufenthalt von Sportbooten geöffnet und ist besonders für Fahrzeuge geeignet, die nicht bei Dunkelheit oder Starkwind die Fahrt in den schmalen Rinnen fortsetzen wollen.

Ansteuerung und Liegeplätze

Zum Hafen führt eine kurze Tonnenreihe vom Hauptfahrwasser Ostsee–Stralsund, das hier einen Bogen von 90° macht. Von See aus kann also geradeaus, etwas Steuerbord versetzt, gefahren werden.
Von Stralsund oder den Boddengewässern West kommend, ist bei der Hafenansteuerung der Tonnenwechsel von „auslaufend" auf „einlaufend" zu beachten.
Bei Nacht ermöglichen die in Linie von 228,8° weisenden Richtfeuer eine sichere Navigation.
Für Sportboote ist ausreichend Wassertiefe gegeben.

Versorgungsmöglichkeiten

Strom und Wasser sind an der Pier erhältlich.
Zum 18 km entfernten Stralsund fahren täglich in regelmäßigen Abständen Busse. Ein kleines Lebensmittelgeschäft befindet sich im Dorf.
Ärztliche Behandlung kann nur in Stralsund erfolgen.

Sehenswürdigkeiten

Die Umgebung des abgelegenen Ortes lädt zu ausgedehnten Spaziergängen und Fahrradtouren ein. Dabei müssen die Sperrzonen beachtet werden. Die Gewässer um Barhöft sind als sehr fischreich bekannt. Besonders häufig werden hier große Hechte gefangen.
Achtung: Auf dem Signalmast über dem Ort werden bei Schießübungen im Sperrgebiet nördlich Zingst sowie beim Start meteorologischer Raketen folgende Signale gesetzt: Am Tag zwei rote Doppelstander. In der Nacht ein rotes und zwei weiße Lichter untereinander.

Barth

54°22,4′N 12°43,8′E

Karten:
SHD 1623
DHI 143

Lage und Umgebung

Die Stadt Barth (12 000 Einwohner) liegt an einer südlichen Bucht des gleichnamigen Boddens. Sie wird von einem Endmoränenzug mit Höhen bis zu 34 m (Glöwitzer Berg) eingerahmt. An der Westseite mündet die Barthe in einem verbreiterten, schiffbaren Bett in den Bodden.
Die Stadt verfügt mit mehreren Becken über den größten Hafen im Gebiet der Darß-Zingster Boddenlandschaft. Bis hierher wird regelmäßige Binnenschiffahrt betrieben. Die heute nicht mehr voll genutzten Anlagen stammen aus der Zeit, als Barth in der Blütezeit der Segelschiffahrt 172 seegehende Segelschiffe, 18 Reedereien und 4 Schiffswerften besaß. Damit stand Barth an zweiter Stelle unter den preußischen Seehäfen.
Beim Übergang zur Dampfschiffahrt und größeren Schiffen konnte wegen der zu geringen Wassertiefen der Konkurrenz der günstiger gelegenen Seehäfen Rostock, Stralsund und Stettin nicht standgehalten werden. Die Schiffahrt spielte ab 1900 in der Stadt nur noch eine untergeordnete Rolle. Im Unterschied zu anderen Städten gelang es jedoch, ein relativ bedeutendes industrielles Potential zu schaffen. Die Stadt war vor dem Zweiten Weltkrieg Kreisstadt des pommerschen Kreises Franzburg-Barth.
Heute wird die Wirtschaft der Stadt durch bedeutende Betriebe des Maschinenbaus und vor allem von der Lebensmittelproduktion und -verarbeitung geprägt.
In diesem südlichen Zugang zu den Erholungsgebieten Darß und Zingst ist im Sommer lebhafter Tourismus. Das Stadtbild wird im Zentrum vor allem von den kleinen Häusern der Industriearbeiter des vorigen Jahrhunderts geprägt. Besonders in den Nebenstraßen ist wegen mangelnder Restaurierung und Modernisierung der ursprüngliche Zustand noch sichtbar. Die Stadtansicht wird vom imposanten Bau der St. Marienkirche aus dem 14. Jahrhundert mit dem 87 m hohen Turm beherrscht.

Ansteuerung und Liegeplätze

Das ausgedehnte Hafengelände befindet sich unmittelbar vor der Stadt. Die Ansteuerung erfolgt in Richtung Kirchturm und ist einseitig betonnt. Bis kurz vor der niedrigen und daher erst spät sichtbaren Steinmole beträgt die Wassertiefe beiderseitig mehr als 2 m.
Die großen Hafenbecken gestatten das Einlaufen unter Segeln. Zumeist wird von

Barhöft bis Ribnitz-Damgarten

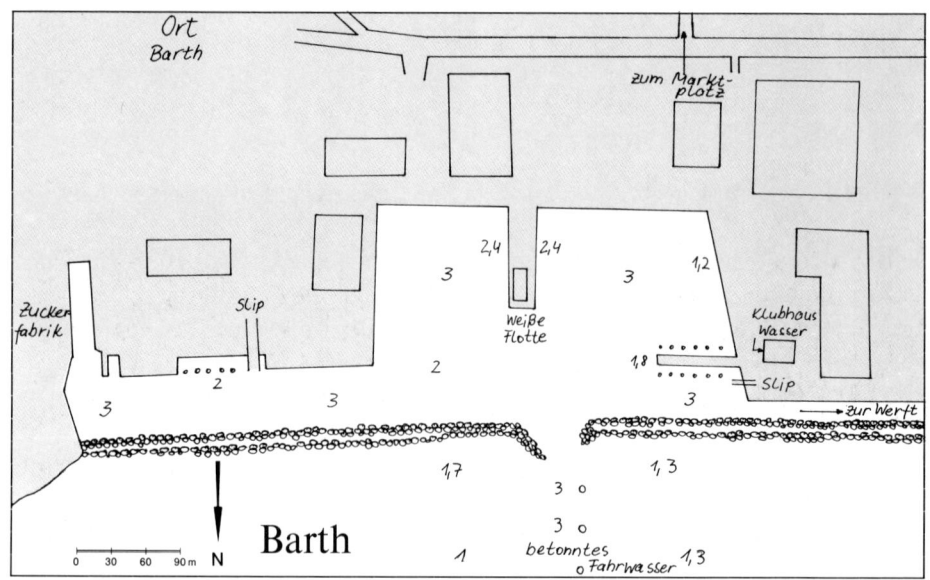

Barth

Sportbooten die im westlichen Hafenbecken gelegene Steganlage der Segelsektion angelaufen – Meldung beim Hafenwart im Klubhaus.
Bei südlichen Windrichtungen verursacht der Kohleumschlag auf dem gegenüberliegenden Kohleplatz erheblichen Staub, die Boot und Segel stark verschmutzen. Unter Beachtung der relativ geringen Berufsschiffahrt kann daher auch an der Fingerpier gegenüber der Hafeneinfahrt, im Ostbecken sowie östlich davon in der Zufahrt zur Zuckerfabrik angelegt werden. Generell sind Wassertiefen von mindestens 2 m gegeben. Der Hafen bietet ausreichend sichere Liegeplätze.
Für die Nachtansteuerung benutze man die Richtfeuer in Linie 201,1 °, Ob-F. und U-F. je Glt. 4s, zeitweise.

Versorgungsmöglichkeiten

Strom- und Wasserversorgung in allen Hafenbecken, jedoch nicht an den Liegeplätzen. Slipanlage bis 8 t. am Sportbootsteg. Reparaturmöglichkeiten nach Absprache in der Schiffswerft am westlichen Ende des Hafens.
Die einzige Tankstelle befindet sich etwa 2 km entfernt am Südrand der Stadt.
Günstige Einkaufsmöglichkeiten bestehen in der Hauptgeschäftsstraße für alle Waren, ebenso Gaststätten (5 Min. vom Hafen).
Geschäft mit Wassersportbedarf zwischen Kirche und Dammtor.
Busverbindung nach Stralsund, Ribnitz-Damgarten und zur Ostseeküste. Vom

Yachthafen Barth

Bahnhof ist über eine kurze Nebenbahn die Hauptstrecke Rostock-Stralsund bei Velgast zu erreichen.

Sehenswürdigkeiten

Lohnenswert ist der Aufstieg auf den Turm der St. Marienkirche mit einem schönen Rundblick über die gesamte Boddenkette bis zum Fischland, Stralsund und Hiddensee.

Ein Stadtrundgang sollte die kleinen, schmalen Häuser in den Nebenstraßen des Hafengebietes, das Dammtor (Backstein-Wehrbau, 14. Jh.) sowie den Fangelturm an der alten Stadtmauer (18. Jh.) einschließen.

Architektonisch interessant sind ferner ein Speicher aus dem 18. Jahrhundert (Badstüberstraße), das ehemalige „Adlige Kloster" und das 1927 in Anlehnung an die Backsteingotik Norddeutschlands errichtete Gebäude des Rates der Stadt.

Am Rand der Stadt befinden sich schöne Erholungsgebiete. So südlich des Bahnhofes die Anlagen mit Freilichtbühne, im Osten der Donnerberg mit Jugendherberge und Gaststätte am Bodden (3 km).

In westlicher Richtung ist die Halbinsel Vogelsang mit Katharinensee, Kiefernwäldchen und Barther Strom zu erreichen (3 km). Hinter der Barthebrücke beginnt ein ausgedehntes Waldgebiet („Barther Stadtholz" mit Gaststätte „Tannenheim"), das bis an die Orte am Bodstedter Bodden reicht.

Zingst

54°27'N 12°41,3'E

Karten:
SHD 1623
DHI   143

Lage und Umgebung
Das Ostseebad Zingst ist mit 3400 Einwohnern der größte Ort auf der der Halbinsel Fischland-Darß-Zingst. Er erstreckt sich zwischen dem Zingster Strom im Süden und der Ostsee und wird beiderseits von feuchten Niederungen begrenzt. Südlich vorgelagert sind die Boddeninseln Großer/Kleiner Kirr und Oie (Naturschutzgebiete).
Im Ortsbild machen heute große Ferienheime, Pensionen und Gaststätten die überragende Rolle des Fremdenverkehrs deutlich. Nur in Nebenstraßen sind noch vereinzelt original erhaltene Fachwerk- oder Backsteintraufenhäuser zu finden. Sie erinnern an die Zeiten, als auf mehreren Schiffbauplätzen am Strom Schiffe entstanden, mit denen die Zingster Seeleute die Weltmeere befuhren.
Ein Teil der Bevölkerung ist in einem landwirtschaftlichen Großbetrieb beschäftigt, der die Grünlandflächen als Futterbasis für die Rinderaufzucht nutzt. Hochwasser und Sturmfluten vergangener Jahrhunderte setzten den Ort häufig unter Wasser, die Chronisten berichten von schweren Schäden, die dabei auftraten. Heute sind die ehemaligen Verbindungen zwischen Ostsee und Bodden in der Umgebung des Ortes geschlossen. Bis in die jüngste Zeit wurden hohe Deiche errichtet, die das Dorf fast völlig umschließen.

Blick vom Zingster Strom zur Großen Kirr

Zingst

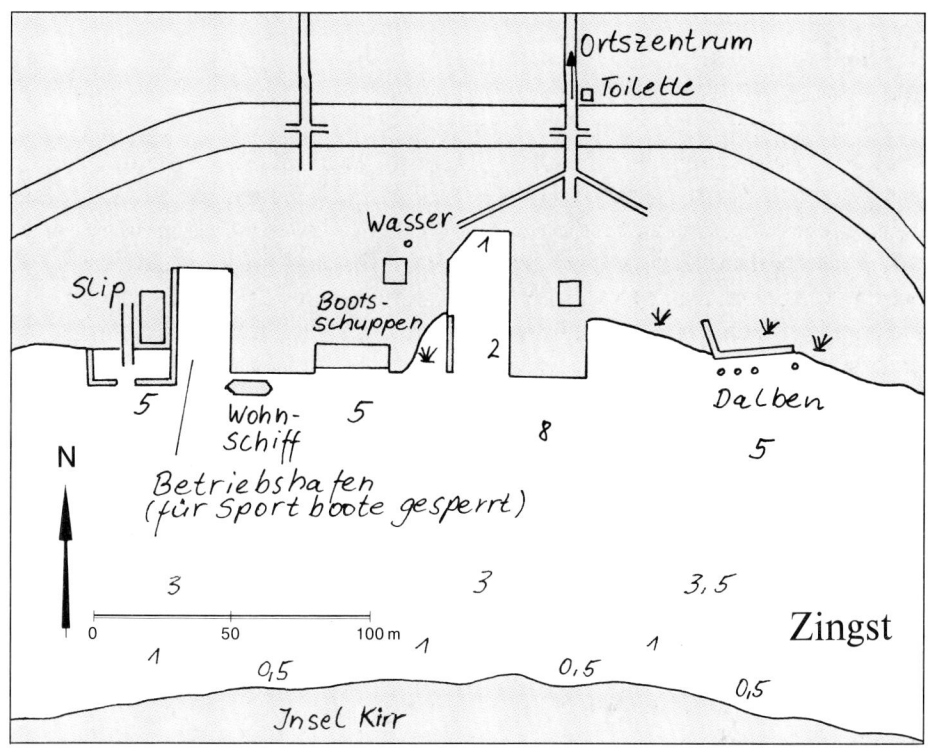

Eine Umgehungsstraße leitet den starken Autoverkehr zum Strand und zum Darß am Ort vorbei. Sie verläuft zum Teil auf der Trasse einer ehemaligen Kleinbahnstrecke, die bis zum Ende des Zweiten Weltkrieges Barth mit Prerow verband. Östlich des Ortes befindet sich der Osterwald. Dieser Forst war 600 Jahre lang in einen Fürstlichen, Stralsunder und Barther Teil aufgeteilt. Hinter dem Osterwald zieht sich die flache Landschaft bis Pramort und Bock. Ihr südlicher Teil war nach vergeblichen Aufsiedlungsversuchen bis 1945 Übungsgebiet für Bombenflugzeuge. In den 50er und 60er Jahren wurde es mühsam rekultiviert.

Ansteuerung und Liegeplätze

Der Zingster Strom ist ein schwierig zu befahrendes Gewässer. Er führt in Windungen halbkreisförmig vom Barther zum Bodstedter Bodden und berührt dabei den Ort.
Das einseitig betonnte Fahrwasser erreicht Wassertiefen bis zu 8 m, außerhalb

der Fahrrinne wird es schnell flach (1 m). Es kann beträchtlicher ein- oder auslaufender Strom auftreten. Der Verkehr auf dieser Wasserstraße ist lebhaft und kann im Zusammenhang mit den Öffnungszeiten der Meiningenbrücke sogar Kolonnencharakter annehmen.

Neben einer umfangreichen Sportschifffahrt ist mit größeren Fahrgastschiffen sowie verschiedenen Dienstfahrzeugen zu rechnen. Daher sollte der Strom bei Gegenwind von Kielbooten unter Motor passiert werden.

Anlegemöglichkeiten stehen in Zingst gegenwärtig nur beschränkt zur Verfügung.

Hafen Zingst

Im Hafen muß die außenliegende Anlegestelle für Fahrgastschiffe freigehalten werden. Einige weitere Anleger sind für den öffentlichen Verkehr gesperrt.

Wenn der Hafen belegt ist – es stehen nur etwa 20 Plätze zur Verfügung – , sollten die östlich und westlich davon gelegenen Stege der Wassersportler nach Absprache genutzt werden. Unter Umständen kann am Schilfrand festgemacht werden.

Versorgungsmöglichkeiten

Wasser und Trockentoilette am Hafen. Die Lebensmittelversorgung kann über

die 400 m entfernte Kaufhalle erfolgen, weitere Einkaufsmöglichkeiten in der Hauptstraße, Tankstelle etwa 800 m. Eine größere Slipanlage ist im Betriebshafen der Wasserwirtschaftsdirektion Küste, westlich des Hafens, vorhanden.
Gaststätte und Imbißversorgung in der Nähe des Hafens. Der Ort verfügt über weitere Handels- und Versorgungseinrichtungen, die dem Niveau einer Kleinstadt entsprechen.

Sehenswürdigkeiten

Das Ostseebad besitzt einen sehr langen steinlosen Strand, der durch seeseitige Aufspülungen auf der erforderlichen Breite gehalten wird.
Die Kirche stammt aus dem vergangenen Jahrhundert. Sie durfte keinen Turm erhalten, da man bei der Navigation Verwechslungen mit der weithin sichtbaren Barther Kirche ausschließen wollte.
Auf dem Friedhof liegt die letzte Ruhestätte von Martha Müller-Grählert, der Dichterin des bekannten Heimatliedes „Wo de Ostseewellen trecken an den Strand ...".
Zum Osterwald mit seiner spezifischen Tier- und Pflanzenwelt gelangt man über die Straße am Ostseedeich oder über den Fußweg auf dem Boddendeich durch den Ortsteil Müggenburg (mindestens 8 km hin und zurück). Im Wald sind noch die mittelalterlichen Grenzsteine der drei früheren Eigentümer zu sehen.

Bei der Fahrt durch den Zingster Strom erhält man einen reizvollen Einblick in das Naturschutzgebiet „Inseln Oie und Kirr" mit einer Fläche von 450 ha. Sie stellen das Kerngebiet des durch die internationale Feuchtgebietskonvention ausgewiesenen Wasservogelschutzgebietes Darßer Boddenkette dar. Es ist das artenreichste Küstenvogelschutzgebiet der DDR. Seine internationale Bedeutung erhält es dadurch, daß hier eine ganze Reihe bestandsgefährdeter Vogelarten ihre stärksten, manche sogar ihre letzten großen Populationen an der südlichen Ostseeküste besitzen.
Zu den seltenen Arten gehören Säbelschnäbler, Austernfischer, Uferschnepfe, Rotschenkel, Flußseeschwalbe, Löffel-, Spieß- und Kolbenente. Insgesamt brüten hier 28 Arten, was sonst kaum an der südlichen Ostseeküste anzutreffen ist.
Das Gebiet wird vom Meeresmuseum Stralsund und mehreren wissenschaftlichen Einrichtungen betreut. Ihrem Engagement sowie der Hilfe staatlicher Stellen und der Unterstützung des Gutes Zingst ist es zu danken, daß hier Naturschutzarbeit im besten Sinne des Wortes erfolgreich praktiziert werden kann.
Das Naturschutzgebiet ist für die Öffentlichkeit nicht zugänglich, es darf nicht angelegt werden.

Passage der Meiningenbrücke

Wegen der wenigen Öffnungszeiten sam-

Die Meiningenbrücke am Saaler Bodden

meln sich zahlreiche Fahrzeuge zur Durchfahrt an. In der Regel wird vorher angelegt oder geankert. An der Ostseite befinden sich steuerbords ein 50 m langer Holzsteg sowie einige Festmachedalben. Auf der Westseite gibt es einige Dalben, vielfach wird hier an der Schilfkante mit Buganker festgemacht.
Achtung! In der Brückenzone herrscht starke Strömung. Die gegenüberliegende Seite ist nicht einzusehen. Bei der Öffnung wird das Mittelteil der Brücke gedreht und die westlich daneben liegende Pontonbrücke mit Seilen zur Seite gezogen. In der Mitte der freien Öffnung befindet sich ein Dalben, der in der Regel südwärts umfahren wird.
Beim Passieren ist der Berufsschiffahrt Vorrang zu lassen. Es ist unbedingt zu vermeiden, daß es in der engen Brückendurchfahrt zu Gegenverkehr kommt. Unter Segeln sollte die Brücke nur bei achterlicher Windrichtung durchfahren werden.

Prerow

54°28,5′N 12°35′E

Karten:
SHD 1623
DHI 143

Lage und Umgebung

Prerow ist ein bekanntes Ostseebad in geschützter Lage am Darßer Wald mit feinsandigem und breitem Badestrand. Trotz des lebhaften Fremdenverkehrs hat sich im Ort viel Ursprüngliches sowie Siedlungsstrukturen aus der Zeit erhalten, in der Forstwirtschaft, Fischerei und Segelschiffahrt dominierten. Selbst größere Ferieneinrichtungen sind in die waldreiche Landschaft gut integriert, so daß sie das Gesamtbild nicht stören.

Prerow gilt allgemein als Haupteingangspforte zum Darßer Wald – einem etwa 6000 ha großen Gebiet mit interessanter Naturgeschichte, Fauna und Flora. An das noch heute sichtbare, in der Mitte des Waldes befindliche ursprüngliche Meeresufer wurden durch Wind und Wellen

Prerow: Der Fähranleger am Prerowstrom

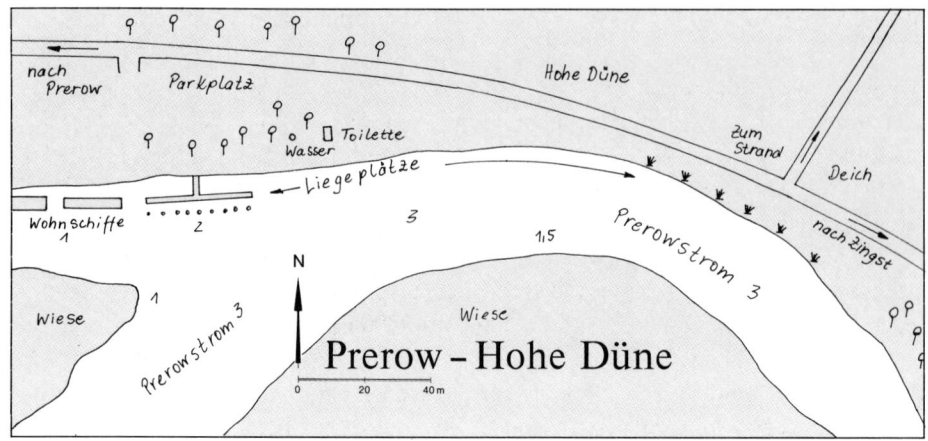

auf der Nordseite immer neue Dünen angelagert, mit dazwischenliegenden moorigen Senken (Riegen), auf denen sich eine typische Pflanzengesellschaft in großer Vielfahlt angesiedelt hat: Kiefern, Wacholder, Stechpalmen, Adlerfarn, Eiben, Birken, Stileichen und Buchen sind bestimmend und erreichen häufig außerordentliche Größe. Vielerorts finden sich unter Naturschutz stehende Pflanzen, wie Sonnentau, Meerkohl, Lungenenzian, Bärlapp. In der Abgeschiedenheit des Waldes brütet der Seeadler, sind Rehwild, Hirsche und Schwarzwild zu beobachten.

Die vom Menschen bewußt in der Ursprünglichkeit belassene, ungeschützte Westküste ist besonders für Naturbeobachtungen geeignet, dabei sollten die Bestimmungen des Naturschutzgebietes unbedingt beachtet werden.

Der Darß mündet im Norden in die allen Seeleuten bekannte Landspitze Darßer Ort. Es ist ein Landstrich nördlich des Leuchtturmes, in dem Dünen, Windflüchter, Lagunen und die berüchtigte Sandbank Darßer Ort-Riff von Wind und Wellen ständig verändert werden.

Die vorgelagerte Bernsteininsel kann nach Durchwaten einer versandeten Durchfahrt erreicht werden. Am Darßer Ort befindet sich ein ehemaliger Militärhafen, der seit 1990 für die Sportschifffahrt freigegeben wurde.

Kennzeichnend für das Ortsbild ist der Prerowstrom, eine natürliche Verbindung zwischen Bodden und Meer. Nach der verheerenden Sturmflut von 1872, bei der der ganze Ort überflutet wurde, wurde der Zufluß zur Ostsee mit Dünen und Deich geschlossen. Heute schützt ein meterhoher Deich die gesamte Siedlung. Im Brackwasser des Prerowstroms hat sich ein reichhaltiges Biotop herausgebildet.

Prerow

Ansteuerung und Liegeplätze

Der Ort ist vom Hauptfahrwasser zwischen Zingster Strom und Bodstedter Bodden zu erreichen. Über eine schmale Baggerrinne (nur einseitig betonnt, aber beiderseitig sehr flach) erreicht man den Eingang des Prerowstroms. Dieses etwa 5 sm lange und 30–50 m breite Gewässer windet sich durch eine Wiesenlandschaft und endet an der Straße unmittelbar am Ort.

Der Strom ist mindestens 3–4 m tief, flache Stellen sind durch Tonnen gekennzeichnet. Bei Gegenwind sollte dieser Gewässerabschnitt unter Motor befahren werden.

Die Liegeplätze befinden sich unmittelbar unter der Hohen Düne in einem großen Bogen des Stromes. Festgemacht werden kann an einem 50 m langen Bootssteg mit Heckpfählen (meist belegt) oder östlich davon direkt mit dem Bug am Ufer mit ausgebrachtem Heckanker. Kielboote bis 1,50 m Tiefgang sollten die Anlegestelle vorher ausloten.

Begrenzte Liegemöglichkeiten bestehen auch im Hafenbecken unmittelbar am Ortsrand, die für die Fahrgastschiffahrt benötigte Kaifläche ist freizuhalten.

Versorgungsmöglichkeiten

Trocken-WC und Wasser in der Nähe des

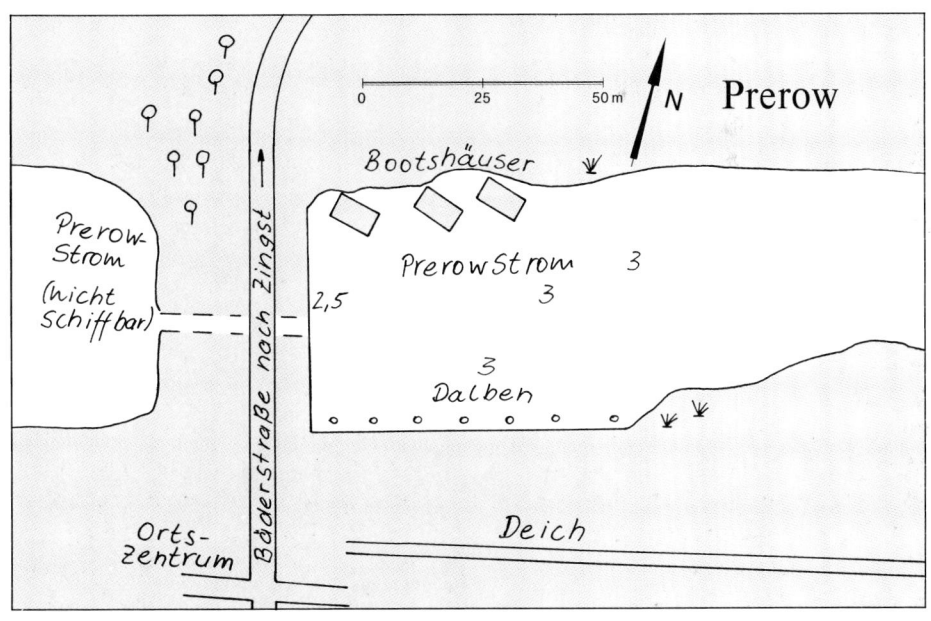

Liegeplätze an der Höhen Düne/Prerow

Bootssteges. Einkaufsmöglichkeiten für Lebensmittel (Kaufhalle 2 km).
Am Hauptübergang zum Strand verschiedene Läden mit Souvenirs und Kunstgegenständen, Galerien mit wechselnden Ausstellungen. Gaststätten in der Ferienzeit oftmals überfüllt.
Tankstelle 1,5 km entfernt, Fahrradverleih, Propangas-Abfüllstelle.
Haltestelle der Buslinie Fischland-Darß-Zingst in unmittelbarer Nähe.

Sehenswürdigkeiten und Ausflugtips
Prerow wird vor allem von Wassersportlern für mehrtägiges Liegen aufgesucht. Von den Liegeplätzen aus ist der Badestrand über Straße und Düne sofort zu erreichen, der steinfreie, flache Strand ist für Kinder besonders geeignet.
Von der gegenüberliegenden Hohen Düne hat man einen schönen Ausblick auf die Boddenlandschaft, den Darßwald mit Darßer Ort und Hiddensee.
Schöne Wanderwege führen durch den Darßwald zum Leuchtturm und Weststrand (14 km hin und zurück), wobei auch am Strand entlang des Zeltplatzes gewandert werden kann. Mit dem Bus sind die Boddendörfer Ahrenshoop, Wieck und Born zu erreichen.
Das Darßer Heimatmuseum gibt mit seinen Sammelgebieten Fischerei, Segelschiffahrt und Bäderwesen den besten Überblick über die Natur und Geschichte.

Bodstedt

54°22,5′N   12°37,5′E

Karten:
SHD 1623
DHI   143

Lage und Umgebung

Bodstedt ist der einzige Hafen an der Südseite des gleichnamigen Boddens. Mit dem unmittelbar benachbarten Fuhlendorf bildet der Ort ein idyllisch zwischen Wasser, Wiesen und Wald gelegenes 4–5 km langes Siedlungsgebiet, in dem der Fremdenverkehr vorherrscht.
Ehemalige Bauern- und Fischerhäuser sind umgebaut, vor allem größere Tourismuseinrichtungen bestimmen das Bild. Hier befinden sich mehrere große Kinderferienlager, was in der Ferienzeit an den Strandabschnitten für viel Betrieb sorgt.
In Bodstedt haben zahlreiche Zeesboote ihren Heimathafen. Anfang September wird hier die traditionelle Regatta dieser Fahrzeuge ausgetragen, was alljährlich Tausende Schaulustiger anzieht. Im kleinen Hafen drängen sich dann bis zu 30 Zeesboote, die Ausfahrt zur Regatta wird

Zeesboottreffen im Bodstedter Hafen

Barhöft bis Ribnitz-Damgarten

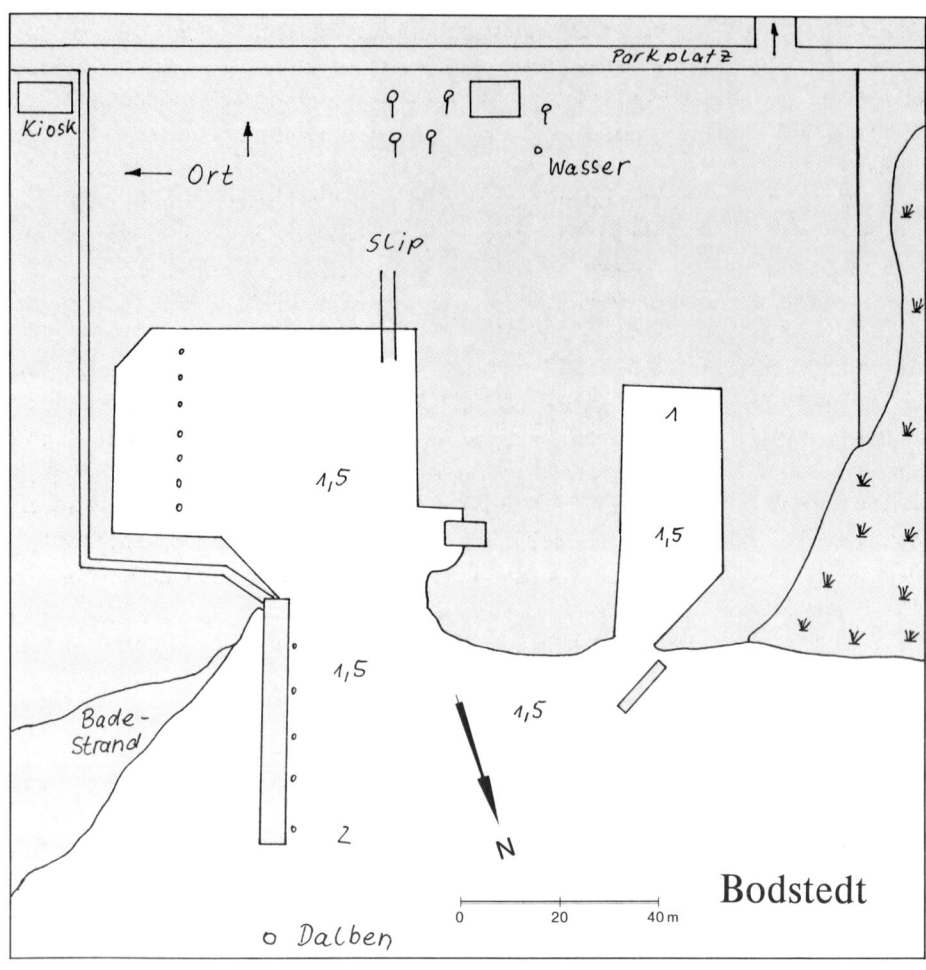

von den Zuschauern mit viel Beifall begleitet.
Auf der großen Freifläche vor dem Hafen werden die Boote für die Saison überholt. Auch im Sommer kann man beobachten, wie die manchmal über 100 Jahre alten Fahrzeuge restauriert werden.

Ansteuerung und Liegeplätze

Bei Tonne 20 führt ein betonnter Abzweig vom Fahrwasser in südlicher Richtung auf die neue Anlegebrücke vor dem Hafen zu. Bis zum Brückenkopf beträgt die Wassertiefe 2–3 m.

Der Hafen ist sehr klein und durch die Stammplätze der Zeesboote noch beengter geworden. Es ist auf eventuell ausfahrende Boote zu achten – sehr schmale Einfahrt.

Unmittelbar neben dem alten Hafenbecken wurde ein weiteres, kleines Becken geschaffen, das jedoch nur von Booten mit maximal 1 m Tiefgang angelaufen werden sollte.

Bei starken nördlichen Winden tritt in der Hafeneinfahrt starker Schwell auf, die Einfahrt darf trotzdem nur mit geringer Geschwindigkeit erfolgen, da im Hafenbecken nur sehr wenig Platz ist.

Westlich von Bodstedt, vor der Gemeinde Fuhlendorf, liegt der Reedensee. Er ist über eine schmale Zufahrt, die nur von Schwertbooten passierbar ist, zu erreichen.

Versorgungsmöglichkeiten

Wasser- und Stromversorgung am Hafen. Trockentoilette am benachbarten Strand. Slip mit etwa 8 t Tragfähigkeit. Lebensmittel 5 Min., am Hafen ein Kiosk. Parkplatz in der Nähe des Hafens.

Sehenswürdigkeiten

Gute Bademöglichkeiten, insbesondere für Kinder. Spätgotische Kirche in Bodstedt (14. Jh.). Zu empfehlen sind Wanderungen in die waldreiche Umgebung oder entlang der Uferzone in Richtung Fuhlendorf und Michaelsdorf. Mit dem Bus ist die Kleinstadt Barth schnell zu erreichen.

Born

54°23′N 12°32′E

Karten:
SHD 1623
DHI 143

Lage und Umgebung

Der Ort liegt an der Südküste des Darß in unmittelbarer Waldnähe und gilt als eines der schönsten Boddendörfer auf dem Fischland/Darß.

Die vor Seewinden geschützte Lage sowie das angenehm milde Klima trugen dazu bei, daß sich auch hier, relativ weit von der Ostsee, ein reger Urlauberverkehr entwickelte.

Dieser Ort ist jahrhundertelang durch den Darßwald geprägt worden. Die forstwirtschaftlichen Arbeiten werden von der hier ansässigen Oberförsterei geleitet, deren Gebäude 1770 errichtet wurde und das heute unter Denkmalschutz steht.

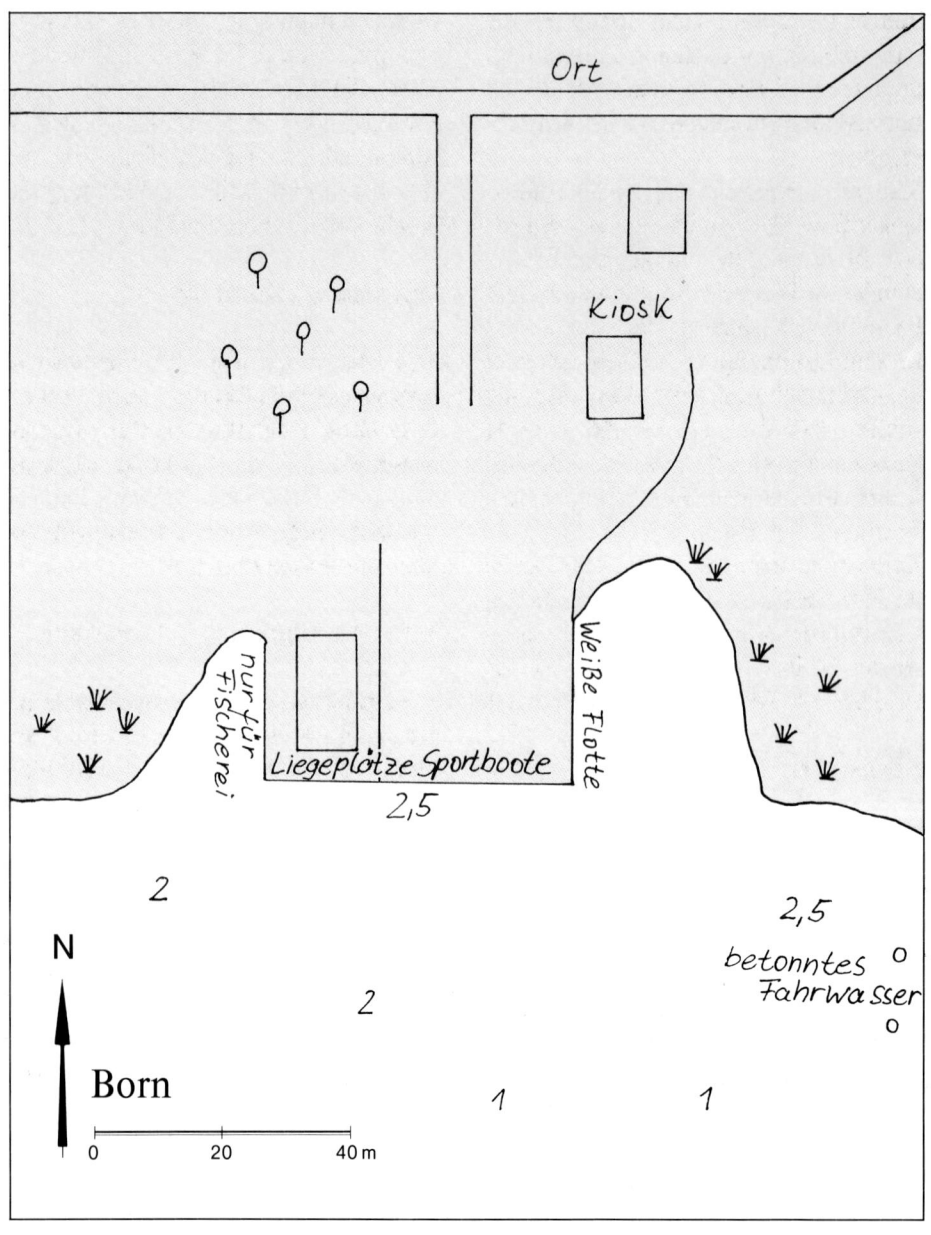

Born

Vom Mittelalter bis in die jüngste Zeit war das von hier aus organisierte Jagdwesen im Darßwald eine Domäne der jeweils führenden Regierungsvertreter (Staatsjagd).

Mit der Blütezeit der Segelschiffahrt gelangte Geld in das arme Dorf, es entstanden die noch heute das Dorfbild bestimmenden Backsteintraufenhäuser und Fachwerkgiebelhäuser. Der Fremdenverkehr mit dem Zeltplatz und Ferienheimen beeinträchtigt das Dorfbild bisher nur wenig. Eine Umgehungsstraße schützt auch im Sommer vor Straßenlärm. Von Born führen schöne Wanderwege in den Darßwald.

Eine Forschungseinrichtung des Instituts für Hochseefischerei Rostock beschäftigt sich mit der Nutzung der Boddengewässer durch bisher nicht vertretene Fischarten (z.B. Forellen und Karpfen).

Ansteuerung und Liegeplätze

Der Ort besitzt als Anleger nur ein festes Bollwerk, das zum Teil für das hier beheimatete Fahrgastschiff benötigt wird. Nach Absprache ist jedoch das Anlegen und Liegen für wenige Boote möglich. Bei starken westlichen und südlichen Winden ist das ungeschützte Bollwerk nicht zu empfehlen. Zum Anleger führt ein kurzer, betonnter Abzweig vom Hauptfahrwasser, das sich hier, von Osten kommend, wieder vom Ort nach Süden entfernt.

Das Nebenfahrwasser befindet sich in einem gut 2 m tiefen Teil einer Flachwasserzone, die in südlicher und westlicher Richtung nur von Schwertbooten befahrbar ist. Dabei muß das durch Sperrtonnen gekennzeichnete Fischereischutzgebiet beachtet werden (Fischkäfige).

Versorgungsmöglichkeiten

Im Ort sind Lebensmittel und Haushaltswaren zu kaufen. Mehrere Gaststätten befinden sich an der Hauptstraße, Imbißversorgung am Hafen, Fahrradverleih im Ort.
Busverbindung zum Weststrand, Ahrenshoop und Prerow.

Sehenswürdigkeiten und Ausflugtips

Neben den gepflegten Wohnhäusern aus dem vorigen Jahrhundert sind die Holzkirche (Stülpschalung, Tonnengewölbe, Rohrdach) und die Oberförsterei sehenswert.
Gut ausgeschilderte Wanderwege führen durch den Darßwald und zum Weststrand, so z.B. der Naturlehrpfad zum Gr. Stern (Altdarß, ehemaliges Meeresufer). Über Peters Kreuz ist die Große Buchhorster Maase zu erreichen, eine ausgedehnte Wiesenfläche inmitten des unberührten Waldes mit uralten Buchen.

Althagen / Ahrenshoop

54°22,5′N   12°25,2′E

Karten:
SHD 1623
DHI   143

Lage und Umgebung

Der kleine Hafen Althagen in der Nordwestecke des Saaler Boddens gehört zu dem bekannten Badeort Ahrenshoop. Er wird vorwiegend von der Sportschiffahrt und der Fischerei genutzt, jedoch auch täglich von einem Fahrgastschiff angelaufen.
Der Ort Ahrenshoop mit den Ortsteilen Niehagen und Althagen liegt am nördlichen Rand des Fischlandes, eines Landstriches, der die Ostsee vom Bodden trennt. Zwischen Ahrenshoop und dem südlicher gelegenen Wustrow befindet sich der Kern des etwa 5 km langen Fischlandes, einer eiszeitlichen Endmoränenlandschaft. Sie steigt von Osten in westlicher Richtung an und endet mit der bis zu 18 m hohen Steilküste (Hohes Ufer) an der Ostsee.
Unmittelbar vor Ahrenshoop bestand bis zum 15. Jahrhundert eine schiffbare Wasserverbindung zur Ostsee. Der heute nur noch als Geländevertiefung erkennbare Graben war jahrhundertelang die Grenze zwischen Mecklenburg und Pommern (Grenzweg).
Zum heutigen Landschaftsbild, das von den Hügeln gut zu übersehen ist, gehören Wiesen- und Ackerflächen, Baumreihen und kleine Gehölze zwischen den östlich und westlich gelegenen Wasserflächen. Gut in die Landschaft eingepaßt sind Wochenendhäuser, Pensionen und größere Ferienheime, es sind jedoch noch Straßenzüge mit gepflegten Bauern- und Fischeranwesen zu sehen.
Im 18. Jahrhundert siedelten sich Seefahrer in Ahrenshoop an, auf dem damals schwedischen Territorium, weil die unter schwedischer Flagge segelnden Schiffe wirtschaftliche Vorteile nutzen konnten. Um 1830 gab es 30 Schifferfamilien im Ort. In den achtziger Jahren des vorigen Jahrhunderts entdeckten Landschaftsmaler den entlegenen, noch ursprünglich erhaltenen Ort. Es entstand die Ahrenshooper Malerkolonie (ähnlich Worpswede). Zu den Künstlern, die hier den Sommer verbrachten oder sich ansiedelten, gehörten Müller-Kaempf, Richter-Lefensdorf, Partikol, Koch-Gotha und Woermann.
Auch heute noch wird das Fluidum des Ortes von Künstlern und Intellektuellen geprägt. Im bereits 1909 errichteten Kunstkaten in Ahrenshoop finden Ausstellungen bildender Künstler und allgemeine Kulturveranstaltungen statt. Die benachbarte „Bunte Stube" führt ein Angebot zeitgenössischer Kunst. Von den heute hier arbeitenden Keramikern, Webern oder Holzschnitzern können Erzeugnisse erworben werden.

Althagen

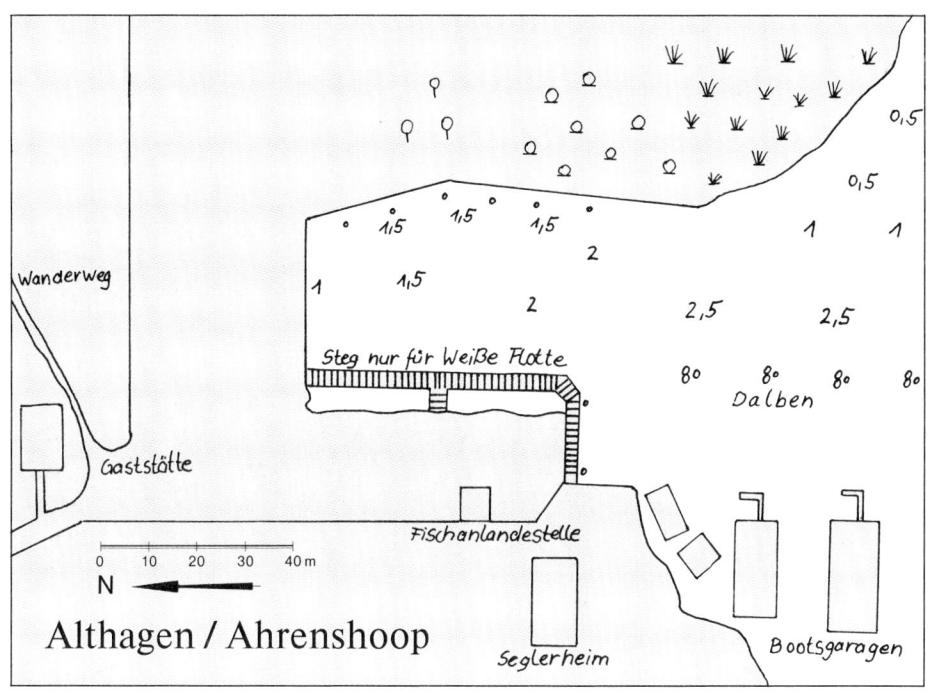

Althagen / Ahrenshoop

Ansteuerung und Liegeplätze

Von der Mitte des Saaler Boddens steuert man nordwestlichen Kurs auf die weithin sichtbaren weißen Bootsgaragen zu, wobei der Gitterfunkmast auf dem Schifferberg stets an Steuerbord bleiben muß.

Die sehr schmale Einfahrt ist betont, beiderseits des Fahrwassers beträgt die Wassertiefe weniger als 1 m. Die in der Hafeneinfahrt stehenden Dalben sichern die ein- und auslaufenden Fahrgastschiffe gegen Vertreiben und können von Sportbooten beiderseits umfahren werden. Die backbord befindliche stabile Holzbrücke bleibt im vorderen Teil der Fahrgastschifffahrt vorbehalten.

Angelegt wird in der Regel mit dem Bug an der flachen nördlichen und östlichen Seite des Hafens mit achtern ausgebrachtem Anker. Der hintere Hafenteil ist verschlammt. Der Hafen ist bei jedem Wetter vor Wind und Wellenschlag gut geschützt und eignet sich für mehrtägiges Liegen. Kapazität: 30 Sportboote, an den Wochenenden oftmals stark belegt.

Barhöft bis Ribnitz-Damgarten

Blick vom Hafen Althagen auf den Saaler Bodden

Versorgungsmöglichkeiten

Unmittelbar am Hafen die Gaststätte „Boddenblick" (ohne Mittagstisch). Wasserversorgung, Toilette. Bäcker (10 Min.), Kaufhalle mit Lebensmittelangebot (15 Min.). Autowerkstatt „PGH Wartburg" an der Fischlandstraße (10 Min.). Busverbindung in Richtung Darß und Wustrow, Ribnitz-Damgarten. Mehrere gepflegte Gaststätten in Niehagen, Althagen und Ahrenshoop.

Sehenswürdigkeiten und Ausflugtips

Die Umgebung bietet günstige Möglichkeiten zum Wandern und Baden: Wanderung zum Steilufer mit Badestrand (auch FKK).
Am nördlichen Ortsausgang Ahrenshoop (30 Min.) Naturschutzgebiet „Ahrenshooper Holz" mit reichem Bestand an Eichen, Buchen und Ilex (Stechpalme).
Am Ostrand des Ortes, entlang gut erhaltener Bauernhäuser, architektonisch interessante Kirche und Friedhof mit Schiffergräbern.
Mit dem Bus oder Fahrrad zum Darß (4 Stationen bis Haltepunkt „3 Eichen"). Wanderung im Darßwald oder an der noch sehr ursprünglichen Westküste in Richtung Darßer Ort.

Wustrow

54°20,7′N 12°23,8′E

Karten:
SHD 1623
DHI 143

Lage und Umgebung

Wustrow ist ein bekanntes Ostseebad mit vielen Erholungseinrichtungen, Kleinbetrieben und einer Seefahrtsschule (Teil der Hochschule für Seefahrt Warnemünde-Wustrow). Südlich des Ortes befindet sich die schmalste Stelle des Fischlandes, an der bei den Sturmfluten der vergangenen Jahre häufig die Ostsee zum Bodden durchbrach. Bis um 1400 wurde über die bis dahin offene Verbindung Schiffahrt in der Westlichen Ostsee betrieben. Die Stralsunder zerstörten diesen Klipphafen als unliebsamen Konkurrenten und angebliche Zufluchtsstätte für Seeräuber. Seit den fünfziger Jahren dieses Jahrhunderts sichern stabile Deiche das Gebiet. Zahlreiche Funde nördlich Wustrow haben bewiesen, daß das Fischland bereits in der Steinzeit besiedelt war. Eine 8000 Fundstücke umfassende Sammlung wurde nach Bremen verkauft.
Die Wenden legten in der Nähe des Boddens einen künstlich aufgeworfenen Burgwall an, eine Kultstätte für den Gott Swantewit. Diese Tempelburg soll Swante Wustrow (Heilige Insel) genannt worden sein. Heute steht an dieser Stelle die Wustrower Kirche.
Der Ort ist 1235 erstmals urkundlich erwähnt, wurde von Fürst Heinrich dem Löwen dem Ribnitzer Nonnenkloster geschenkt, das bis zur Reformation aus ihm Nutzen zog.
In den weiteren Jahren bis zur Jahrhundertwende waren Seefahrt und Fischerei für den Ort die wichtigsten Erwerbszweige. Im Jahr 1862 gab es auf dem Fischland 132 seegehende Frachtschiffe. Bereits 1846 kam es daher zur Gründung einer Landesseefahrtsschule, die 1949 zu ihrer heutigen Gestalt ausgebaut wurde.
In den sogenannten „Kapitänshäusern" wirkt die vergangene ökonomische Entwicklung in den Nebenstraßen des Dorfes nach. Sie sind zumeist aus Klinkerbausteinen mit breiten Straßenfronten errichtet und haben hübsche Vorgärten. In manchen Fenstern sind noch Mitbringsel der Fahrensleute zu sehen.
Im Jahr 1866 wurde wegen der häufigen Schiffstrandungen an der buchtenlosen, ungeschützten Küste eine Station der Gesellschaft zur Rettung Schiffbrüchiger eingerichtet, die heute modern ausgerüstet ist. Der früher verwendete Transportwagen für das Rettungsboot steht vor der Station in der Strandstraße.
Der Hafen Wustrow spielte bis zum Bau der festen Straße 1929 für den Zubringerverkehr von der Bahnstation in Ribnitz eine bedeutende Rolle.
Heute bestimmen Sportboote das Hafen-

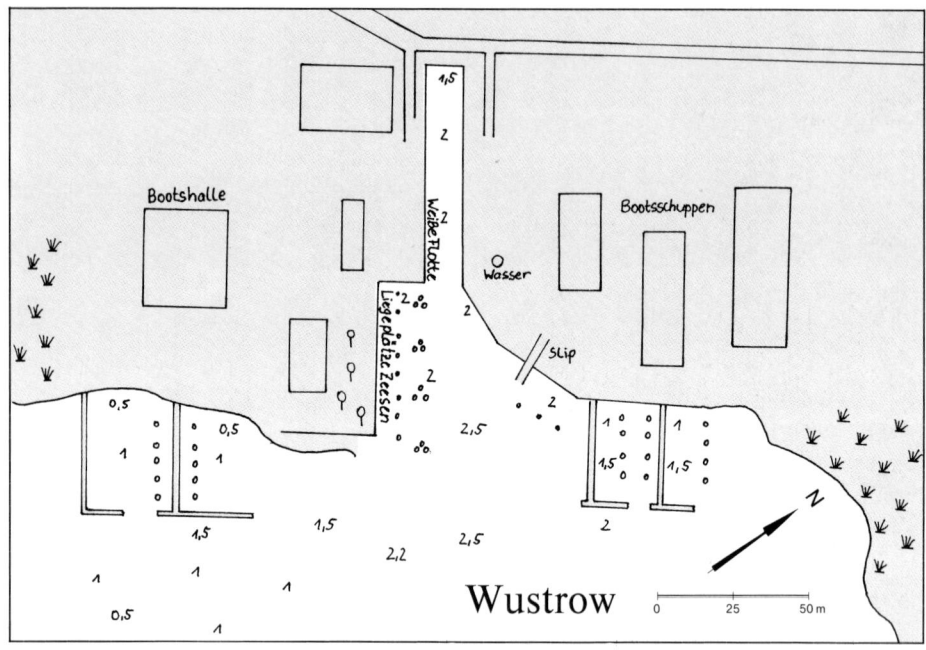

bild. Hier ist auch ein Teil der traditionellen Zeesboote beheimatet.

Ansteuerung und Liegeplätze

Der Hafen liegt am nordwestlichen Ende des Permin, einer Bucht des Saaler Boddens. Das Fahrwasser ist betonnt. Die Kirche ist bei der Ansteuerung ein guter Orientierungspunkt. Etwa 200 m vor der Hafeneinfahrt liegt an Steuerbord hart am Fahrwasser ein Stein auf 1,50 m Tiefe, der in der Seekarte nicht verzeichnet ist.
Der Hafen besteht aus einem 100 m langen Hafenbecken, das im vorderen Bereich ausgeweitet ist. Steuerbord und backbord befinden sich Steganlagen von Segelvereinen, die auch angelaufen werden können.
In der Einfahrt stehende Dalben dienen der Fahrgastschiffahrt und können beiderseits umfahren werden.
Die Wassertiefe beträgt durchschnittlich 2 m, an den Seiten und am Ende durch Verschlammung wesentlich weniger.
Das Liegen im Hafenbecken ist längsseits des Betonkais möglich (den vorderen Teil für die Fahrgastschiffahrt freihalten!)
Der Hafen ist bis auf den seltenen Süd- und Südostwind gegen Wind und Wellenschlag geschützt.

Leuchtturm Timmendorf auf Poel

Warnemünde: Liegeplätze am Alten Strom (o.) und der Yachthafen (u.)

Wustrow: Blick auf den Yachthafen (o.); Leuchttürme Kap Arkona auf Rügen (u.)

Zeesboot-Treffen im Bodstedter Hafen

Wustrow

Blick auf den Hafen Wustrow

Versorgungsmöglichkeiten

Strom- und Wasserversorgung auf beiden Seiten des Hafens, jedoch nicht an den jeweiligen Liegeplätzen. Slipanlage für 5-t-Boote. Tankstelle im Ort (etwa 300 m). In der Hauptstraße (2 Min. vom Hafen) Geschäfte mit Lebensmitteln, Textilien, Büchern, Kunstgegenständen, Blumen, Drogerie und Apotheke, Arzt, Friseur, Busstation. Gaststätten in der Hauptstraße und in der Strandstraße.

Sehenswürdigkeiten und Ausflugtips

Lohnend ist ein Rundblick von der Galerie des Kirchturmes (gute Fotomotive). Im Ort, gegenüber dem Hafen in der Neuen Straße, gut erhaltene Fachwerkhäuser mit Schilfdächern.
Wanderung nach Barnstorf (entlang der Hafenzufahrt) mit Niederdeutschen Hallenhäusern aus dem 18. Jahrhundert (15 Min.). Hier findet man gute Bedingungen zum Surfen.

Wanderung zum Strand (in westlicher Richtung über Hauptstraße und Strandstraße oder an der Seefahrtsschule vorbei).

Vor dem Hauptübergang über die Düne ist ein Wellenbrecher aus Granitsteinen, der die ständige Abtragung der Düne sichtbar aufhält.

In geringer Entfernung beginnt nördlich das Steilufer des Fischlandes mit einem schönen Wanderweg auf dem Hohen Ufer.

Das kleine Heimatmuseum „Fischlandhaus" zeigt vor allem Motive aus der Seefahrt.

Von Wustrow besteht Busverbindung nach Ribnitz-Damgarten und über Ahrenshoop zum Darßwald.

Die alte Seenotrettungsstation in Wustrow

Dierhagen

54°17,7′N 12°22′E

Karten:
SHD 1623
DHI 143

Lage und Umgebung

Das Ostseebad Dierhagen liegt in der Südwestecke des Saaler Boddens und erstreckt sich bis zur Ostsee (Ortsteile Neuhaus, Dierhagen-Strand, Dierhagen-Ort). Der Hafen befindet sich in Dierhagen-Dorf.
Mit Dierhagen geht das Festland in die schmale Halbinsel Fischland über. Die flache Wiesenlandschaft ist durch einen breiten Küstenschutzwald gegen die Ostseewinde geschützt.
Im Mittelalter waren in Dierhagen und Dändorf Kleinbauern und Fischer ansässig. Beide Gemeinden entwickelten sich bis 1880 zu bedeutenden Seefahrerorten (Fischländer Flotte). Kapitänshäuser zeugen noch vom einstigen Reichtum.
Erst spät entwickelte sich das Bäderwesen, und die Gemeinde förderte diesen neuen Erwerbszweig, indem sie zu günstigen Preisen Bauland an der See verkaufte. So entstand die heute reizvoll im Küstenschutzwald gelegene, mehrere Kilometer lange Zone mit Wochenendhäusern zwischen Neuhaus und Dierhagen-Ost.
Die sogenannten Ribnitzer Stadtwiesen, die sich bis vor Wustrow erstrecken, sind melioriert und dienen heute der intensiven Grünlandwirtschaft. In südwestlicher Richtung befinden sich die Naturschutzgebiete Kleines Moor und Großes Moor. Letzteres leitet über zur Rostock-Gelbensander Heide, einer 5500 ha großen Waldfläche, die sich bis vor die Tore Rostocks erstreckt und seit 1252 zu dieser Stadt gehört. Eingebettet in diese Landschaft ist das bekannte Ostseebad Graal-Müritz.

Ansteuerung und Liegeplätze

Vom Saaler Bodden aus nördlicher Richtung kommend, steuert man auf der Linie Kirchturm–Hafen. Damit sind 2 m Wassertiefe gewährleistet, nördlich der Linie beginnt Flachwasser.
Der Hafen besteht aus einem kleinen geschützten Hafenbecken und einem Anlegesteg für Sportboote bis zu einem Tiefgang von 1,50 m.
Beim Einlaufen ist die eventuelle Anwesenheit eines Fahrgastschiffes zu beachten, durch das die Hafeneinfahrt fast völlig blockiert wird.
Vorsicht ist bei starken östlichen Wind erforderlich, im Hafen ist kein Platz für einen Aufschießer.
Der Hafen wurde 1989 auf mindestens 2 m gebaggert und bietet nur wenige, aber gute Liegemöglichkeiten.

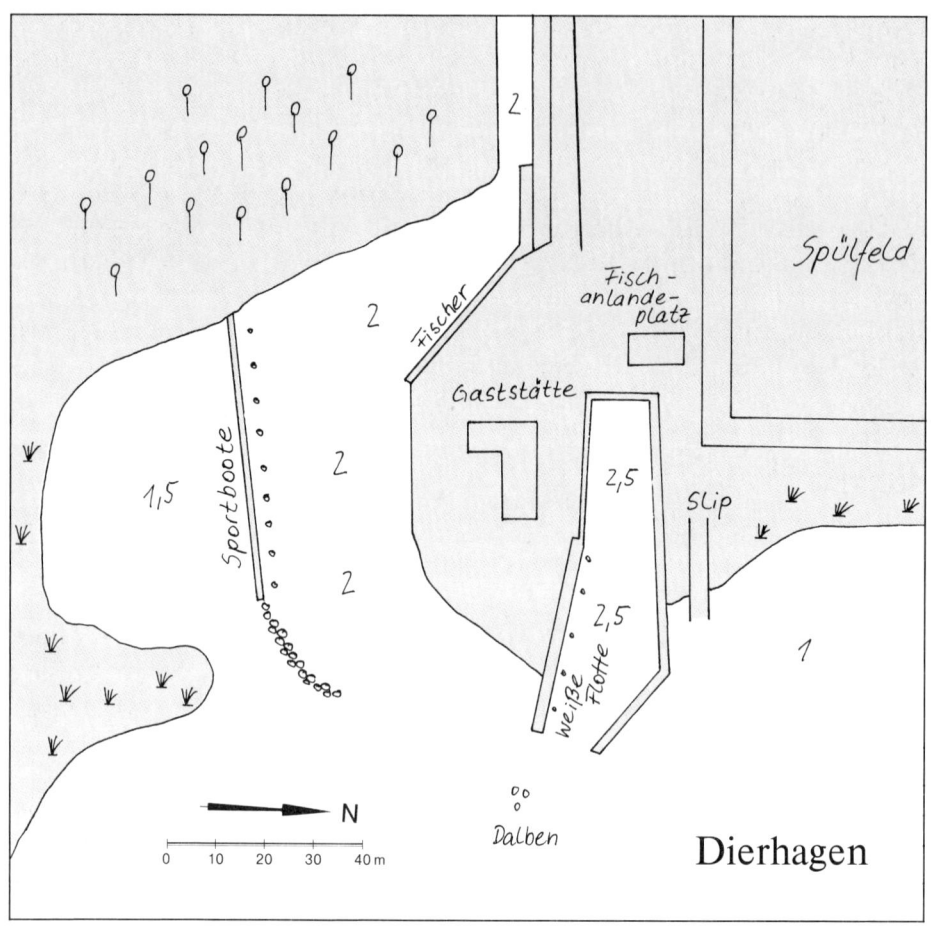

Versorgungsmöglichkeiten

Wasser- und Stromversorgung, WC, Slip bis etwa 2 t. Unmittelbar am Hafen kleine Gaststätte, Frischfisch an der Fischanlandestelle.
Kaufhalle mit Lebensmitteln und Haushaltswaren im Ort (10 Min.), Werkstatt für Außenbordmotoren im 2 km entfernten Dändorf. Buslinie nach Ribnitz-Damgarten, Neuhaus (Ostsee) und in Richtung Darß 1–2stündlich.

Sehenswürdigkeiten und Ausflugtips

Wanderung zum Ostseestrand (2,5 km)

durch den Ort, entlang des Zeltplatzes. Gute Bademöglichkeiten, Gaststätten, Souvenirs, Eisdiele, Post.
Für botanisch Interessierte Besuch des Kleinen Moores (1,5 km), einem 104 ha großen Küstenhochmoor, das Naturschutzgebiet ist. Achtung! Das Moor ist schwer passierbar, wegen der alten, überwachsenen Torfstiche sollten die Stege nicht verlassen werden.
Von Neuhaus ist das Große Moor zu erreichen (ebenfalls Naturschutzgebiet). Über den Fischländer Weg oder entlang der Küste ist die Rostock-Gelbensander Heide mit dem Ostseebad Graal-Müritz erreichbar (20 km hin und zurück).
Mit dem Bus über Ribnitz-Damgarten oder direkt auf der Straße gelangt man zum Ort Klockenhagen, in dem sich ein Dorfmuseum befindet. Es sind mehrere Gebäude ländlicher, mecklenburgischer Architektur zu bewundern.

Ribnitz-Damgarten

54°14,5′N 12°26′E

Karten:
SHD 1623
DHI 143

Lage und Umgebung

Die Doppelstadt Ribnitz-Damgarten liegt am südlichen Ende der Darß-Zingster Boddenkette. Hier mündet die Recknitz (nur von sehr kleinen Booten befahrbar) in den Bodden, nachdem sie vorher das pommersch-mecklenburgische Grenztal durchflossen hat.
Funktion und Entwicklung der Städte Ribnitz und Damgarten waren jahrhundertelang mit der an der Recknitz verlaufenden Grenze zwischen Mecklenburg und Pommern verbunden. Hier fand so manches Scharmützel in den kriegerischen Zeiten statt. Erst 1950 erfolgte die Zusammenlegung der nur 2 km voneinander entfernten Städte.
Das schachbrettartige Straßennetz weist auf eine geplante Stadtgründung hin. Ein Kloster übte mit seinem umfangreichen Grundbesitz in diesem Territorium und gegen die Stadt einen bedeutenden Einfluß aus.
Die Kleinstadt profitierte von der Segelschiffahrt. Auf drei Werften entstand ein bedeutender Teil der Fischländer Flotte. Während des Dritten Reiches siedelten sich Rüstungsbetriebe an, ein Flugplatz wurde gebaut. Nach 1945 entwickelten sich mehrere Betriebe der Möbelindustrie sowie der Schmuck- und Lederwarenfertigung.
Die Kreisstadt Ribnitz-Damgarten zählt heute 18 000 Einwohner, es herrscht reger Durchgangsverkehr auf der F 105 zwischen Rostock und Stralsund sowie zum Fischland/Darß.

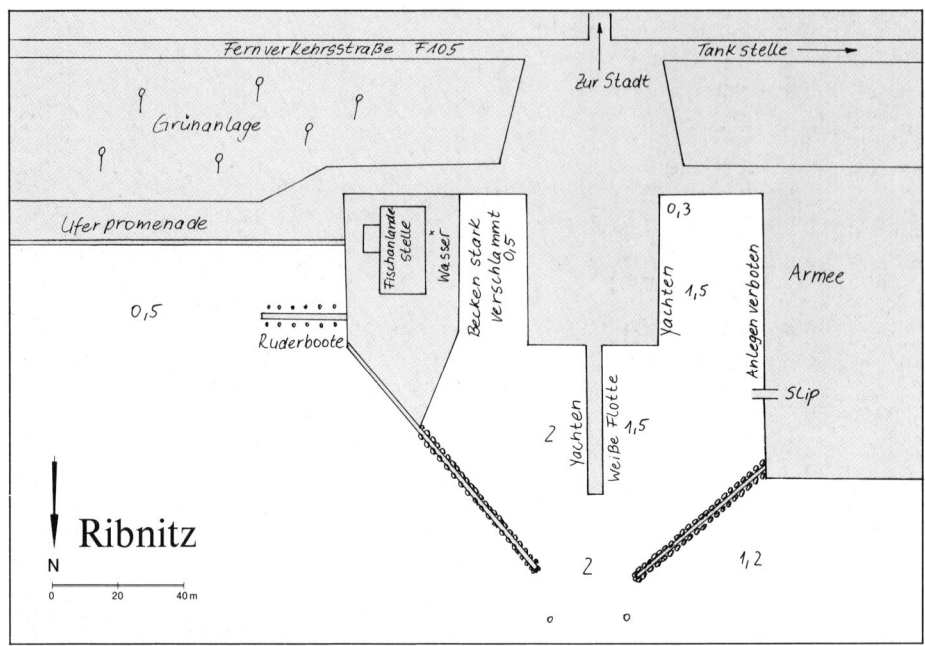

Ansteuerung und Liegeplätze

Zur Stadt führt ein betonntes Fahrwasser durch die Ribnitzer See. Dieser Teil des Saaler Boddens ist durch die Entrophierung stark verschlammt, auch im Fahrwasser, und für Boote über 1 m Tiefgang nicht zu empfehlen. Die Sanierung durch Baggerungen hat begonnen, schwimmende Spülleitungen sind von Sportbooten besonders zu beachten.

Nur wenige Liegeplätze stehen im Stadthafen zur Verfügung. Im Westbecken darf nur die Ostseite benutzt werden, der Holzsteg dient der Fahrgastschiffahrt, das Ostbecken ist verschlammt.

Es wird empfohlen, an den östlichen Steganlagen anzulegen. Die Steinmole der Uferpromenade ist für Sportboote nicht erreichbar.

Die Fahrt zur Recknitzmündung bei Damgarten ist nach hier bereits erfolgten Baggerungen wieder möglich. Anlegen ist im backbord gelegenen kleinen Hafen eines Wassersportvereins bei mindestens 2 m Wassertiefe möglich.

Versorgungsmöglichkeiten im Stadtgebiet Ribnitz

Wasser, Strom und WC an den Steganlagen mit Klubhaus und Restaurant. Slip für

Ribnitz-Damgarten

Ribnitz-Damgarten: Im Hintergrund die Steganlagen am Saaler Bodden

6 t. Einkaufsmöglichkeiten aller Art in der Hauptgeschäftsstraße 5 Minuten von Hafen und Steganlagen. Tankstelle am Westrand der Stadt (20 Min.). Mehrere Autowerkstätten im Stadtzentrum, Segelmacher Fa. Theel im Körkwitzer Weg. Günstige Bahnverbindungen nach Rostock (30 km) und Stralsund (45 km).

Sehenswürdigkeiten
Vom Turm der Stadtkirche hat man einen schönen Blick über das Stadtbild bis zum Fischland und zur Ostsee.
Sehenswert ist das im Klostergelände eingerichtete Bernsteinmuseum mit wertvollen Exponaten des hier ansässigen großen Schmuckherstellers. Die Klosterkirche birgt wertvolle mittelalterliche Kunstschätze (Grabmal der Äbtissin, holzgeschnitzte Madonnen, Meßgeräte).
Regelmäßige Busverbingung besteht zum ethnographischen Freilichtmuseum in Klockenhagen.
Von der Stadt aus ist Rostock mit der Bahn in einer knappen Stunde erreichbar.

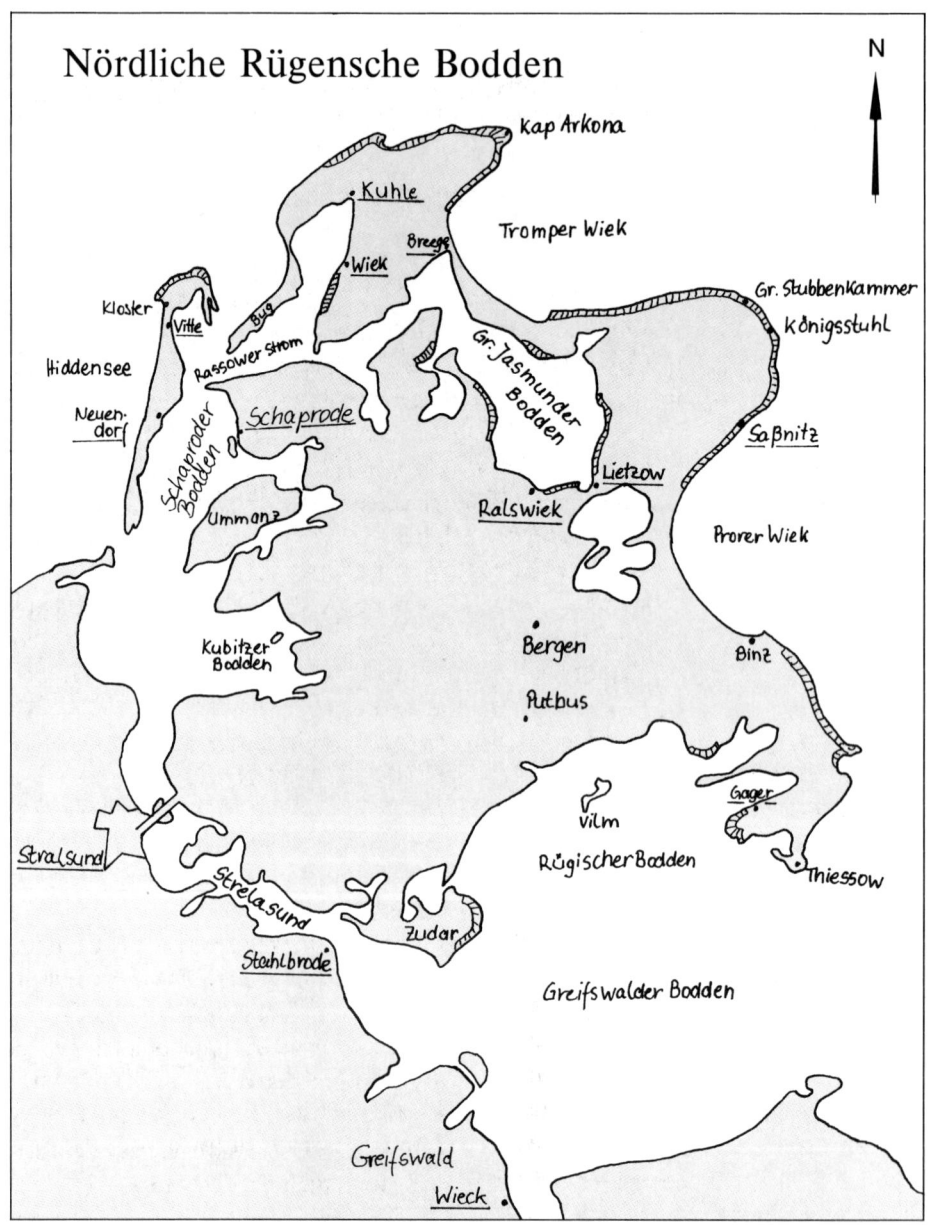

Nördliche Rügensche Bodden

Karten:
SHD 1621, 1622
DHI   141

Rügen ist mit 962 km² die größte Insel der DDR. Buchten und Bodden bestimmen die Landschaft, der zentrale Inselkern wird von einer Vielzahl großer und kleiner Halbinseln, Nehrungen und Haken umschlossen. Neben der starken horizontalen Gliederung tragen die im Vergleich zur sonst nahezu flachen Ostseeküste der DDR ausgeprägten Höhenzüge (Piekberg bei Saßnitz 161 m) zur Attraktivität der rügenschen Landschaft bei.

Die abwechslungsreichen Küsten, Steilufer und verträumten Buchten, lange, flache Sandstrände und eindrucksvolle Kreidefelsen ziehen jährlich Tausende Segler an.

Die fast vollständig von Land umgebenen Bodden sind das wohl beliebteste Segelrevier der DDR. Die Bodden bieten neben weiten Wasserflächen und kleinen Wieken zahlreiche kleine Häfen und sichere Ankerplätze. Zwischen den einzelnen Bodden gibt es allerdings auch einige enge, jedoch gut betonnte Fahrwasser, die hohe navigatorische Anforderungen stellen.

Die Gewässer im Norden und Osten der Insel können auf zwei verschiedenen Wegen erreicht werden: Die erste Möglichkeit führt durch das Gellenfahrwasser zwischen dem Südteil der Insel Hiddensee und dem Ostufer der kleinen Insel Bock. Am Grenzkontrollpunkt am Bock gegenüber des Hafens Barhöft kann einklariert werden (Pos. 54°26,7'N 13°03,1'E). Statt dem betonnten Fahrwasser nach Westen in die Darßer Boddenkette zu folgen, müssen Sportboote, die die rügenschen Gewässer als Ziel haben, an der roten Toppzeichentonne 50 A in die südöstlich verlaufende Vierendehlrinne einlaufen. Das etwa drei Seemeilen lange Fahrwasser ist zwar recht eng, aber gut bezeichnet.

Leider sind die Tonnen nachts nicht befeuert. Der Versuch, die Rinne nachts zu durchlaufen, wird oft selbst für Ortskundige zum Abenteuer, da die Richtfeuer in Linie 142,1° Ob-F. und U-F. je Ubr. auf dem Bessiner Haken ausgangs des Strelasunds nur selten in Betrieb genommen werden. Der nordöstlich des Fahrwassers liegende Vierendehlgrund, ein einstiger Ausläufer

Nördliche Rügensche Bodden

der Insel Hiddensee, fällt bei Flachwasser über weite Strecken trocken. Einlaufend auf der Steuerbordseite erstrecken sich Sandbänke mit Tiefen zwischen 0,3 und 1,2 m parallel zur Rinne.

Bei ausgeschalteten Feuern sollten Yachten wegen der großen Gefahr aufzulaufen oder mit den unbefeuerten Tonnen zu kollidieren, von einer nächtlichen Passage Abstand nehmen und bis zum Tagesanbruch südlich des Bocks in der Nähe des Kontrollpunktes vor Anker gehen.

Der Boden besteht hier aus Sand, die Reede ist ein sicherer, besonders gegen nördliche Winde gut geschützter Ankerplatz.

Beim Durchsegeln der Vierendehlrinne können Sportboote bereits am Tonnenpaar 74/79 auf Nordkurs gehen und in das ebenfalls unbeleuchtete Hiddenseefahrwasser einbiegen. Yachten mit Kurs Stralsund gehen nach Passieren der Rinne auf Südkurs und erreichen nach vier Seemeilen den Hafen der alten Hansestadt.

Die am Strelasund gelegene Stadt ist das Tor zum zehn Seemeilen entfernten Greifswalder Bodden. Wegen der guten Versorgungsmöglichkeiten und der zahlreichen Sehenswürdigkeiten machen viele Yachten hier Station.

Die in das Hiddenseefahrwasser einfahrenden Boote erreichen nach 1,5 sm die befeuerte rote Toppzeichentonne 88 (Blk. (2)r). In nördlicher Richtung folgen dann vorerst nur noch unbefeuerte Seezeichen.

Aus Sicherheitsgründen sollen die gesamten Gewässer um Rügen nachts nicht befahren werden. Weite Fahrwasserabschnitte zwischen den einzelnen Bodden sind nicht befeuert.

Seekarten für dieses Gebiet sind besonders für Kielboote unbedingt erforderlich, da Yachten ohne diese wichtigen nautischen Hilfsmittel fast ausschließlich auf die auch von der Berufsschiffahrt genutzten 2,5 m tiefen Fahrwasser angewiesen sind.

Zwischen den Häfen der Insel Hiddensee und Stralsund gibt es einen regen Ausflugsverkehr von Passagierschiffen der Weißen Flotte. Besonders an den engen Fahrwasserbiegungen geht es dann manchmal recht eng zu. Es sei daran erinnert, daß der Berufsschiffahrt die Vorfahrt zu gewähren ist.

Zwischen den Tonnenpaaren 69/70 und 57/58 können Kielboote die Rinne nicht verlassen: Ringsherum ist es so flach, daß die Möwen im Wasser stehen können!

Wenn Yachten, ebenso wie die meisten einheimischen Segler, den Fahrwasserschwenk am roten Seezeichen 56 auslassen, ist das bei einer Wassertiefe von 2,5 Metern durchaus möglich. Es ist aber auch schon vielen DDR-Seglern gelungen, auf den auf Position 54°28,6′N 13°07,3′E in 1,30 m Tiefe liegenden Findling aufzulaufen.

Wenn Sportboote dort abkürzen wollen, sollten sie etwas westlich der direkten Verbindungslinie zwischen den Tonnenpaaren 57/58 und 43/46 halten. Kielboote müssen von den Seezeichen 37/40

Nördliche Rügensche Bodden

Die Kreidefelsen auf Rügen

noch etwa fünf Kabellängen der Rinne folgen, bis sich mit dem Schaproder Bodden das erste ausgedehnte Gewässer mit Tiefen zwischen drei und sechs Metern öffnet.

Während auf der Backbordseite die schneeweißen Häuser von Neuendorf auf Hiddensee leuchten, wird auf der gegenüberliegenden Seite der Hafen von Schaprode auf Rügen sichtbar.

Vom Schaproder Bodden aus können Yachten, die einen ruhigen Ankerplatz suchen, in die E-lich von Hiddensee liegende Klimforesbucht einlaufen. Um sie zu erreichen, muß die Waldkante auf der Insel angesteuert werden. Eine Faustregel besagt, daß ein Kurs auf der gedachten Linie zwischen dem Kirchturm von Schaprode und der Waldkante S-lich des Gellenfeuers (Ubr. (2) w/r/gn. 10s) Yachten ohne Grundberührung in die Bucht führt.

Etwa zwei Kabellängen vom Ufer entfernt ankert man dort auf sandigem, mit Kraut bewachsenem Boden, bei Westwind in der Abdeckung des Ufers.

Nördliche Rügensche Bodden

Bei stärkerem Wind aus östlichen Richtungen kann die Bucht nicht empfohlen werden, es baut sich dann schnell eine unangenehme Welle auf.

Wegen der guten Bade- und Surfmöglichkeiten ist die Klimforesbucht vor allem ein Schönwetterankerplatz. Bei der Ansteuerung müssen die Fischreusen beachtet werden.

Nördlich des Schaproder Boddens beginnt am Tonnenpaar 25/26 ein weiterer enger, bis zum Abzweig des Vittefahrwassers reichender Abschnitt, in dem Kielboote die Rinne nicht verlassen dürfen. Etwa eine Seemeile östlich des Vitter Boddens liegt die auf 4,0 Meter Tiefe gehaltene Libbeneinfahrt.

An der westlichen Küste der Halbinsel Bug befindet sich ebenfalls ein Grenzkontrollpunkt. Diesen anzulaufen empfiehlt sich vor allem für Yachten, die aus Richtung Arkona kommen oder von Westen her den Dornbusch umrundet haben.

In der engen Einfahrt zwischen Bug und Hiddensee steht bei Schwerwetter eine durch den bis zu vier Knoten starken Strom sehr steile Welle. Beim Anlegen am Kontrollpunkt sollten daher ein Fender mehr bereitgehalten werden.

Dem jetzt bis Vieregge befeuerten Fahrwasser nach Osten folgend, schließen sich auf der Backbordseite der Rassowstrom und der Wieker Bodden mit den Häfen Kuhle und Wiek an.

Voraus sind die 100 Meter hohen Masten einer Freileitung sichtbar. Unmittelbar daneben, bei der Wittower Fähre, beförderte ein Trajekt bis 1970 Waggons der hier verlaufenden Kleinbahn über den 250 m breiten Rassowstrom. Seit der Einstellung der Bahnlinie werden nur noch Fahrzeuge und Personen übergesetzt.

In strengen Wintern, wenn das Fahrwasser von Stralsund nach Hiddensee zufriert, kämpfen sich von Wittow Versorgungsschiffe durch das Eis zur Insel.

Nach dem Passieren der Fähre und des Breetzer Boddens werden im Gebiet von Vieregge und Kammin neben dem Fahrwasser zahlreiche Findlinge sichtbar. Yachten sollten in der Rinne bleiben.

An der Backbordseite liegt der Breeger Bodden. Im Hafen von Breege werden 1990 umfangreiche wasserbauliche Maßnahmen durchgeführt, unter anderem sollen die Liegeplätze für Segler durch Verlängerung eines Steges erweitert werden. Der Hafen ist wegen der Bautätigkeit bis 1991 gesperrt.

Nach einer knappen Seemeile, der letzten engen Rinne, zeigt sich dann der weitläufige Große Jasmunder Bodden. Noch vor der Einfahrt in das flächenmäßig größte rügensche Gewässer werden zwei gute Ankerplätze passiert. Guten Schutz bei Westwind bietet das Ufer bei Lebbin an der Steuerbordseite. Noch zwei Kabellängen östlich des Ufers finden Segler unterhalb des ehemaligen Gutshauses in drei Meter Wassertiefe sandigen, leicht verschlammten Ankergrund. Dicht am Ufer liegen jedoch Steine.

Nördliche Rügensche Bodden

Insel Hiddensee: Der Ort Kloster
Bei der Einfahrt in den Lebbiner Bodden werden mehrere Reusen passiert.
Bei Nordostwind können Yachten etwa 100 m vom Ufer entfernt westlich des Großen Orts im Schutz der bewaldeten Schaabe in zwei Meter Wassertiefe auf Sandboden ankern.
Der Große Jasmunder Bodden ist ein landschaftlich sehenswertes und seglerisch anspuchsvolles Revier. Bei Wassertiefen bis zu sieben Metern kann sich besonders bei Nordwestwind eine beachtliche See entwickeln.
Wenn Yachten im geschützten Hafen von Ralswiek liegen, werden die Windverhältnisse auf dem freien Bodden oft unterschätzt.
Bei der allgemein vorherrschenden Westwindwetterlage ist der Törn nach Glowe, Martinshafen oder Ralswiek besonders bei schönem Wetter sehr eindrucksvoll, die Segler können ungehindert die einmalig schöne Landschaft an sich vorüberziehen lassen. Durch die schmalen Fahrrinnen und den zuweilen bis zu drei Knoten starken, gegenanlaufenden Strom wird die Rückfahrt mitunter jedoch zu einer anstrengenden Angelegenheit. Die Unterstützung durch die Maschine kann in den engen Rinnen sehr nützlich sein.
Wer von den Häfen Nordrügens aus die Natur und Geschichte der Insel erkundet, wird auf viel Interessantes stoßen. Typisch für Arkona und Jasmund sind die Kreidekliffs. Entstanden vor 70 Millionen Jahren durch die Ablagerung großer

Nördliche Rügensche Bodden

Mengen von Kalkschalen kleinster Meeresorganismen, geben sie heute zahlreiche Fossilien frei. Auf den Strand gespülte versteinerte Seesterne und Seeigel, Korallen und Donnerkeile sind heute begehrte Sammlerobjekte.

Eiszeiten, Sturmfluten und eine ständige Landversetzung gaben der Insel ihre heutige, stark gegliederte Gestalt. Durch die zahlreichen Bodden und Wieken liegt kein Ort Rügens weiter als acht Kilometer von der Küste entfernt.

Naturgewalten und günstige klimatische Bedingungen schufen eine in Deutschland einzigartige landschaftliche Vielfalt.

Durch die Erosion des Meeres und des Windes geformte Steilufer und flache, langgestreckte Sandstrände, bizarre Felsbildungen und riesige Findlinge, vorspringende Landzungen und stille, verträumte Buchten prägen den Charakter der Küsten.

Im Landesinneren gibt es dort, wo kleine Bäche ungestört bergabwärts sickern, fast urwaldähnliche Gebiete sowie malerisch gelegene Seen und Moorgebiete. Die weitläufige, hügelige Landschaft im Südosten der Insel, die weiten Kieferngehölze im Gebiet der Schaabe, Mischwälder und Erosionstäler in der Stubnitz beherbergen eine vielseitige Tier- und Pflanzenwelt. Zahlreiche geschützte Vogelarten haben hier ihr Domizil.

Mehrere Seeadlerpaare, Kormorane, Rohrdommeln und Kraniche bauen sich ungestört vom Menschen ihre Nester.

Die reiche Flora weist 28 Orchideenarten auf. Stechpalmen und uralte Eiben, Berghirschwurz und das weißblühende Wollgras sind nur eine kleine Auswahl der auf der Insel vorkommenden Exemplare der Pflanzenwelt.

Der Dreiklang von Wasser, Kreidegebirge und einer vielfältigen Fauna und Flora zog schon vor zweihundert Jahren zahlreiche Künstler in seinen Bann. Bei häufigen Wanderungen durch die unberührte Natur fand Caspar David Friedrich seine eigene künstlerische Sprache, bekannt wurde sein Bild „Durchblick zur See auf Rügen".

Auch Philipp Otto Runge, Carl Gustav Carus und Lyonel Feininger wählten Motive der Insel für ihre Bilder.

Die Einmaligkeit der rügenschen Flächen wird heute streng geschützt. Fast die Hälfte der Insel besteht aus Landschaftsschutzgebieten – Gegenden, die durch ihre Schönheit der Erholung des Menschen dienen sollen. Naturschutzgebiete wie die Inseln Vilm und Pulitz sollen als Reservate für die vom Aussterben bedrohten Vertreter der Tier- und Pflanzenwelt wirksam werden.

Sie dürfen von Besuchern außerhalb der gekennzeichneten Wege nicht betreten und in ihrer Flora und Fauna nicht verändert werden.

Einheimische und Erholungsuchende sollten sich gleichermaßen verpflichtet fühlen, die Schönheiten der vielfältigen Natur Rügens zu schützen.

Stralsund

54°19'N 13°06'E

Karten:
SHD 1511, 1622
DHI   142

Lage und Umgebung

Das im Jahre 1234 erstmals urkundlich erwähnte Stralsund war im Mittelalter völlig von Wasser umgeben. Ein Kranz von Teichen und der Strelasund verliehen der See- und Hafenstadt den Charakter einer Wasserburg. Selbst der kaiserliche Feldmarschall Wallenstein mußte während des Dreißigjährigen Krieges die Überlegenheit der städtischen Befestigungsanlage anerkennen und nach mehrmonatiger Belagerung erfolglos wieder abziehen.

Das heute 75 000 Einwohner zählende „Tor zur Insel Rügen" ist längst über die einstigen Grenzen hinausgewachsen. Die günstige geographische Lage, der natürliche Schutz des Hafens durch die vorgelagerte kleine Insel Dänholm und die Möglichkeit, von der Stadt aus in beiden Richtungen, nach Osten und Westen, die offene See zu erreichen, begünstigten einen weitreichenden Ostsee- und Nordseehandel, die Quelle des Reichtums Stralsunds während der Hansezeit.

Den Höhepunkt der Macht erreichte die Stadt am Strelasund Ende des 14. Jahrhunderts. In diese Zeit fällt die Entstehung der mächtigen Bauten der Backsteingotik. Die Nikolaikirche, die Marienkirche und das Heiliggeisthospital sind die wichtigsten sakralen, noch heute erhaltenen Bauten des Mittelalters.

Leider konnte die ursprüngliche Struktur des historischen Stadtzentrums nach dem Zweiten Weltkrieg nicht vollständig bewahrt werden. Mit einem Sofortprogramm soll in den nächsten Jahren versucht werden, die wertvollsten Zeugnisse der stolzen Vergangenheit zu rekonstruieren.

Ansteuerung und Liegeplätze

Die markante Silhouette der Stadt ist bei gutem Wetter bereits vom 20 Seemeilen nördlich gelegenen Dornbusch sichtbar. Die zahlreichen Kirchtürme und die Rügendammbrücke sind gute Orientierungspunkte für aus der Vierendehlrinne oder aus den rügenschen Bodden kommende Sportboote.

An der Tonne 83 (Blz. gn.) beginnt der Strelasund. Wegen zahlreicher Stellnetze und Reusen sollte das gut befeuerte Fahrwasser bei schlechter Sicht möglichst nicht verlassen werden.

Die Nordansteuerung des Stadthafens führt in der Richtfeuerlinie 240,7°, Ob-F. und U-F. je Ubr. (2)r. 10s, zwischen den befeuerten Köpfen der Ostmole (Fkl. r.) und der Nordmole (Fkl.gn.) hindurch in den Stadthafen. An der Steuerbordseite

Nördliche Rügensche Bodden

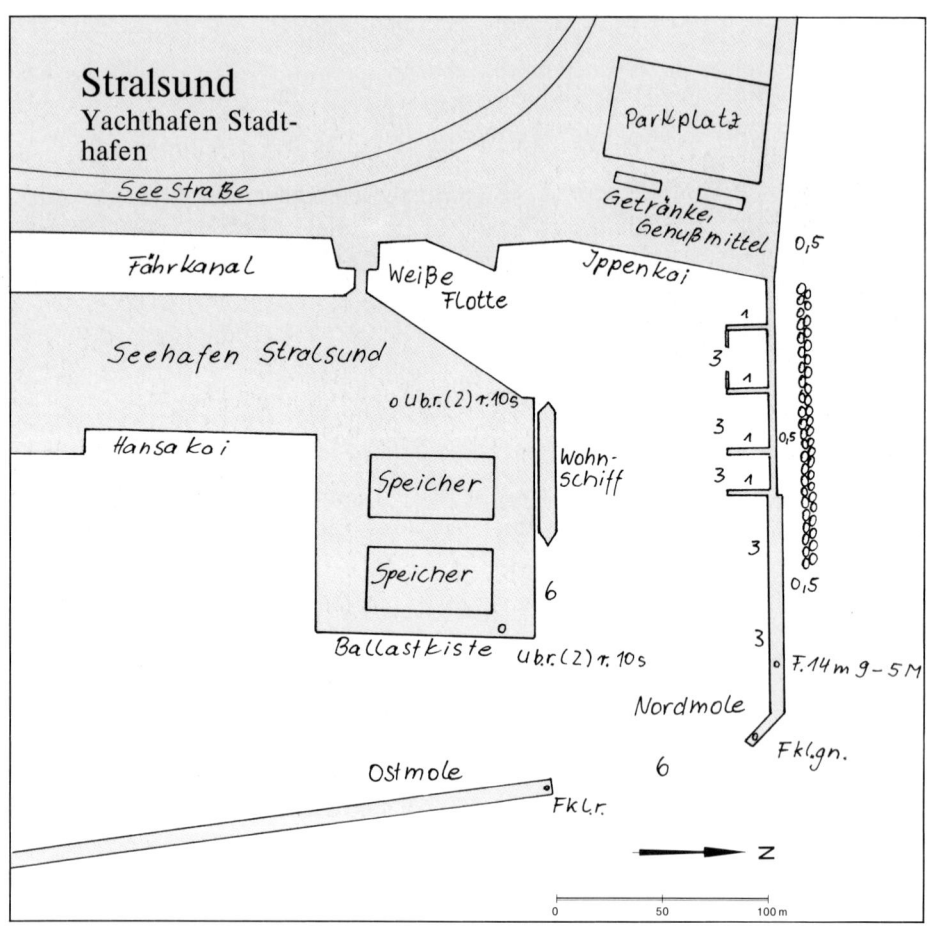

kann an der Spundwand oder an den Stegen festgemacht werden.
Die Liegeplätze sind gut geschützt, nur bei starkem Wind aus östlichen Richtungen kann besonders an der Spundwand Schwell entstehen. Die regelmäßig verkehrenden Schiffe der Weißen Flotte sorgen für Wellenbewegung im Hafenbecken.

Nördlich der Ziegelgrabenbrücke gibt es gegenwärtig Liegeplätze für etwa 100 Sportboote, weitere Anlegemöglichkeiten sind im Bau. Durch die vorgelagerte Insel Dänholm und die Ostmole ist die Anlage mit einer Wassertiefe zwischen 1,5 und 2,5 m bei allen Windrichtungen gut geschützt. Die Haltestelle einer in das

Stralsund

Stralsund: Die Ziegelgrabenbrücke, links davor die Einfahrt zum Yachthafen

Stadtzentrum fahrenden Buslinie ist 250 Meter entfernt.

Südöstlich der Ziegelgrabenbrücke, der einzigen Verbindung zwischen dem Festland und der Insel Rügen, liegt der Stralsunder Yachthafen. Gegen westliche und nördliche Winde gut, gegen Ostwind allerdings kaum geschützt, finden hier ebenfalls etwa 100 Sportboote Platz. Segler, die hier festmachen wollen, sollten zuerst am Stegkopf anlegen und sich vom Hafenmeister einen Liegeplatz zuweisen lassen.

Wegen des bei Ostwind auftretenden oder auch durch vorbeifahrende Schiffe verursachten Schwells liegen die Yachten in den Boxen versetzt, das heißt, jedes zweite Boot liegt mit dem Bug zum Steg und dazwischen jeweils eins mit dem Heck zur Brücke. Damit soll verhindert werden, daß sich bei starken Rollbewegungen die Masten der nebeneinanderliegenden Yachten berühren.

Diesen Hafen erreicht man von Osten kommend durch den 12 sm langen Strelasund. Diese Verbindung zwischen Greifswalder Bodden und den nördlichen rügenschen Gewässern ist einfach zu segeln, beim Kreuzen sind weite, raumgreifende Schläge möglich.

Kielboote müssen darauf achten, daß sie dabei etwa eine Seemeile östlich der weit-

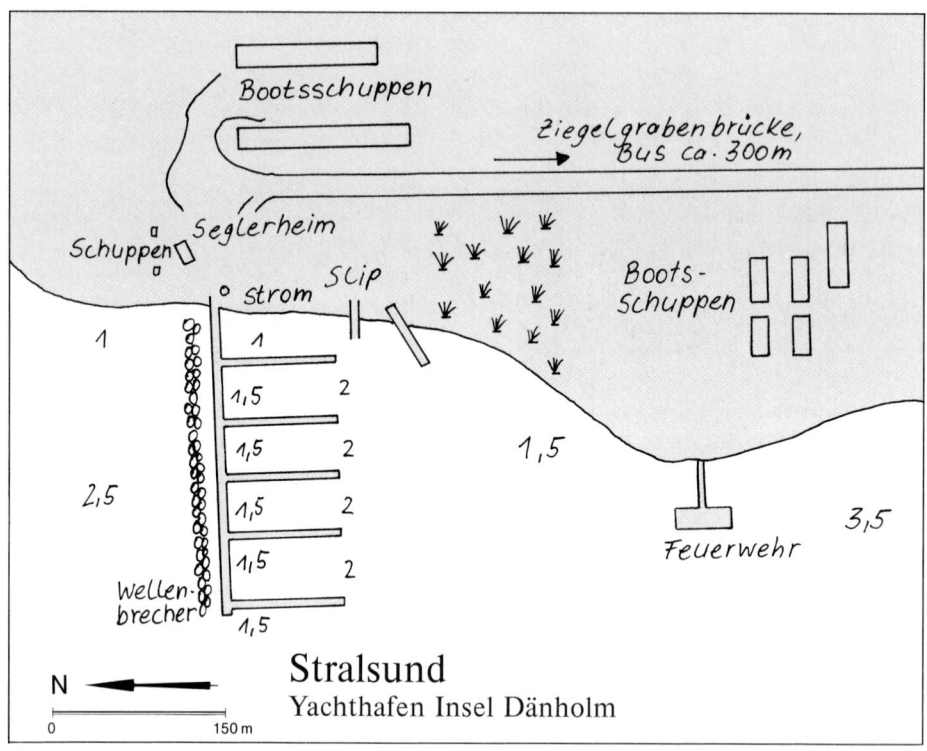

Stralsund
Yachthafen Insel Dänholm

hin sichtbaren Freileitung nicht auf den eine Kabellänge neben dem Fahrwasser beginnenden Goldberger Haken auflaufen.
Während der südwestliche Mast der Leitung in drei Meter tiefem Wasser steht, ist es an seinem Gegenüber nur knapp einen Meter tief. Der Mindestabstand sollte für Kielboote hier 50 m betragen.
An den roten Tonnen 56 (Fkl. r.) und 58 (Blz. (2)r.) schwenkt das Fahrwasser nach Westen. Ortsunkundige Yachten mit mehr als 0,8 m Tiefgang können dort nicht abkürzen. Auf dem zum westlichen Ufer hin bis auf 0,3 m Wassertiefe ansteigenden Deviner Haken liegen besonders in den Sommermonaten dichte Krautfelder. Wer die Stadt von Osten her ansteuert, wird sicher auf die zahlreichen Kormorane aufmerksam. Im Strelasund existiert eine der größten Brutkolonien dieses Wasservogels in Europa.
Nach dem Umsegeln der zu Rügen gehörenden Halbinsel Drigge führt der Kurs direkt auf die Ziegelgrabenbrücke. Links neben dem 1936 eingeweihten Bauwerk,

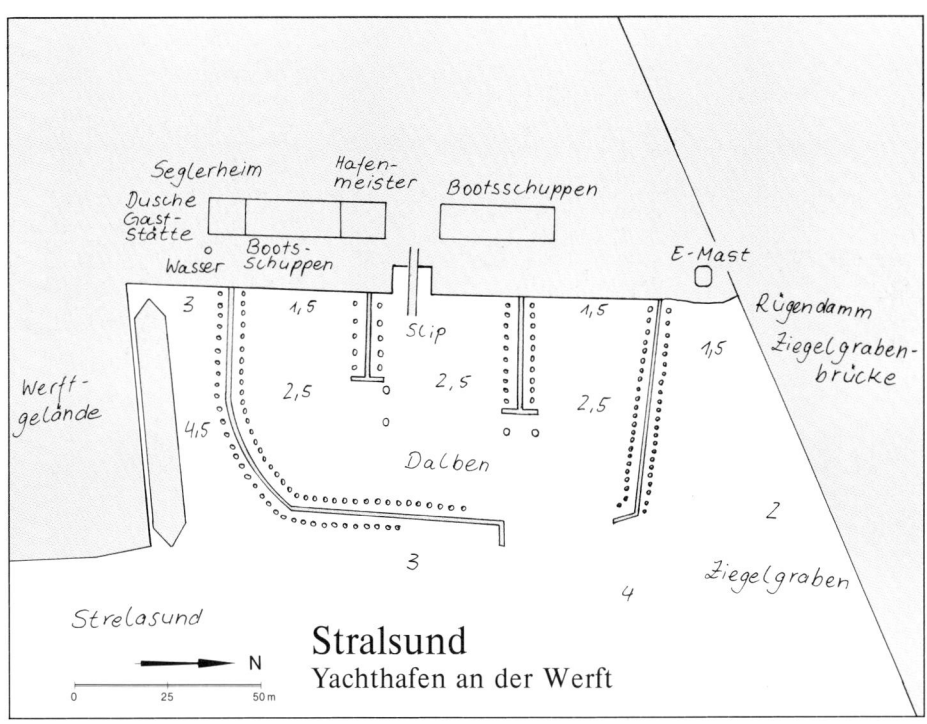

Stralsund
Yachthafen an der Werft

dessen Durchfahrt mit roten und grünen Festfeuern versehen ist, liegt hinter der Werft der Yachthafen.

Versorgungsmöglichkeiten

Wegen des kurzen Weges in das Stadtzentrum sind die Liegeplätze an der Nordmole sehr beliebt. Nahegelegene Lebensmittelgeschäfte können zwischen zwei Brückenöffnungszeiten aufgesucht werden. Unmittelbar am Hafen sind Spirituosen und Tabakwaren erhältlich.
In Stralsund kann auch Propangas übernommen werden. Die Auffüllstelle liegt am Stadtrand an der Straße nach Rostock und ist mit dem Bus (Linie 5) erreichbar. Die Bushaltestelle befindet sich 300 m vom Hafen entfernt, direkt vor dem Stadttheater.
Während die Steganlage am Dänholm keinen weiteren Service bietet, verfügt der Yachthafen über E-Anschluß an den Liegeplätzen, Trinkwasser und eine Slipmöglichkeit. Die sanitären Einrichtungen (WC und Dusche) sind bei der Klubgaststätte.
Wegen Reparaturen sollte Kontakt mit

Nördliche Rügensche Bodden

Der Stadthafen von Stralsund

dem Hafenmeister aufgenommen werden. Auf der nebenan gelegenen Werft gibt es gute Möglichkeiten, dringende Reparaturen auszuführen. In der Altstadt befindet sich auch ein Segelmacher. Funkbeschickungen und Kompensierungen können im Stadthafen bei der Schiffsmaklerei bestellt werden.
Eine Tankstelle für Diesel und Benzin (auch bleifrei) liegt 200 m vom Yachthafen entfernt.

Sehenswürdigkeiten und Ausflugtips

Ein Bummel durch das historische Stadtzentrum ist auf jeden Fall zu empfehlen. Der repräsentative, im 14. Jahrhundert errichtete Bau des Rathauses gehört mit seiner prächtigen Schauwand zu den architektonisch wertvollsten Gebäuden Nordeuropas. Bei der Betrachtung der erhaltengebliebenen mittelalterlichen Bauwerke erhält der Besucher eine Ahnung vom damaligen Reichtum der einstigen Hansestadt.
Wer die Ruhe liebt, sollte die durch kleine Kanäle verbundenen Teiche vor den Stadtmauern aufsuchen.
Sehenswert ist auf jeden Fall das in der DDR einmalige Meereskundliche Museum im Zentrum. Hier sind in Großaquarien Tausende von Meeresfischen aus vielen Meeren der Erde zu sehen. Exponate vom 30 m langen Blauwalskelett bis zum originalgetreu restaurierten Fischkutter ziehen jährlich Tausende Besucher an. Weitere Ausstellungen widmen sich der bedrohten Umwelt und der Stralsunder Werft, dem weltgrößten Hersteller von Fischereifahrzeugen.

Hiddensee

Karten:
SHD 1621, 1622
DHI 141, 143

Die östlich von Rügen gelegene, 16 Kilometer lange, schmale Insel gilt als Kleinod der DDR-Ostseeküste. Das ganze Jahr über zieht diese Insel Touristen an. In den Sommermonaten kommen auf die rund 1300 Insulaner täglich doppelt so viele Urlauber und noch einmal bis zu 3000 Tagesausflügler.

Das „seute Länneken" liegt wie ein Bollwerk offen dem Meer zugewandt. Trotz des umfangreichen Küstenschutzes nagt die See an den Ufern besonders des nördlichen Inselteiles, des Dornbuschs.

Wenn die nur wenige Meter breite Rinne zwischen der rügenschen Halbinsel Bock und dem östlichsten Ausläufer Hiddensees, dem Bessin, nicht ständig offengehalten würde, hätten sich beide Inseln wohl längst vereinigt.

In den vergangenen Jahrhunderten wurde die Insel mehrfach von verheerenden Sturmflutkatastrophen heimgesucht. Mehrmals wurde sie dabei bis auf den hochgelegenen Dornbusch völlig überschwemmt.

Wer weiß, daß auf dem südlichen Ausläufer des Gellens, der heute etwa einen halben Meter unter Wasser liegt, noch vor wenigen Jahrhunderten eine Kirche stand, kann ermessen, wie schnell und wie stark die die Insel umgebende See dessen Gestalt verändert.

Die meisten Neuankömmlinge wenden sich wohl zuerst dem Norden Hiddensees zu. Vom 72 m hohen Dornbusch hat man einen herrlichen Blick über die gesamte, an einigen Stellen nur 250 Meter breite Insel. Bei klarem Wetter sind am südlichen Horizont die Stralsunder Kirchtürme zu sehen, von Norden leuchten die weißen Kreidefelsen der Insel Møn, und in östlicher Richtung eröffnet sich dem Betrachter ein Blick auf das von Bodden und Wieken durchzogene Rügen.

Alten Überlieferungen zufolge soll der Dornbusch im Mittelalter eine dichte Eichenwalddecke getragen haben. Heute zeigt sich dieser Teil über weite Flächen baumlos, nur einige Gebiete sind von Kiefern und verschiedenen Gehölzen bewachsen.

In der Neuendorfer Heide ist die Natur fast noch völlig unberührt. Der Zauber dieser stillen Landschaft ist schon oft von Reisenden voller Begeisterung beschrieben worden. In diesem Naturschutzgebiet existiert eine Fülle von seltenen Pflanzen. Im Juni, wenn das Heidekraut blüht, sind weite Flächen in einen rosa Schimmer gehüllt.

Die Insel beherbergt eine vielfältige Fauna. Im dichten Gestrüch vor Kloster ist der melodische Gesang der „norddeutschen Nachtigall", des Sprossers, zu hö-

Nördliche Rügensche Bodden

ren. Austernfischer, Mittelsäger, Brandgans und Säbelschnäbler sind nur eine kleine Auswahl der auf dem Vogelparadies brütenden Arten.
Während der Zugzeiten rasten auf Hiddensee Graugänse, Kraniche, Pfeifenten und Kanadagänse.

Die Harmonie von Wasser, Natur und Himmel zieht jährlich auch viele Segler in ihren Bann.
Neben der bereits beschriebenen Klimforesbucht gibt es auf Hiddensee zwei auf der Boddenseite gelegene, für Sportboote nutzbare Häfen.

Typische Häuser in Vitte/Hiddensee

Neuendorf

54°31,5′N 13°05°,5′E

Karten:
SHD 1621
DHI 141

Lage und Umgebung

Der Hafen von Neuendorf, in der Mitte der langgestreckten Insel gelegen, wird regelmäßig von der Weißen Flotte vom gegenüberliegenden Schaprode und von Stralsund aus bedient.
Die Gemeinde hat ihren früheren Charakter als Wohnort von Fischern und Seeleuten bewahren können. Straßen wird der Besucher dort nicht finden. Die wenigen weiß gestrichenen Häuschen stehen auf kleinen Sandhügeln. Die Zeit des früher völlig fehlenden Autoverkehrs gehört zwar leider der Vergangenheit an, aber die wenigen Lkw auf der Insel sind für die Versorgung der Einwohner und Gäste notwendig.

Ansteuerung und Liegeplätze

Neuendorf hat einen kommunalen, der Gemeinde gehörenden Hafen. Vor einigen Jahren ausgebaggert, ist er seit 1988 auch für Sportboote wieder nutzbar. Zu erreichen ist er vom Schaproder Bodden aus durch eine schmale, etwa drei Kabellängen westlich der grünen Toppzeichentonne 29 des Hiddenseefahrwassers beginnende, in Richtung 286,6° führende, gut betonnte, aber unbefeuerte Rinne. Vom Tonnenpaar 5/6 an sollten Yachten unbedingt in der auf 2,5 m Tiefe gehaltenen Rinne bleiben, da sich nur wenig unter der Wasseroberfläche liegende Sandbänke bis dicht heranziehen.
Liegemöglichkeiten sind im Südbecken des kleinen, etwa 40 Booten Platz bietenden Hafens. Die Yachten liegen dort mit dem Steven zum Ufer.
Wer mit einem 1,5 m tiefgehenden Kielboot vorsichtig bis an die steil abfallende Sandkante heranfährt, gelangt trockenen Fußes von Bord. An Land sind keine Möglichkeiten zum Belegen. Deswegen wird von meisten Seglern an Land ein Anker eingegraben und die Leine als Festmacher genommen. Mindestens ein weiterer Anker muß nach achtern ausgebracht werden, um das Boot gegen Schwoien zu sichern.
Bei Westwind liegt man in Neuendorf relativ ruhig. Bei dieser Windrichtung steht im Hafen keine Welle.
Bei starkem Ostwind kann Schwell vorkommen. Unter solchen Umständen ist es vorteilhaft, wenn ein Besatzungsmitglied ständig an Bord bleibt.

Versorgung

Lebensmittelladen, Post und Gaststätten sind im Ort. In den Sommermonaten ist die Versorgungslage auf der gesamten In-

Nördliche Rügensche Bodden

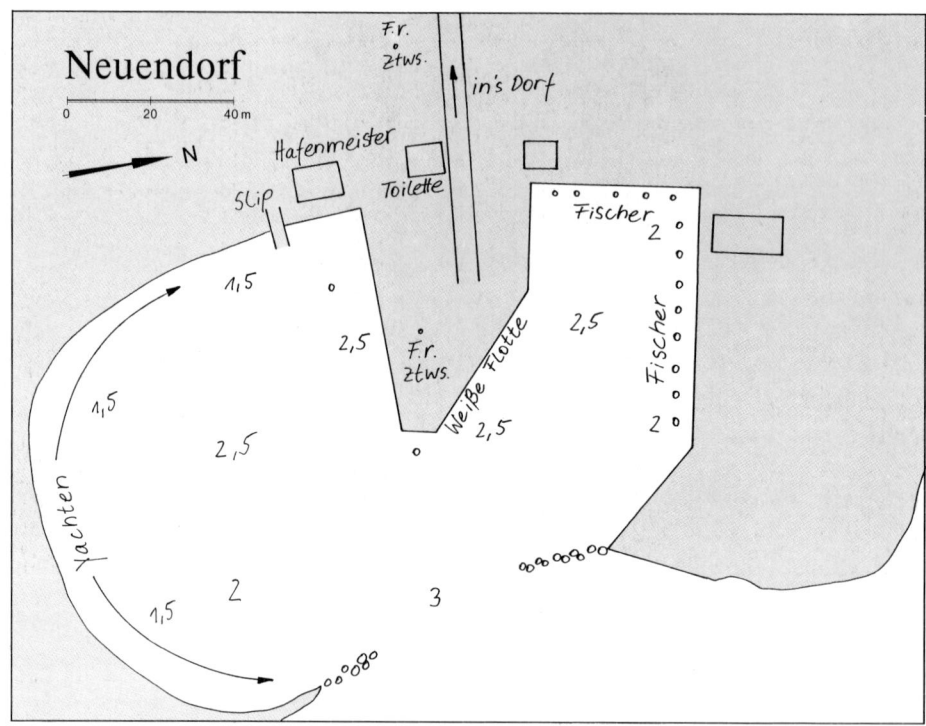

sel jedoch sehr angespannt, ohne Wartezeiten beim Einkauf oder in den Gaststätten geht es nur selten ab.

Um sich eine vielleicht unnötige Warterei zu ersparen, sollten sich vor allem Kurzlieger, soweit es möglich ist, schon in Stralsund oder in einem rügenschen Hafen verproviantieren.

Sehenswürdigkeiten und Ausflugtips

Zum Ostseestrand sind es vom Hafen aus nur wenige hundert Meter quer über die Insel. Wegen der Küstenströmungen ist die Wassertemperatur an der Ostküste Hiddensees oft wesentlich niedriger als beispielsweise am gegenüberliegenden Prerower Strand.

Wer nicht am Strand liegen möchte, sollte auf keinen Fall einen Spaziergang durch die wundervolle, landschaftlich sehr reizvolle Neuendorfer Heide versäumen.

Als Tagestour kann ein Marsch zum knapp 10 km entfernten Dornbusch empfohlen werden, Mittagessen bietet die am Leuchtturm gelegene Gaststätte „Zum Klausner" an.

Hafen Neuendorf auf Hiddensee

Vitte

54°34,3'N 13°06,7'E

Karten:
SHD 1621
DHI 141

Lage und Umgebung

Der kommunale Hafen von Vitte ist der Berufsschiffahrt vorbehalten. Sportboote finden ihre Liegeplätze im wenige Kabellängen entfernten Yachthafen.
Zwischen den Orten Kloster und Vitte gelegen, ist er das beliebteste Urlaubsziel der DDR-Segler.
Landschaftlich reizvoll gelegen, aber nur gegen Westwind gut geschützt, hat seine T-förmige Steganlage eine Kapazität von etwa 40 Liegeplätzen. In der Hochsaison liegt dort aber oft die dreifache Anzahl Yachten.

Ansteuerung und Liegeplätze

Dort, wo das Hiddenseefahrwasser nach Osten schwenkt, beginnt der Vitter Bodden. Am Tonnenpaar 7/8 zweigt die in den Hafen von Vitte führende Rinne vom Klosterfahrwasser ab. Die Wassertiefen in diesem Gebiet ändern sich wegen der starken, oft die Richtungen wechselnden Strömungen ständig. Kielboote sollten daher die betonnten Bereiche nicht verlassen.

Für den Vitter Bodden gilt genauso wie für die übrigen die Insel Hiddensee umgebenden Gewässer, daß die Sichttiefe bei normalen Bedingungen mindestens zwei bis drei Meter, bei ganz klarem Wasser manchmal auch das Doppelte beträgt. Beim Aufkreuzen bewährt sich ein auf dem Bug postiertes, nach den oft steilen Kanten der Sandbänke Ausschau haltendes Besatzungsmitglied.

Etwa eine Kabellänge vor dem Vitter Hafen beginnt an Steuerbord die enge, von

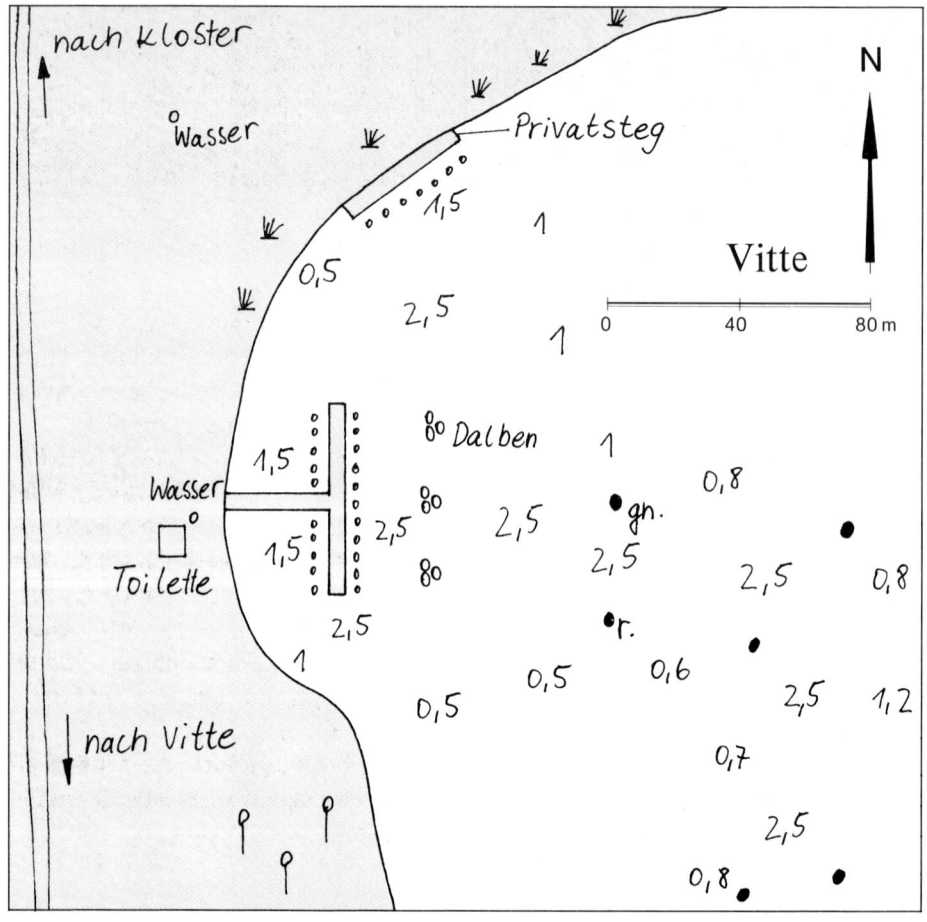

Vitte

Der Yachthafen von Vitte
kleinen Fässern bezeichnete Rinne zu den Yachtliegeplätzen. Links und rechts erstrecken sich nur einen halben Meter unter der Wasseroberfläche Sandbänke parallel zum Kurs.

In dem ständig überfüllten Hafen auf Anhieb einen Stegliegeplatz zu finden, ist ein sehr seltener Glücksfall.

Ankommende Segler müssen meistens mit einem Platz in der zweiten Reihe oder im Päckchen an den Stegköpfen vorliebnehmen. Südlich der Brücke können bis zu 1,5 m tiefgehende Yachten auch direkt am Ufer liegen.

Beim Ankommen und Anlegen muß aufmerksam auf die zahlreichen, manchmal kreuz und quer liegenden Ankerleinen geachtet werden. Einen das Chaos ordnenden Hafenmeister gibt es im Yachthafen von Vitte nicht.

Versorgung

Die sanitären Einrichtungen (Trockentoiletten) sind angesichts der durchschnittlich 200 bis 300 den Hafen bevölkernden Segler hoffnungslos überfordert.

Trinkwasser gibt es vor der Brücke. Lebensmittel sind in einem Laden in Vitte (Fußweg 10 Min.) erhältlich. Direkt daneben gibt es einen Fahrradverleih. Wer per Rad die Insel durchstreifen möchte, muß allerdings schon sehr früh aufstehen, um noch einen Drahtesel zu erhalten. Nach acht Uhr morgens hat man kaum noch eine Chance.

Im Ort gibt es mehrere, in der Saison allerdings mittags und abends überfüllte Gaststätten.

Sehenswürdigkeiten und Ausflugtips

Während die Infrastruktur der Insel mit den gewachsenen Bedürfnissen nicht Schritt gehalten hat, gelang es weitgehend, die Schönheiten der Natur zu erhalten.

Empfohlen wird auf jeden Fall eine Wanderung durch das kleine Dorf Grieben zum Dornbusch. Auch eine Strandwanderung um den nördlichen Inselteil herum zum hochgelegenen Leuchtturm ist sehr reizvoll. Bis zu 21 sm weit sichtbar, bewahrt er seit 1888 Schiffe vor dem Auflaufen auf die gefährliche Steilküste.

Bei schönem Wetter ist der Sandstrand
Fähranleger in Vitte
von Vitte (FKK) stark bevölkert. Er ist zu Fuß in ein paar Minuten vom Yachthafen aus erreichbar.

Im nahegelegenen Ort Kloster befindet sich eine Gedenkstätte für den Dichter Gerhart Hauptmann, der hier seine letzten Lebensjahre verbrachte.

Im Gegensatz zu Neuendorf wurde durch eine nicht landschaftsgerechte Bauweise der einheitliche Charakter des ursprünglichen Fischerdorfes Vitte beeinträchtigt. Um weiteren Schaden für die Insel abzuwenden, wurde vor kurzem beschlossen, auf Hiddensee keine weiteren Bauten, ausgenommen Wohnhäuser für die Einheimischen, zu errichten.

Schaprode

54°30,8′N   13°10,0′E

Karten:
SHD 1621
DHI 141

Lage und Umgebung

Der westrügensche Hafen von Schaprode liegt gegenüber von Neuendorf. Dem Ort vorgelagert ist die kleine Insel Öhe, die dem Hafen einen natürlichen Schutz gibt. Sie darf ebenso wie die südlich gelegene Udarser Wiek nicht aufgesucht werden. Von Schaprode aus wird ein Großteil der von den Inselbewohnern und Urlaubern benötigten Versorgungsgüter nach Hiddensee übergesetzt. Eine Fährverbindung der Weißen Flotte nach Neuendorf besteht ebenfalls.

Vier Kilometer nördlich von Schaprode, am Stolper Haken, befindet sich die engste Stelle zwischen Hiddensee und Rügen. Im Mittelalter stand dort die sogenannte Schwedenschanze. Von ihr aus wurde die Zufahrt nach Stralsund kontrolliert.

Ansteuerung und Liegeplätze

Die Zufahrt nach Schaprode erfolgt von Nordwesten. Die inmitten des Schaproder Boddens gelegene grüne Toppzeichentonne 29 muß durch Yachten nicht unbedingt genommen werden. Die geringsten Tiefen im Ostteil des Gewässers liegen bei 2,5 m.

Vom ersten Tonnenpaar des in südöstliche Richtung führenden unbefeuerten Fahrwassers an dürfen Kielboote die Rinne nicht mehr verlassen. Einlaufend an der Steuerbordseite nördlich der Insel Öhe liegen Steine, die auch Jollenkreuzern gefährlich werden können. Das Gebiet östlich der Zufahrt ist nur zwischen 1,0 und 1,5 m tief.

Anlegen kann man nur an der Spundwand an der Backbordseite. Die ersten Liegeplätze des flußähnlichen Hafens sind der Berufsschiffahrt vorbehalten.

Wenn Fahrgastschiffe im Schaproder Strom drehen, geht es sehr eng zu. Yachten sollten bis in den hinteren Teil des Hafens segeln und südlich der Rinderfähre festmachen.

Ständig wechselnder Strom zwischen dem Schaproder Bodden und der Udarser Wiek hat ein zwischen drei und vier Meter tiefes Flußbett geschaffen. Erst am Beginn der Wiek wird es flach. Der Grund steigt dann gleichmäßig bis auf 0,5 m Wassertiefe an.

Die Spundwand wurde kürzlich erneuert. Ab 1990 ist der Hafen wieder für die Sportschiffahrt geöffnet.

Versorgung

In der direkt am Hafen gelegenen Gaststätte kann auch Trinkwasser geholt wer-

Nördliche Rügensche Bodden

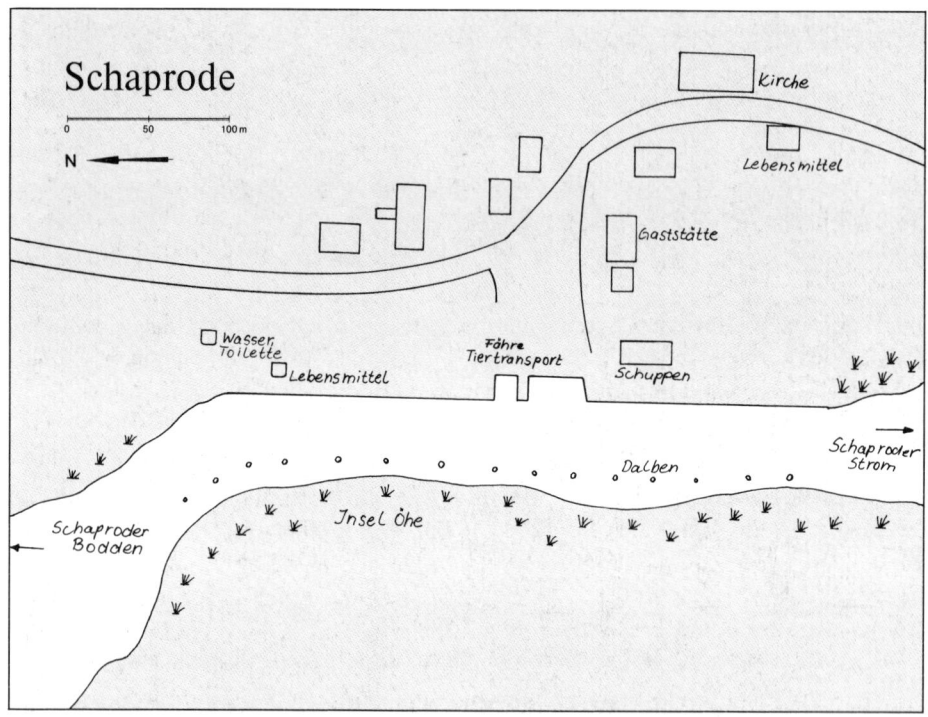

den. Hafenlieger dürfen die Toiletten benutzen. Lebensmittel im Ort.
In den Sommermonaten ist gegenüber der Anlegestelle der Weißen Flotte ein Kiosk geöffnet, der Spirituosen, Tabakwaren und Süßigkeiten anbietet.
Die am hinteren Teil der Pier liegende Wassertankstelle gibt Diesel nur an Fischereifahrzeuge ab. In der Ortsmitte findet der Besucher ein Postamt.

Sehenswürdigkeiten und Ausflugtips
Das Wahrzeichen des Ortes, die weithin sichtbare Kirche, gehört zu den ersten christlichen Bauten der Insel. Sie kann besichtigt werden.
Am feinsandigen Badestrand erholen sich vor allem die Urlauber des nahen Campingplatzes.
Zu empfehlen ist eine Dampferfahrt ins gegenüberliegende Neuendorf. Wer nicht mit dem eigenen Boot nach Hiddensee segeln will, hat so die Möglichkeit, während einer Tagestour die Insel zu durchstreifen. Schaprode ist an das Omnibusnetz Rügens angeschlossen.

Wiek / Rügen

Schaprode mit Hafen und der Insel Öhe

Wiek (Rügen)

54°37,5′N 13°17,1′E

Karten:
SHD 1621
DHI 141

Lage und Umgebung

Im Westen der fast menschenleeren Halbinsel Wittow wird der Ort Wiek von einer flachen, nahezu baumlosen Landschaft eingerahmt. Das am gleichnamigen Bodden gelegene alte Fischerdorf besitzt einen sehr weiträumigen Hafen. Den Hafen prägt die Ruine einer alten Hochbrücke. Die 1914 fertiggestellte, aber nie in Betrieb genommene Anlage sollte ursprünglich der Verladung der auf Rügen gewonnenen Kreide dienen. Der Erste Weltkrieg und die spätere Verschiffung von

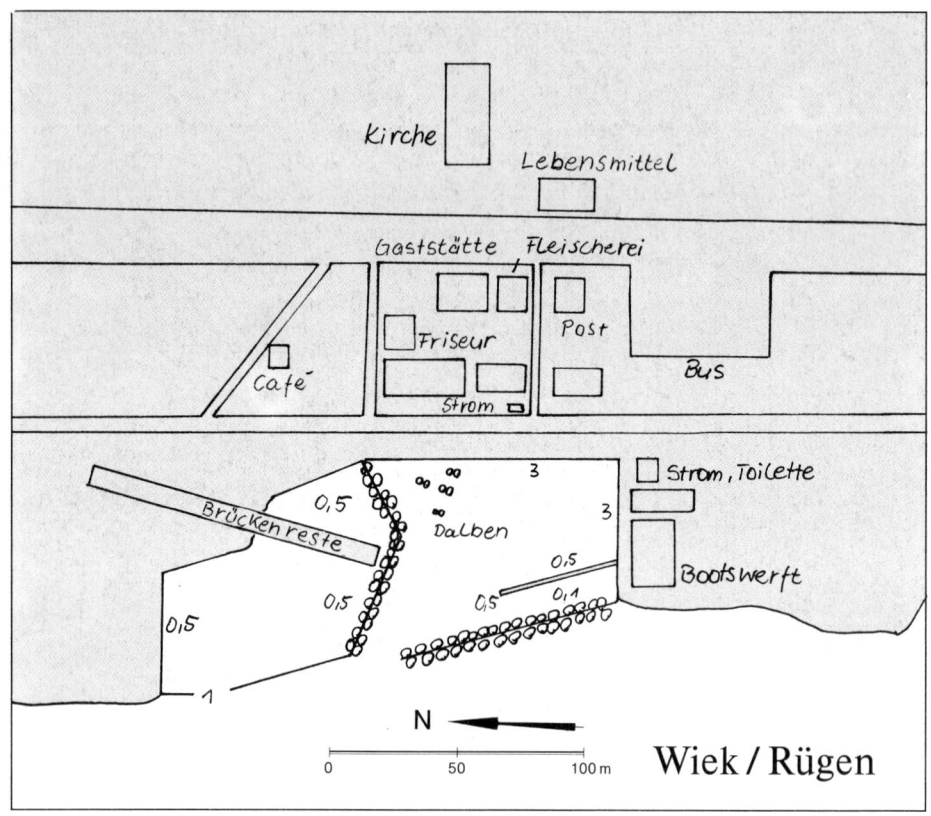

jährlich bis zu 600 000 Tonnen des weißen Minerals von den Häfen Martinshafen und Saßnitz aus verhinderten die eigentliche Nutzung. Heute wird die vor allem im nordrügenschen Klementelwitz gewonnene, in viele Länder Europas exportierte Kreide per Eisenbahnwaggon abtransportiert.

In Wiek werden auf einer kleinen Bootswerft direkt am Hafen GFK-Rümpfe hergestellt. Neben Motorbooten und Dinghis entstehen hier auch die Schalen des vor allem in das Ausland verkauften Motorseglers „Vilm". Der Innenausbau und die Ausrüstung erfolgen in Lauterbach. Gelegentlich nutzen Binnengüterschiffe und auch die Weiße Flotte den Wieker Hafen.

Ansteuerung und Liegeplätze

Östlich der Spitze der zu Rügen gehören

Wiek / Rügen

den Halbinsel Bug, dort, wo die nach Ystad segelnden Fähryachten vor dreihundert Jahren Post und Passagiere übernahmen, schwenkt das Hauptfahrwasser in den nordöstlich gelegenen Wieker Bodden. Eine weitere, am Tonnenpaar 27/28 beginnende Rinne führt an der Wittower Fähre vorbei in den Großen Jasmunder Bodden.

Segler, die die Häfen von Wiek oder Kuhle anlaufen wollen, bleiben im Hauptfahrwasser und gelangen in den zwischen 1/2 und 2 Seemeilen breiten Wieker Bodden. Die anfangs vier, später drei Meter tiefe Rinne führt auf einem geraden Kurs von 032,1° bis vor das Törnziel. Gut betonnt, ist sie im Nordostteil nicht befeuert.

Einlaufend in den Wieker Bodden liegt auf der Steuerbordseite ein kleines, von gelben Tonnen eingegrenztes Fischzuchtgebiet. Das Durchsegeln ist nicht gestattet.

Der Mittelteil der Halbinsel Bug wird durch einen Marinestützpunkt eingenommen. Das an der Backbordseite auftauchende militärische Sperrgebiet wird durch gelbe Stumpftonnen mit der Aufschrift SG 1 bis SG 8 gekennzeichnet. Es darf ebenfalls nicht durchsegelt werden.

Im Bereich des Marinehafens hat sich auf der Steuerbordseite eine parallel zur Fahrrinne erstreckende, etwa 1,2 m flache Sandbank gebildet. Kielboote müssen sich aber nicht unbedingt in der Rinne bleiben, die Untiefe kann auch östlich umfahren werden.

Nach dem Passieren des Sperrgebietes kann das Fahrwasser zu beiden Seiten etwa 3 Kabellängen verlassen werden. Der Bodden ist in diesem Gebiet zwischen 2,5 und 4 m tief.

Der im Osten liegende Ort Wiek ist weithin sichtbar, und der hohe, mit Kupferblech beschlagene Kirchturm ist eine markante Ansteuerungshilfe.

Das nördliche Hafenbecken, in dem sich auch die Brücke befindet, ist nur knapp einen Meter tief, kann also nur von Jollenkreuzern und Motorbooten angelaufen werden.

Kielboote finden ausreichend Platz im Südbecken an der Spundwand. Die südwestliche Ecke ist stark versandet, die Steganlage kann wegen der geringen Wassertiefe zwischen 0,8 und 0,3 m nur von flachgehenden Booten genutzt werden. Beim Anlegen werden die Yachten durch den Hafenmeister eingewiesen.

Durch die gegenüberliegende Hafeneinfahrt können die Wellen des Wieker Boddens die an der Spundwand liegenden, gegen westliche Winde völlig ungeschützten Sportboote erreichen. Bei stärkerem Wind aus dieser Richtung liegt man deshalb in Wiek sehr unruhig.

Vor Ostwind schützen die Spundwand und die direkt am Hafen stehenden Häuser des Ortes.

Versorgung

Lebensmittelgeschäfte, eine Post und mehrere Gaststätten befinden sich in der Nähe des Hafens.

Die Pier hat Stromanschluß, wegen Trinkwasser muß im Bedarfsfall in einem der angrenzenden Häuser nachgefragt werden.

Bei Reparaturen kann man sich an die Bootswerft wenden, auf jeden Fall wird einem dort bei GFK-Arbeiten Unterstützung zuteil.

Sehenswürdigkeiten und Ausflugtips

Auch in der Hochsaison liegt der Ort etwas abseits von der üblichen Touristenstrecke. Daher findet man in der Wieker Umgebung ausreichend Gelegenheit, in Ruhe während eines Spazierganges die herbe Wittower Landschaft zu genießen. Im Ort selbst ist es sehr ruhig. Sehenswert ist die aus dem 14. Jahrhundert stammende, 1989 restaurierte Kirche.

Mit dem gegenüber der Kirche abfahrenden Bus lassen sich rasch und unkompliziert die umliegenden Orte, wie z.B. das nur vier Kilometer entfernte Altenkirchen erreichen.

Die auf die DHI-Karte 141 eingezeichnete Bahnlinie Wittower Fähre – Altenkirchen verkehrt schon seit zwanzig Jahren nicht mehr.

Kuhle

54°38,8′N   13°16,8′E

Karten:
SHD 1621
DHI   141

Lage und Umgebung

Der kleine Hafen von Kuhle, nur zwei Seemeilen von Wiek entfernt, liegt am Nordende des Boddens. Während der Segelschiffszeit fanden hier die rügenschen Schoner und Briggs einen geschützten Platz zum Überwintern. Das Dorf zählt nur wenige Häuser.

Ebenso wie Wiek liegt Kuhle etwas abseits des von vielen Seglern gewählten Kurses, oft haben nur ein oder zwei Boote gleichzeitig im Hafen festgemacht.

Ansteuerung und Liegeplätze

Wem der Wieker Hafen wegen des auftretenden Schwells zu unruhig ist, sollte in das etwas nördlich gelegene Kuhle verholen. Der Hafen kann nur durch die schmale, gut betonnte, eine Seemeile lange Rinne erreicht werden.

Vor einer Ansteuerung bei Nacht muß ausdrücklich gewarnt werden. Zu beiden Seiten, unmittelbar an der Fahrwasserkante beginnend, liegen große, nur teilweise sichtbare Findlinge.

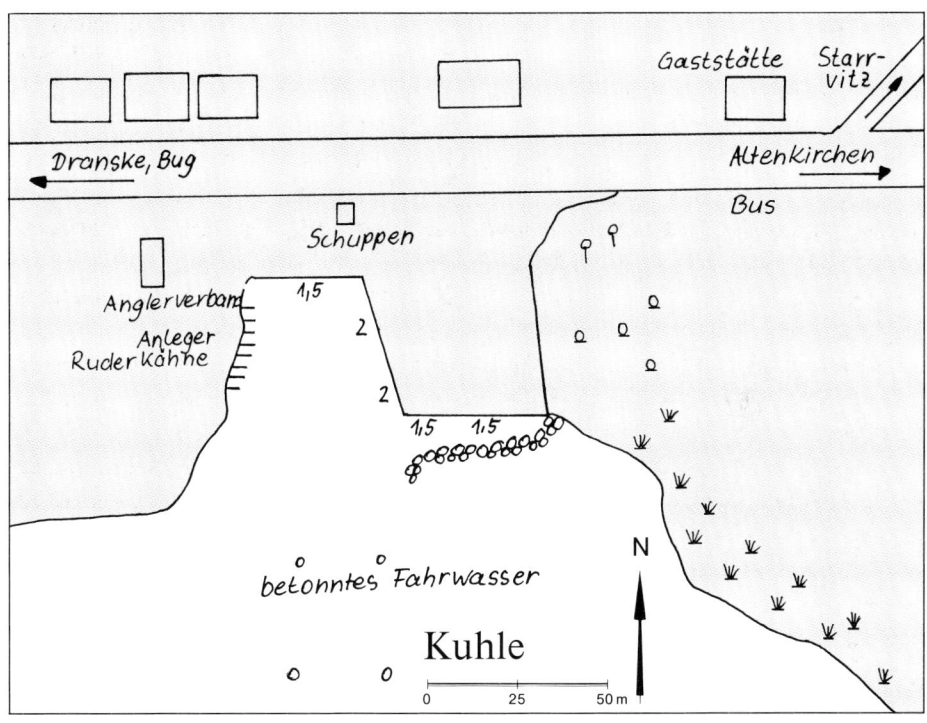

Selbst das Kreuzen in der engen Rinne ist eine riskante Angelegenheit. Auch Jollenkreuzer müssen in der 2,5 m tiefen Rinne bleiben.
Der Hafen bietet ausgezeichneten Schutz gegen nördliche und östliche Winde, aber auch bei Westwind liegt man wesentlich ruhiger als in Wiek.

Versorgung

Etwa 100 m vom Hafen entfernt sind Lebensmittel erhältlich. Unmittelbar daneben ist eine gemütliche kleine Gaststätte. Dort erhält man auch Trinkwasser, da direkt am Hafen keine Entnahmemöglichkeit besteht.

Sehenswürdigkeiten und Ausflugtips

Im Dorf selbst ist nicht viel zu sehen. Bei einer Wanderung in nördlicher Richtung wird nach etwa einer Stunde der 27 m hohe Bakenberg an der Ostsee erreicht. Bei klarem Wetter sind von ihm aus die weißen Kreidefelsen der dänischen Insel Møn gut zu erkennen. Vom Bakenberg herunter führt eine Treppe zum fast stein-

Die achteckige Kapelle bei Vitt, 1806 erbaut

losen Strand, an dem sich bei schönem Wetter besonders Camper vom nahegelegenen Zeltplatz aufhalten.

Gegenüber der Kuhler Gaststätte fährt regelmäßig ein Bus in die umliegenden Orte. Wer eine Tagestour vorhat, sollte unbedingt das 12 km entfernte Kap Arkona besuchen. Es ist mit dem Bus über Altenkirchen und Putgarten zu erreichen.

Die slawischen Einwohner Rügens, die Ranen, errichteten am nördlichsten Punkt der Insel eine stark befestigte Tempelburg. Vermutlich schon im 8. Jahrhundert erbaut, entwickelte sie sich zum größten Handelsplatz und zum politischen und religiösen Zentrum der Slawen. Kriegerische Auseinandersetzungen führten 1168 zur Eroberung und zur späteren Zerstörung der heldenhaft verteidigten Burg durch die Dänen unter Führung des Königs Waldemar I. und des Bischofs von Roskilde. Nach Berichten von Chronisten unterwarfen sich die Heiden den Eroberern, die daraufhin die Übergabe des Tempelschatzes erzwangen und die Ranen unmittelbar nach deren Niederlage tauften.

Durch zahlreiche Uferabbrüche hat das Meer bis heute schon einen Teil der Anlage verschlungen. Sichtbar sind aber noch die riesigen Wälle, die von der Mächtigkeit der einstigen Tempelburg zeugen. Etwa 300 m nördlich der ehemaligen Festung stehen die beiden Leuchttürme von Arkona. Der alte, in den Jahren 1825 bis 1829 nach Plänen von Karl Friedrich Schinkel errichtete, klassizistische Leuchtturm steht heute unter Denkmalschutz. Er wurde 1902 durch einen modernen und weiter reichenden Turm abgelöst. Entgegen einer weitverbreiteten Auffassung ist Kap Arkona nicht der nördlichste Punkt der DDR. Der einen Kilometer nordwestlich von den Leuchttürmen zu findende Gell Ort (54°41,2′N 13°25,8′E) liegt noch einige Kabellängen höher.
Wer Arkona besucht, sollte keinesfalls versäumen, das nur einen Kilometer entfernte, dreizehn Häuser zählende Dorf Vitt zu besuchen.
Bis in das vergangene Jahrhundert war der Ort einer der wichtigsten Fischhandelsplätze Rügens. Schon im 12. Jahrhundert sollen Lübecker Kaufleute hier vor allem Hering erworben haben.
Vitt steht heute auf der UNESCO-Denkmalschutzliste. Die seit Jahrhunderten bewahrte Ursprünglichkeit des kleinen, nur wenige Seelen zählenden Fischerdorfes soll unverändert auch für nachfolgende Generationen erhalten werden.
Wer den von Ginster und Sanddorn gesäumten Weg von Arkona nach Vitt wählt, erblickt bald die oberhalb des Ortes stehende achteckige, 1806 errichtete Kapelle. Vor ihrem Bau wurden die Gottesdienste am Strand des in einer Schlucht gelegenen Dorfes durchgeführt. In einem der wenigen Häuser, dem gemütlichen Dorfkrug, können die Wanderer Rast machen.

Breege

54°36,8′N   13°20,4′E

Karten:
SHD 1621
DHI   141

Lage und Umgebung

Der kleine, langgestreckte Ort ist dort zu finden, wo sich der Breeger Bodden bis auf einen Kilometer der Tromper Wiek nähert, nördlich der Halbinsel Lebbin. In der Segelschiffzeit wohnten hier vor allem Matrosen, Steuerleute und Kapitäne, deren Briggs, Galeassen und Barken im geschützten Bodden ihr Winterlager fanden. Die gepflegten, schilfgedeckten Kapitänshäuser an der Dorfstraße erinnern noch heute an diese Zeit.
Der am Nordende der Schaabe gelegene

Nördliche Rügensche Bodden

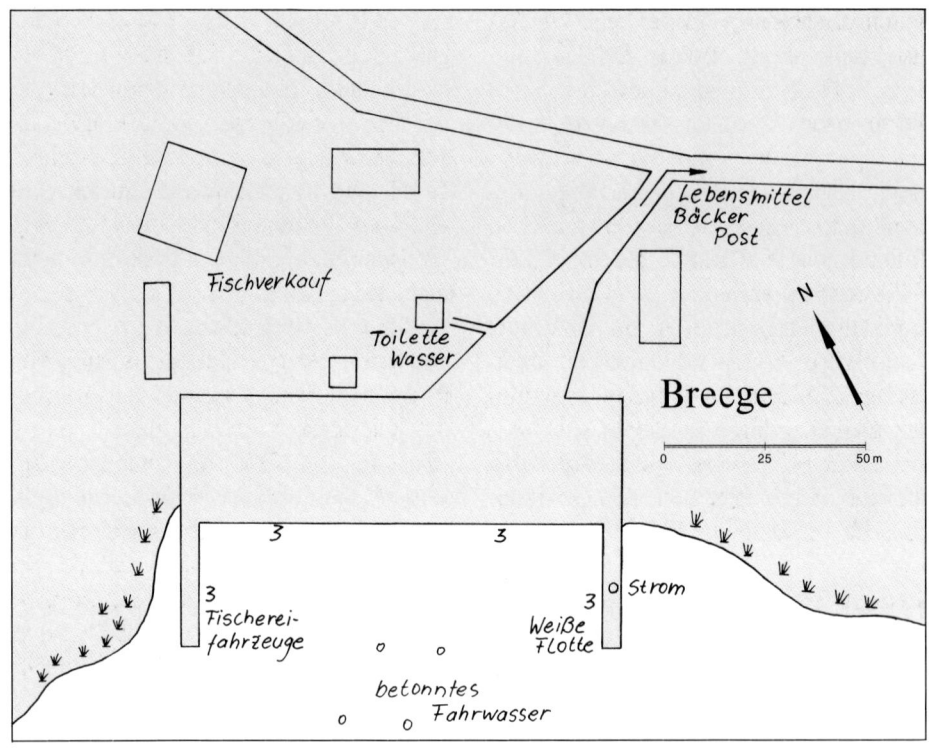

Ostseebadeort Juliusruh schließt sich unmittelbar an Breege an. Die dort stehenden hohen Sendemasten gehören zu einer Station der Akademie der Wissenschaften der DDR.

Ansteuerung und Liegeplätze

Nach dem Passieren der Wittower Fähre und des Anlegers bei Vieregge beginnt am Tonnenpaar 66/73 das in den Hafen von Breege führende, unbefeuerte und etwa drei Meter tiefe Fahrwasser.

Der südliche und mittlere Teil des Breeger Boddens ist bis eine Kabellänge unter Land zwischen 2,5 und 3,5 m tief. Der nördliche, 0,6 sm lange Teil wird jedoch von großen Findlingen eingenommen, den Saalsteinen. Teilweise über die Wasseroberfläche reichend, sollen sich auf ihnen früher Seehunde gesonnt haben.
Spätestens vom Tonnenpaar 3/14 an, also dort, wo die grünen Seezeichen einsetzen, sollten Yachten nur in der Fahrrinne segeln. 1990 bleibt der Breeger Hafen der Sportschiffahrt wegen Erweiterungsar-

beiten verschlossen, er darf gegenwärtig also nicht angelaufen werden.

Versorgung

Ein Konsum und die Post befinden sich an der Dorfstraße in Richtung Juliusruh. Die Toilette und ein Wasserhahn sind in der Nähe der Spundwand.
Direkt am Hafen gibt es auch einen Laden der örtlichen Fischereigenossenschaft, in ihm werden Frisch- und Räucherwaren sowie Fischkonserven angeboten.
Die nächste Gaststätte findet der Besucher erst in Juliusruh. Dort ist auch medizinische Versorgung möglich.

Sehenswürdigkeiten und Ausflugtips

Die vor etwa einhundert Jahren vor allem mit Kiefern bepflanzte Schaabe ist besonders auf der Boddenseite eine auch im Sommer sehr ruhige Gegend, die sich für ausgedehnte Wanderungen anbietet.
Im südlich des Forsthauses Gelm beginnenden Langen Moor sollte der Wanderer gerade an warmen Tagen wegen der giftigen Kreuzottern nicht barfuß laufen. Vom Langen Moor führt der Waldweg durch Dünenwälle und Täler zum FKK-Strand an der Tromper Wiek.
Wer eine Tagestour plant, kann auch von Breege aus über Juliusruh am Strand entlang oder auf dem Steilufer das Kap Arkona erreichen. Die Entfernung beträgt zehn Kilometer.
Auf halbem Wege, bereits von weitem sichtbar, liegen die gewaltigen Wächtersteine des Nobbiner Großsteingrabes, einer alten Begräbnisanlage, die bereits Caspar David Friedrich als Vorlage für mehrere Bildwerke diente.

Glowe

54°33,2′N 13°29,2′E

Karten:
SHD 1621
DHI 141

Lage und Umgebung

Der kleine, auch bei DDR-Seglern unbekannte Anleger ist am Nordufer des Großen Jasmunder Boddens zu finden. Er liegt direkt vor einer hohen Waldkante. Vor einigen Jahren wurde dort eine Zufahrt und ein bis zu fünf Meter tiefes Becken für einen Spülbagger geschaffen.

Wer hier übernachten möchte, muß sich allerdings darauf einstellen, daß ihm abends riesige Mückenschwärme aus der sumpfigen Umgebung die Freude am einsamen Liegeplatz trüben.

Ansteuerung und Liegeplätze

Die kleine Steganlage liegt etwas ver-

Nördliche Rügensche Bodden

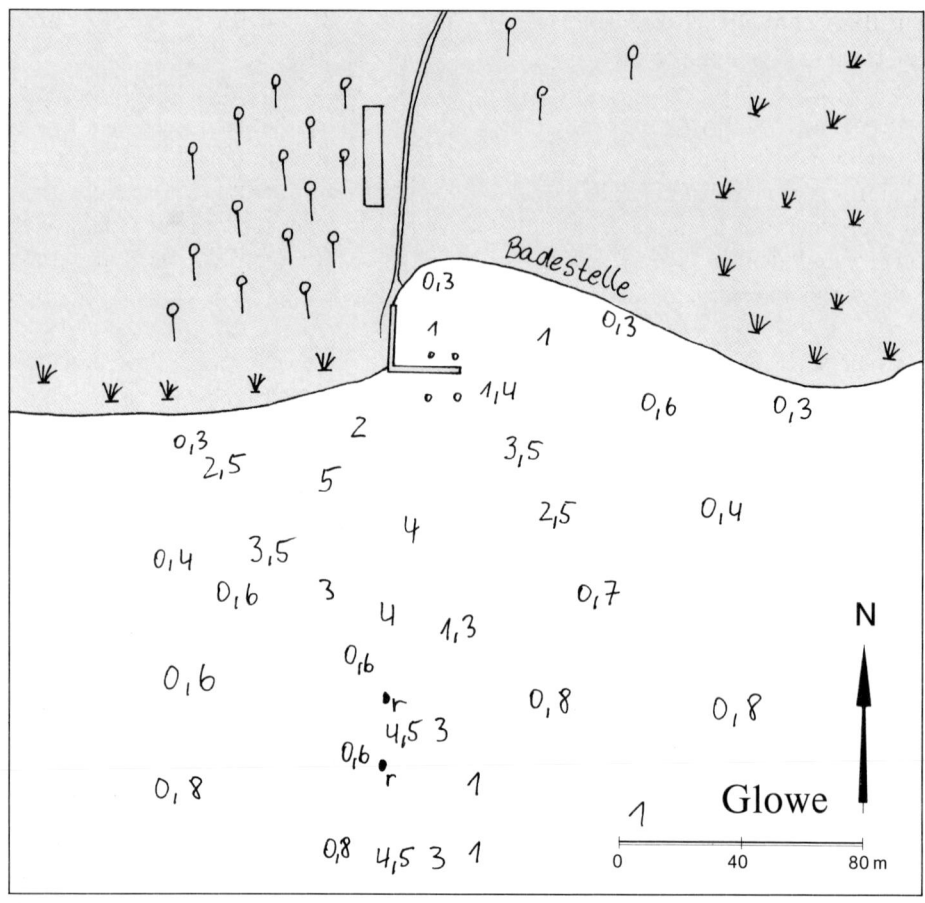

steckt und ist nur schwer zu finden. Eine nächtliche Suche nach ihr ist fast aussichtslos und wegen der Flachwasserzone am Nordufer des Boddens nicht zu empfehlen. Die für Sportboote aller Größen ausreichend tiefe, erst drei Kabellängen vom Land beginnende, mit kleinen, schwer auszumachenden roten Bojen versehende Zufahrt ist dreißig Meter breit.

Die Markierungen sind einlaufend auf der Backbordseite zu lassen.
Die Ansteuerung erfolgt am besten von der rot-weißen Toppzeichentonne „Martinshafen" (54°31,5′N 13°28,8′E) aus. Den 1,7 sm entfernten Hafen erreicht der Besucher auf einem Kurs von 003,5°. Im kleinen, maximal einen Meter tiefen Becken liegen vor allem Jollenkreuzer.

Glowe

Nur flachgehende Kielboote können den Stegkopf bei etwa 1,4 m Wassertiefe erreichen. Größere Yachten müssen im tiefen Becken vor dem Anleger auf Sand- und Schlickboden ankern.

Gegen südliche Winde ist der Hafen vollkommen ungeschützt, die dort liegenden Boote sind dann der steilen Welle des Jasmunder Boddens ausgesetzt.

Versorgung

Am Hafen bestehen keine Versorgungsmöglichkeiten. Wer Lebensmittel benötigt oder eine Post sucht, muß zum in nördlicher Richtung gelegenen, zwei Kilometer entfernten Dorf Glowe wandern. Dort gibt es auch mehrere, in den Sommermonaten allerdings oft überfüllte Gaststätten. Im Bedarfsfall erhält man in Glowe auch ärztliche Versorgung.

Sehenswürdigkeiten und Ausflugtips

Wegen seiner ruhigen Lage in einer vielfältigen Natur ist der Hafen von Glowe ein idealer Ort zum Ausspannen. Hinter dem Wald, auf dem ehemaligen Spülfeld, wachsen ausgedehnte Sanddornhecken. An den Wegen stehen vereinzelte wilde Obstbäume.

Direkt am Anleger gibt es eine Badestelle. Überhaupt ist der Ort ein Paradies für Kinder. Das Wasser neben dem ausgebaggerten Gebiet ist nur knietief, und ein Erlebnis ist eine Entdeckungsfahrt mit dem Dinghi in die beiden von einem dichten Schilfgürtel umgebenen Seen.

Die Einfahrt zum ersten, dem Mittelsee, erfolgt durch einen romantischen, nur wenige Meter breiten Kanal etwa eine Kabellänge östlich vom Anleger. Unter einer Brücke hindurch gelangt man in den sich anschließenden Spykerschen See. Beide Gewässer sind oft nur 20 Zentimeter tief, ihre Ufer beherbergen zahlreiche Wasservögel.

Zu empfehlen ist eine Wanderung zum Schloß Spyker. Der rote, weithin sichtbare Renaissancebau gehörte im 17. Jahrhundert dem schwedischen Feldmarschall von Wrangel. Nachdem der Besitzer 1676 im Schloß auf mysteriöse Weise ums Leben gekommen war, bekam Spyker den Ruf eines Spukschlosses.

Leider ist nur eine Außenbesichtigung möglich, so daß der Besucher sich nicht am Anblick der prächtigen Stuckdecken erfreuen kann.

Nur wenige Minuten weiter steht im Dorf Bobbin eine der ältesten, aus Feldsteinen gemauerten Kirchen Rügens. Erbaut im 14. Jahrhundert, besitzt sie eine reiche Innenausstattung.

Vom dahinterliegenden 60 m hohen Tempelberg, vor knapp 1000 Jahren Standort einer Wehranlage, hat der Wanderer einen weiten Blick auf den Jasmunder Bodden, Kap Arkona und die westrügensche Landschaft.

Ralswiek

54°28,6′N 13°27,1′E

Karten:
SHD 1621
DHI 141

Lage und Umgebung

Der Hafen von Ralswiek ist das Ziel der meisten Yachten, die in den Großen Jasmunder Bodden segeln. Ralswiek war in der Zeit der Ranen vom 9. bis 12. Jahrhundert einer der größten Handelsplätze Rügens. Umfangreiche Grabungen am Ortsrand förderten einen arabischen Silberschatz, drei rund 1000 Jahre alte slawische Boote, Kultgegenstände und die Grundrisse von Häusern zutage.
Nach der Unterwerfung der Insel durch die Dänen im Jahre 1168 residierte in Ralswiek der Statthalter des Bischofs von Roskilde.

Ansteuerung und Liegeplätze

Von der rot/weißen, inmitten des Boddens gelegenen Tonne „Jasmund" führt der Kurs von 181° an der Ansteuerungstonne „Ralswiek" vorbei bis kurz vor den Hafen. Vom gut betonnten, drei Meter tiefen Fahrwasser zweigt nach Südosten eine mit kleinen Bojen bezeichnete Rinne zum Yachthafen ab. Boote, die dort festmachen wollen, müssen die an Steuerbord gelegene Untiefe beachten.
Wer in einem leichten östlichen Bogen genau auf den Brückenkopf zuhält, gelangt sicher bis an den Liegeplatz. Die gesamte Rinne ist unbefeuert. Daher ist das Anlaufen für Ortskundige nachts nicht ganz einfach.
Der Ralswieker Yachthafen bietet Sportbooten bei allen Windrichtungen einen sicheren Schutz.

Versorgung

Trinkwasser gibt es direkt am Steg. Die Toilette liegt hinter dem Wrack des alten Frachtseglers. Auch zum Konsum sind es nur wenige Meter.
Der Ort hat medizinische Versorgung, schwere Fälle müssen jedoch im 6 km entfernten Bergen behandelt werden.
Unterhalb des Schlosses findet der Besucher eine Gaststätte.
In der Kreisstadt Bergen – zu erreichen von Ralswiek aus dem mit regelmäßig verkehrenden Bus – bestehen weitaus bessere Versorgungsmöglichkeiten.

Sehenswürdigkeiten und Ausflugtips

Das bekannteste Bauwerk in Ralswiek ist das 1891 für den schottischen Grafen Douglas im Stil der französischen Renaissance errichtete Schloß. Leider kann auch dieses Gebäude nicht besichtigt werden, es beherbergt zur Zeit ein Altenheim.
Der wirklich sehenswerte, zahlreiche

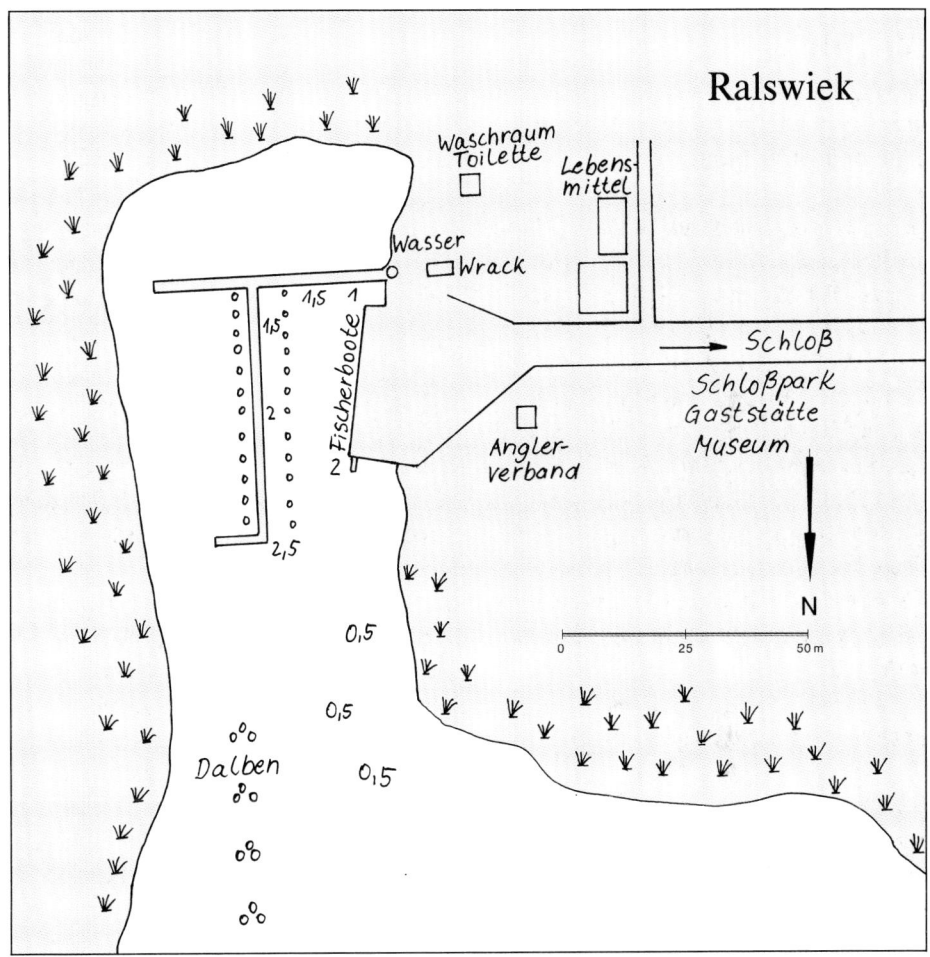

gärtnerische Kostbarkeiten enthaltende Schloßpark ist dagegen der Öffentlichkeit zugänglich.

Auf dem steil zum Jasmunder Bodden abfallenden Hang wurde eine 7000 Besucher fassende Freilichtbühne eingerichtet. Hier wurde Anfang der achtziger Jahre das Schauspiel „Klaus Störtebeker" aufgeführt. Mehrere zu Koggen umgebaute Fischkutter lieferten sich damals zur Begeisterung Tausender Zuschauer regelrechte Seeschlachten. Wegen Unrentabilität wurden die Massenaufführungen schließlich eingestellt.

Ralswiek: Blick vom Schloß auf den Großen Jasmunder Bodden

Auf dem Gelände wurde inmitten der Kulissen ein Kulturhistorisches Museum eingerichtet, das die Besucher mit der Geschichte Rügens und dem Leben des auf der Insel geborenen und Anfang des 15. Jahrhunderts in Hamburg geköpften Seeräubers Störtebeker vertraut macht.

Lietzow

54°28,9'N   13°30,3'E

Karten:
SHD 1621
DHI   141

Lage und Umgebung

Der kleine Anleger liegt an jenem Damm, der den Großen vom Kleinen Jasmunder Bodden trennt.
Um das alte Fährhaus am nördlichen Ufer entstand ein hübscher, von bewaldeten Hügeln eingerahmter Ferienort.
Zum Großen Jasmunder Bodden hin liegt an der flachen Bucht ein steinloser Badestrand, der auch von den Bewohnern des nahegelegenen Campingplatzes genutzt wird.

Ansteuerung und Liegeplätze

Der vorhandene Anleger befindet sich in schlechtem Zustand. Von ihm fährt in den

Lietzow

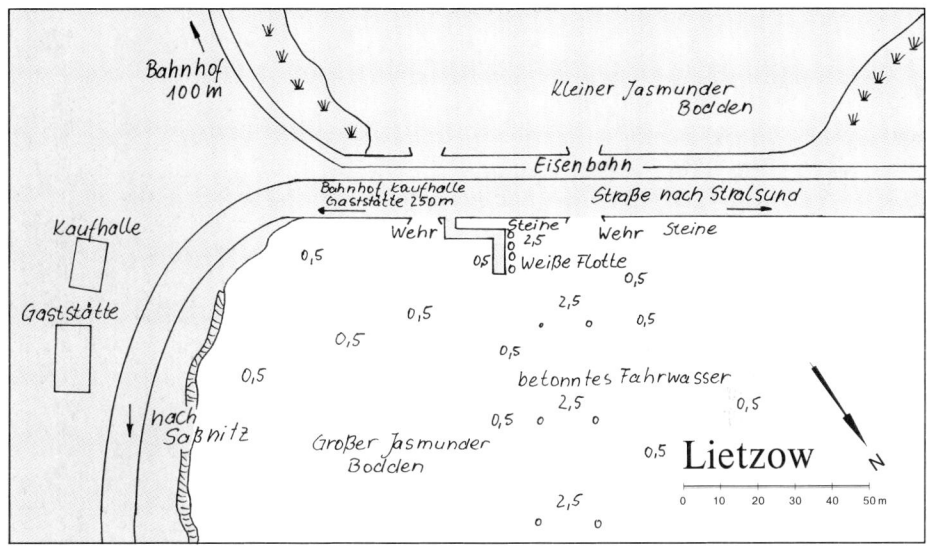

Sommermonaten täglich ein Dampfer der Weißen Flotte nach Hiddensee. Sportboote können dort nur anlegen, wenn das Fahrgastschiff unterwegs ist. Es ist daher nicht möglich, am Anleger über Nacht zu verweilen.

Segler, die Lietzow nicht nur zum Verproviantieren anlaufen, sondern sich auch in der reizvollen Umgebung umsehen möchten, sollten in der Bucht vor Anker gehen. Vor dem zum Steg führenden Fahrwasser liegt eine rot-weiße Ansteuerungstonne auf Position 54°29,2′N 13°29,9′E. Die unbefeuerte Rinne ist gut betonnt.

Parallel zum Fahrwasser liegen Sandbänke mit 1 m Wassertiefe.

An der Nordseite der Pier kann nicht festgemacht werden, im nur knietiefen Wasser gibt es zahlreiche Steine. Am 2 m tiefen Liegeplatz wird es bei Nordwestwind sehr ungemütlich, weil er den steilen Wellen des Boddens ungeschützt ausgesetzt ist.

Vorsicht beim Anlegen: Aus den Holzpfählen der verfallenen Pier stehen scharfkantige Stahlbolzen hervor. Yachten, die dort festmachen wollen, sollten ausreichend Fender bereithalten.

Versorgung

Der kleine Hafen bietet keinen Service. Lebensmittel können in der Nähe des etwa 250 m entfernten Bahnhofs eingekauft werden.

Im Ort gibt es mehrere Gaststätten, auch eine Post ist vorhanden.

Nördliche Rügensche Bodden

Lietzow: Anleger am Großen Jasmunder Bodden

Von Lietzow aus fahren regelmäßig Züge nach Saßnitz (drei Stationen) und nach Stralsund (Fahrzeit etwa vierzig Minuten).

Sehenswürdigkeiten und Ausflugtips

Gleich hinter der Ortschaft beginnt ein sehr pilz- und beerenreiches Waldgebiet. Wer es am Ufer des Kleinen Jasmunder Boddens entlang durchquert, gelangt auf ausgeschilderten Wanderwegen zu den am Ostufer gelegenen Feuersteinfeldern. Einzigartig in Europa, kann der Besucher dort auf einer Fläche von mehreren Hektar zahlreiche, aus Millionen Feuersteinen gebildete Wälle besichtigen. Wahrscheinlich wurden sie vor viertausend Jahren durch starke Sturmfluten ausgeworfen.

In diesem Gebiet gibt es auch große Vorkommen von bis zu 10 m hohen Stechpalmen.

Östlich dieses Naturschutzgebietes, nahe der Ortschaft Mukran, wurde vor einigen Jahren der Hafen für die Eisenbahnfährverbindung ins litauische Memel (Klaipeda) gebaut. Das Gelände des Fährkomplexes darf nicht betreten werden.

Martinshafen

54°31,6′N 13°30,6′E

Karten:
SHD 1621
DHI 141

Lage und Umgebung

Der Hafen befindet sich in einer abgeschiedenen Gegend im Westteil des Jasmunds. Vor dem Zweiten Weltkrieg wurden von ihm aus jährlich einige hunderttausend Tonnen von der am Rande der Stubnitz abgebauten Kreide verschifft. Heute verirrt sich nur noch selten ein Binnenschiff nach Martinshafen.
Der eigentliche Ort hat nur wenige Einwohner.

Ansteuerung und Liegeplätze

Die rot-weiße Ansteuerungstonne „Martinshafen" liegt auf Position 54°31,5′N 13°28,8′E etwa eine Seemeile vor der Einfahrt. Von ihr aus führt eine betonnte Rinne in den von zwei Steinmolen eingefaßten Hafen. Nach dem Durchfahren eines kurzen Zufahrtskanals gelangt man in das Becken. Es ist stark verschlammt, aber mit 2 m Wassertiefe für Sportboote noch ausreichend. Yachten sollten auf der Steuerbordseite an der Pier anlegen.
Wer an dem einer Sportgemeinschaft gehörenden Steg festmachen will, sollte sich vorher bei den ortsansässigen Seglern, soweit gerade welche im Hafen sind, anmelden.

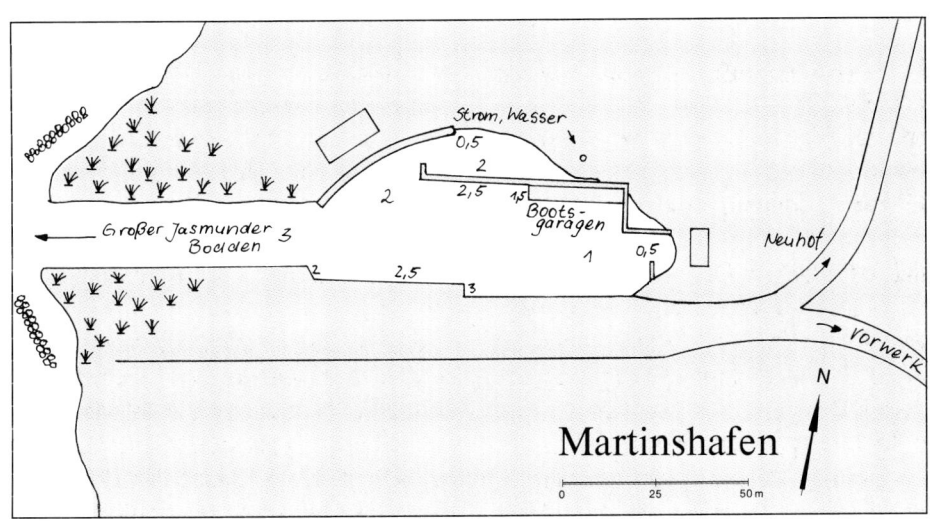

Martinshafen

Der hintere Teil des Beckens ist für Fischerboote reserviert. Bei den Bootshäusern im Nordteil ist es ganz flach, die Wassertiefe reicht gerade für Jollen aus. Der Hafen bietet bei jeder Windrichtung sicheren Schutz.

Versorgung

Außer Trinkwasser gibt es in Martinshafen keine Versorgung. Lebensmittel kauft man am besten im 5 km entfernten Sagard ein. Dort gibt es auch eine Post, eine Arztpraxis und mehrere Gaststätten.

Sehenswürdigkeiten und Ausflugtips
In Martinshafen gibt es nichts Sehenswertes. Südlich von Sagard liegt das größte bronzezeitliche Hügelgrab Rügens.
Wer über Fahrräder verfügt, sollte eine Radtour in das etwa 12 km entfernte Gebiet der Stubnitz unternehmen. Dieses wohl schönste Naturschutzgebiet Rügens erreicht man auch zu Fuß von Saßnitz aus (zwei Stationen mit dem regelmäßig verkehrenden Zug von Sagard).
Auch eine Wanderung in nördlicher Richtung am Ufer des Großen Jasmunder Boddens entlang ist sehr reizvoll.

Saßnitz

54°30,7′N   13°38,5′E

Karten:
SHD151, 162
DHI   162

Lage und Umgebung

Die nördlichste Stadt der DDR liegt an der Ostküste Rügens in der Prorer Wiek. Sie verfügt über den einzigen auch für Sportboote nutzbaren Hafen an der Außenküste der Insel.
Seit 1897 verbindet Saßnitz mit dem schwedischen Trelleborg eine Eisenbahnfährverbindung. Die alte, mehr als 200 Jahre bestehende Route zwischen Ystad und dem Wittower Fährhaus konnte die steigenden Anforderungen nicht mehr bewältigen und wurde eingestellt. Heute nimmt die TS-Linie vom transportierten Gütervolumen her mit mehr als drei Millionen Tonnen einen vorderen Platz unter den Fährverbindungen der Ostsee ein.
Mit dem Bau des Hafens entwickelte sich auch Saßnitz. Erst 1957 zur Stadt erklärt, zählt das ehemalige Fischerdorf heute 17 000 Einwohner.
Das etwas nördlich gelegene Naturschutzgebiet Jasmund ist von Saßnitz aus gut zu Fuß zu erreichen. An der Stadtgrenze liegen die alten Kreidebrüche. Über einhundert Jahre lang wurde das weiße Mineral hier gebrochen.

Ansteuerung und Liegeplätze

Wer aus westlicher Richtung nach Saßnitz segelt, passiert zuerst den Norden der Insel Hiddensee, den Dornbusch. Der hier stehende Leuchtturm (Blk. w/r. 10s 21/15 sm) ist eine gute Orientierungsmarke.
Yachten sollten nicht dichter als drei Kabellängen unter die Steilküste segeln, dort liegen zahlreiche Findlinge. Nach dem Überqueren des Libbens – von hier aus kann in die rügenschen Bodden eingelaufen werden – genießt der Segler bis zum Kap Arkona die Schönheit der nordrügenschen Ostseeküste.
Drei Seemeilen nordöstlich des Leuchtturms Arkona (Blz.(3) 17,1s 22 sm) beginnt ein großes, in der DHI-Karte 141 exakt eingezeichnetes Sperrgebiet. Seine seeseitige Grenze verläuft in einem Abstand von 3 sm nach NO parallel zur Linie Arkona-Ranzow. Dieses Gebiet kann sowohl östlich als auch westlich umsegelt werden.
Wer unter Land bleiben will, muß das kleine, vor der Nordküste des Jasmunds liegende Verbotsgebiet beachten. Es ist mit gelben Tonnen markiert.
An den Feuern Ranzow (Blz. 5s 14 sm) und Kollicker Ort (Blz. w/r. 2s 10/7 sm) vorbei wird die hochgelegene Stubnitz umrundet. Stubbenkammer, der Königsstuhl und die Wissower Klinken bleiben an Steuerbord liegen.

Nördliche Rügensche Bodden

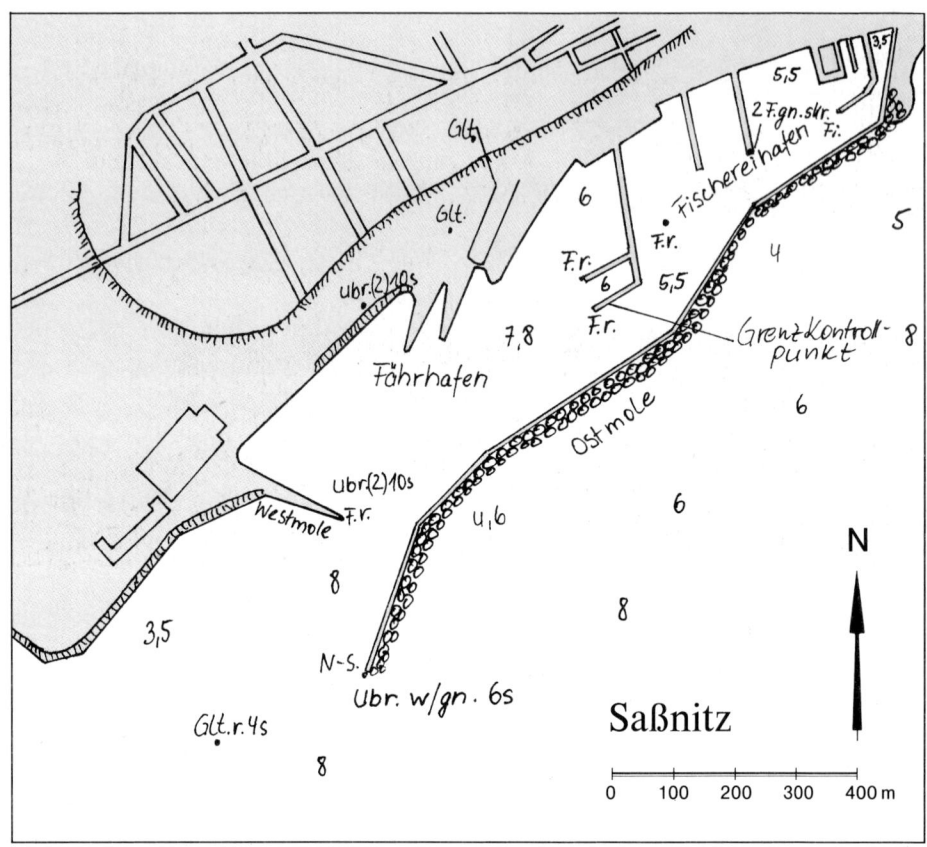

Ein unvergeßliches Naturschauspiel bietet sich, wenn die aufgehende Sonne die mächtigen Kreidefelsen in ein rötliches Licht taucht.
Von Stubbenkammer an begegnen den Yachten die alle zwei Stunden verkehrenden weißen Fährschiffe.
Auf der Spitze der 1510 m langen Saßnitzer Ostmole wurde ein Feuer installiert (Ubr. w/gn. 6s 10/6 sm). Gut sichtbar sind auch die befeuerten, in südlicher Richtung verlaufenden roten Fahrwassertonnen.
Wer aus Richtung Greifswalder Bodden kommt und die Prorer Wiek überquert, sollte aufmerksam die Schiffsbewegungen von und zum Fährhafen Mukran beobachten. Sportboote dürfen diesen Hafen nicht anlaufen!
Die Ansteuerung von Saßnitz aus dieser

Saßnitz

Saßnitz: Innen vor dem Wellenbrecher der Anleger für Yachten

Richtung ist problemlos, die hellerleuchtete Stadt und das Feuer auf der Mole sind weithin sichtbar.
Der vordere Teil des Hafens enthält die beiden Fährbecken. Im hinteren Teil liegen vor allem Fischereifahrzeuge. An der langen Ostmole wird schon seit Jahren gebaut, sie ist erst zum Teil freigegeben.
Am Grenzkontrollpunkt kann einklariert werden.
Einen separaten Yachthafen gibt es nicht. Segler sollten sich vom Hafenkapitän einen Liegeplatz zuweisen lassen. Er ist über UKW-Kanal 14 erreichbar.
Im zwischen 5 und 8 m tiefen Becken findet man bei jeder Wetterlage einen sicheren Schutz.

Versorgung

Saßnitz bietet vielfältige Versorgungsmöglichkeiten, Trinkwasser und Stromanschlüsse im Hafen. Lebensmittel können in der Stadt eingekauft werden. Dort befinden sich auch mehrere Gaststätten. Eine Tankstelle ist ebenfalls vorhanden. Wegen Reparaturen kann man sich an die Werkstatt der in Saßnitz heimischen Fischereifahrzeuge wenden. Im Rügenhotel ist ein Barbesuch zu empfehlen.

Sehenswürdigkeiten und Ausflugtips

Unbedingt zu empfehlen ist eine Wanderung in das nördlich der Stadt gelegene Naturschutzgebiet.

Nördliche Rügensche Bodden

Bevorzugt werden sollte dabei der unmittelbar an der Steilküste entlangführende Weg zum Königsstuhl. Er gestattet immer wieder malerische Ausblicke auf das tief unten gelegene Meer. Auf dem Weg dorthin kommt der Wanderer an den von Caspar David Friedrich gemalten Wissower Klinken vorbei. Die nördlich davon gelegene Bucht entstand durch den Abbruch riesiger Kreidemengen. Von der gegenüberliegenden Ernst-Moritz-Arndt-Sicht schaut der Besucher auf das Panorama der Wissower Klinken zurück.

Der Königsstuhl auf Rügen

Durch die Täler mehrerer in die Ostsee fließender Bäche gelangt man zum 117 m hohen Königsstuhl.

Von seiner Aussichtsplattform können die bizarren Kreidefelsen und das bei Sonnenschein grün leuchtende Meer betrachtet werden. Der Wanderweg zurück nach Saßnitz führt am Herthasee vorbei durch die hochgelegene Stubnitz.

Wer nicht mehr laufen mag, kann vom Königsstuhl aus auch direkt mit einem Bus in die Stadt zurückfahren.

Mast- und Schotbruch

– sagt der Segler, wenn alles gut gehen soll. Wenn's trotzdem mal schiefgeht, sollte er GOTHAER sagen können. Da ist er mit Sicherheit in besten Händen! Die Spezialisten der GOTHAER sind nicht nur Versicherungsfachleute, sondern auch Bootskenner. Der gute Rat beim Versicherungsabschluß ist ebenso selbstverständlich wie die Betreuung im Schadenfall, einerlei, ob Surfbrett oder Hochseeyacht, ob Baggersee oder Mittelmeer. Deshalb sind die GOTHAER ALLGEMEINE in Göttingen und der DEUTSCHE SEGLERVERBAND (DSV) Vertragspartner.

Und das ist es, was Skipper und Schiff zur eigenen Sicherheit brauchen:

Sportboot-Kasko-Versicherung
für Schäden am eigenen Boot;

Sportboot-Haftpflicht-Versicherung
für Schäden, die das eigene Schiff bei anderen anrichtet;

Sportboot-Insassenunfall-Versicherung
für jene Schäden, die der Crew persönlich widerfahren.

Sportboot-Schutzbrief mit der Sportboot-Service-Versicherung
zur finanziellen Absicherung durch umfangreichen Kostenersatz bei Schiffsausfall sowie Ausfall des Schiffsführers oder eines Crew-Mitgliedes. Zusätzlich können im Paket ergänzt werden: **Rechtsschutzversicherung, Sportboot-Insassen-Unfall-Versicherung, Reisegepäck-Versicherung** und **Auslandsreise-Kranken-Versicherung;** und für Charterer zusätzlich die **Reise-Rücktrittskosten-Versicherung.**

Darum:
wenn Kurs »Sicherheit« anliegen soll:

Gothaer
Allgemeine
Versicherung AG

Gothaer-Platz · 3400 Göttingen
Tel. 05 51–70 10

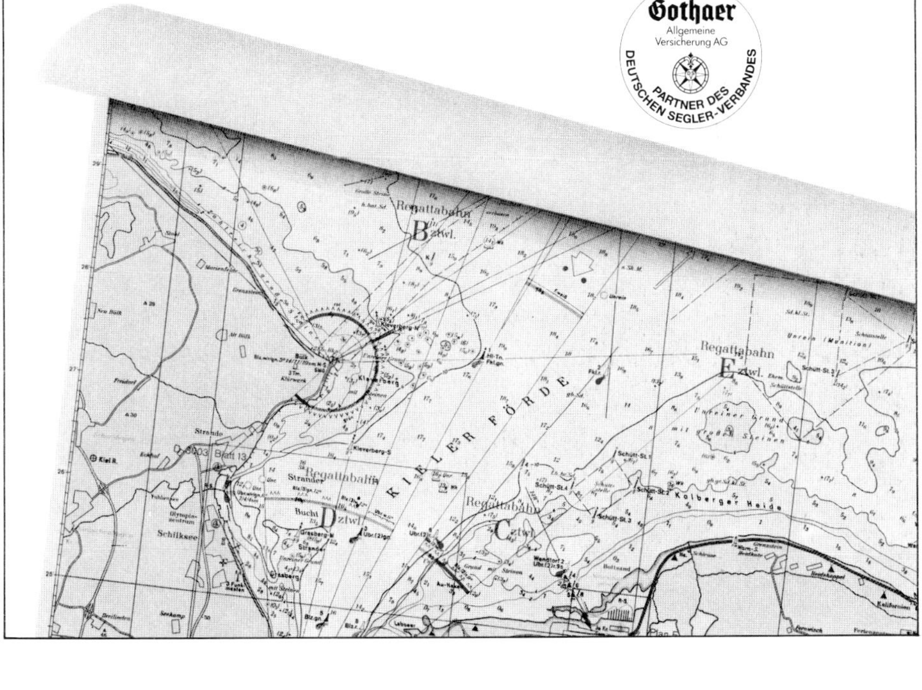

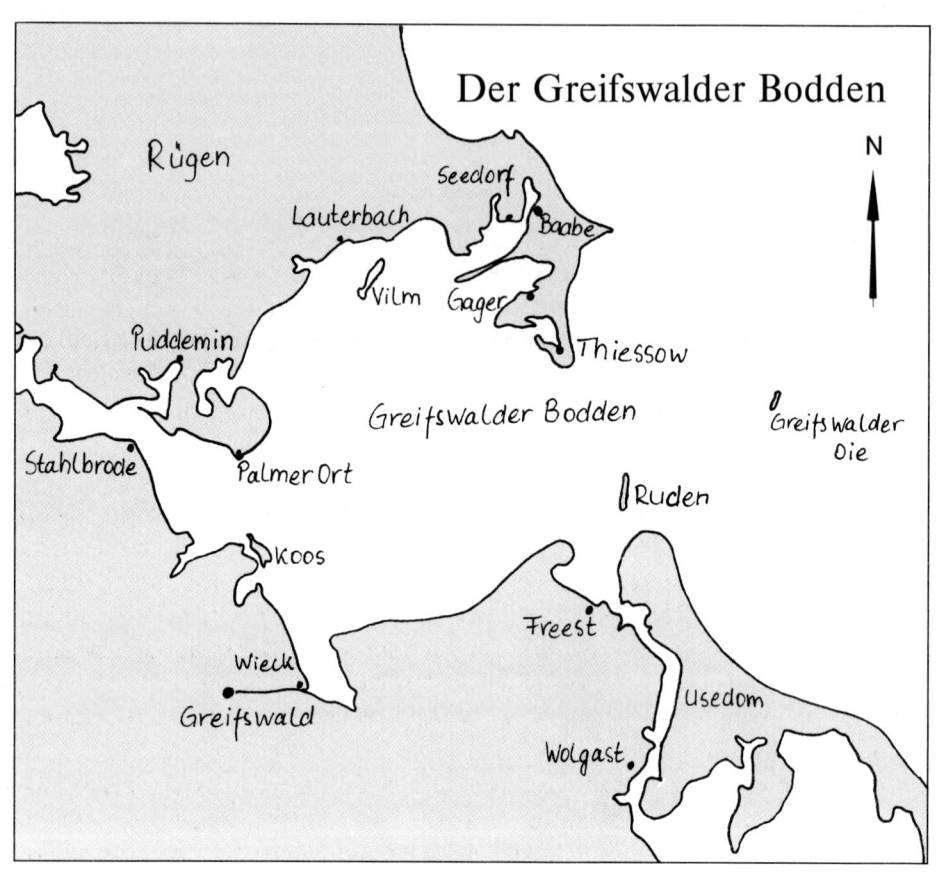

Der Greifswalder Bodden

Karten:
SHD 1511
DHI 142

Zwischen der Südküste Rügens und dem Festland erstreckt sich der Greifswalder Bodden, das bedeutendste Segelrevier an der DDR-Küste mit einer Fläche von 510 km².
Von der Ostsee durch eine breite Sandbank sowie die Inseln Greifswalder Oie und Ruden getrennt, ist der Bodden eine fast kreisförmige Wasserfläche von 13–15 sm Durchmesser. Die Küste ist stark gegliedert. Der nördliche Teil wird Rügischer Bodden genannt. Hier wird die Küste von hohen Abhängen und Tälern, weit vorspringenden Halbinseln, Inseln und Buchten gebildet.
An der Westseite geht der Bodden bei der Halbinsel Zudar in den Strelasund mit dem Fahrwasser nach Stralsund über. Im Süden liegt die Dänische Wiek mit der Zufahrt nach Greifswald. Die flache, südöstliche Küste geht im Osten in die Peenemündung über.
Im Bodden liegen die Inseln Greifswalder Oie (1,6 km²), Koos (1,5 km²), Vilm (0,96 km²), Ruden (0,4 km²) und Riems (0,3 km²) mit interessanter Naturgeschichte und Vergangenheit.
Die heutige Gestalt erhielt die Landschaft während der letzten Eiszeit. Mit dem Rückschmelzen des Eises blieben vorwiegend von Bornholm stammende Gesteine zurück, die beim Anstieg des Wasserspiegels unter Meeresniveau gerieten. Sturmfluten vergangener Jahrhunderte veränderten die Küstenform bedeutend.
Die reich gegliederte Küste, der Wechsel von Höhenzügen mit Tälern, Buchten und flachen bewaldeten Abschnitten sowie schöne Badestrände verleihen der Landschaft einen besonderen Reiz. Die Wassertiefe beträgt durchschnittlich 6 m.
Der Greifswalder Bodden ist für die Wassersportler von Stralsund, Greifswald und Wolgast aus schnell erreichbar, die bevorzugten Zielhäfen liegen an der Rügischen Küste.
Trotz der relativen Abgeschlossenheit herrschen seeähnliche Bedingungen. Bei Starkwind entsteht schnell eine kurze, steile See, dann ist das Ausfahren aus den tiefen Buchten auf der Seeseite schwierig. Das Revier ist daher für Jollen nur im Küstenbereich geeignet. Vor den Halbinseln und Inseln befinden sich ausgedehnte Flachwassergebiete – Thiessower Haken, Freesendorfer Haken, Kooser Haken, Peenemünder Haken. Die in den Seekarten enthaltenen Tiefenangaben können bei entsprechender Windrichtung und -stärke erheblich geringer sein.

Der Greifswalder Bodden

Der Fischereihafen von Freest

Besonders zu beachten ist die in der Mitte des Boddens auf Position 54°14′N 13°37′E gelegene Untiefe Groß Stubber. Diese ehemalige Insel wurde im vorigen Jahrhundert förmlich weggespült, nachdem auf ihr große Mengen Kies abgebaut worden waren. Bei Flachwasser fallen Teile trocken, das etwa 15 m lange und 0,5 sm breite Kerngebiet ist mit großen Steinen besetzt. In der Umgebung der Untiefe ist besonders sorgfältig zu navigieren.

Im Greifswalder Bodden wird ganzjährig lebhafter Fischfang betrieben. Von März bis April läuft die Heringssaison. In der Nacht hält man sich von den Stellnetzen am besten dadurch frei, indem man in den befeuerten Schiffahrtswegen bleibt. Sie führen von der Ostsee nach Stralsund und zur Peenemündung in Richtung Wolgast. Binnenschiffe verkehren von der Peene zum Strelasund. Von Stralsund, Greifswald, Stahlbrode, Lauterbach und den Peenehäfen fahren Fischkutter zum Fang aus. In diesem Revier muß man mit reger Fahrgastschiffahrt rechnen.

Der Greifswalder Bodden ist von Stralsund über die etwa 1 sm breite Wasserstraße des Strelasund zu erreichen. Die Wassertiefen liegen zwischen 6 und 16 m, sie ist für Seeschiffe betonnt und auch außerhalb des Fahrwassers tief genug für

Hiddensee: Blick vom Dornbusch auf den Bessiner Haken

Yachthafen Vitte auf Hiddensee

Seglerhafen Seedorf (o.) und Moritzdorf am Rügenschen Bodden (u.)

Der Strelasund (o.); die Zugbrücke über den Ryck in Wieck / Greifswald (u.)

Der Greifswalder Bodden

Sportboote. Flachwassergebiete befinden sich in der Krümmung vor den Orten Drigge und Deviner Haken. Bei Niederhof überquert eine Hochspannungsleitung mit weithin sichtbaren Masten den Strelasund (Durchfahrtshöhe 40 m).

Vom Strelasund führen Nebenfahrwasser nach Puddemin (zwischen Tonne 50 und 48) und Stahlbrode (bei Tonne 46). Die östlich gelegene Insel Riems mit ihrem Sportboothafen ist für den öffentlichen Zugang gesperrt. Die Zufahrt zum weiter SE-lich liegenden Anleger Gristrow ist leider nur unvollständig betonnt.

Auf Position 54°13′N 13°22′E liegt ein Fischereischutzgebiet mit verankerten Netzkäfigen. Das Gebiet ist mit gelben Sperrtonnen gekennzeichnet. Zwischen Palmer Ort und den Inseln Riems und Koos verengt sich das Fahrwasser zur Palmer Ort-Rinne, beiderseits sind Flachwassergebiete. Um vom Kooser Haken freizuhalten, sollte man sich nicht mehr als eine halbe Seemeile in südlicher Richtung vom Fahrwasser entfernen. Bei der Fahrt nach Greifswald entgeht man dem Flachwasser und dem Kooser Stein am sichersten, wenn der Kurs erst dann nach Süd abgesetzt wird, nachdem die Tonnen 1/2 der Palmer Ort-Rinne erreicht sind. Zwei sm südlich befindet sich um zwei ehemalige Bohrplattformen ein mit gelben unbefeuerten Sperrtonnen gekennzeichnetes Sperrgebiet.

Bei Dunkelheit empfiehlt sich der Kurs über die rot-weißen Leuchttonnen Koos (Blk. 10s), KW 2 (Glt. 4s) und KW (Blk. 10s) zur Tonnenreihe Hafenzufahrt, die mit den roten Tonnen (Blz. (2)) und 4 (Fkl. r.) beginnt.

Von der Palmer-Ort-Rinne ist mit rw. 010,5° über die rot-weißen Tonnen KW 5 und KW 6 westlich an Vilm vorbei Lauterbach zu erreichen. Zur Having, Hagenschen Wiek und Kaming wird rw.035° südöstlich an Vilm vorbei gesteuert.

In Richtung Ostseezugänge und Peenemündung wird rw. 090° in der Nähe des Seeschiffweges gesteuert. Die Tonne Ariadne (Blk. 10s) auf Position 54°12,5′N 13°34′E kennzeichnet die nordöstlich davon gelegene Untiefe Große Stubber. Das ausgedehnte Flachwassergebiet am Freesendorfer Haken vor der Halbinsel Struck (Sperrgebiet) ist durch einen Turm markiert (ehemals Leuchtturm). Über 2 m tiefgehende Schiffe sollten sich von hier aus in betonnten und befeuerten Fahrwassern halten. Nachts halte man sich an das Leuchtfeuer Ruden (Ubr. w/r/gn.6s 7/4 sm).

Im Gebiet der Ostseezugänge orientiert man sich am Leuchtturm Greifswalder Oie (Blz. 3,8s) mit einer Tragweite von 26 sm.

Von See kommend läuft man in den Greifswalder Bodden oder in die Peenemündung in der Regel über das Hauptfahrwasser Landtief ein.

Zur Ansteuerung dienen die Tonnen „Landtief" (Glt. 4s) auf Position 54°23,5′N 13°54,6′E oder die Tonne

Der Greifswalder Bodden

Blick auf die Peene bei Wolgast

L/1 (Blk. 10s) auf Position 54°20'N 13°49,8'E etwa 2 sm östlich der Landzunge Nordperd. Einlaufend wird 218° gesteuert. Zwischen den Tonnen L/1 und L/2 sowie dem Land südlich Nordperd liegt ein Fischereischutzgebiet, eine Annäherung an das Ufer verbietet sich auch wegen mehrerer Steinriffe und zahlreicher großer einzelner Steine.

In der Bucht zwischen dem südlichen Rand des Schutzgebietes und dem bewaldeten Höhenrücken auf dem Südperd befindet sich ein guter Ankerplatz bei Winden aus den südlichen bis nördlichen Quadranten. Hier liegt in der Regel auch das zum Einklarieren anzulaufende Grenzkontrollboot unmittelbar in Ufernähe.

Am Ende der Baggerrinne bei den Tonnen 17 (Blk. gn. 8s) und 18 (Blk. (2)) wird der Kurs mit 315° zu den Rügischen Häfen mit 218° in Richtung Stralsund/Greifswald und mit 161,5° zur Peenemündung abgesetzt.

Neben den Hauptfahrwassern befindliche flachere Gebiete, die aber von Sportbooten überlaufen werden können, sind mit Kardinalseezeichen versehen.

Von Südosten kommend, werden die Peenemündung und der Greifswalder Bodden über das Osttief angelaufen. Man halte sich mindestens 2 sm von der bewaldeten Ostküste Usedoms ab und bleibt dabei frei vom Flachwasser und dem Sperrgebiet vor dem Peenemünder Haken mit über Wasser sichtbaren Wracks von Kriegsschiffen. Der Leuchtturm Greifswalder Oie (Blz. 3,8s) und die Ansteuerungstonne Osttief (Blk. 10s) auf 54°13,2'N 13°58,6'E läßt man N-lich liegen. Das betonnte und befeuerte Fahrwasser beginnt mit Tonne 0/2 (Glt. 4s) auf Position 54°12,1'N 13°52,2'E.

Der Greifswalder Bodden

Boote mit Tiefgang bis zu 2 m können sich nach Passieren der Tonnen 9 (Blz. gn. 4s) und 12 (Blk. (2) r. 16s) bis unmittelbar vor die Insel Ruden außerhalb des Fahrwassers (6 m Tiefe) halten.
Bei Nachtfahrt nach Richt- und Sektorenfeuer Ruden (Ubr. w/r/gn. 6s 7/4 sm) und ab Tonne 22 (Blk. (2)) nach dem Sektorenfeuer des Leuchtturms Peenemünde richten! Auf der Insel Ruden befindet sich ein Grenzkontrollpunkt. In der Regel geht man an die Außenseite der Mole an eine Stahlspundwand. Bei starkem östlichen Wind sollte der Hafen jedoch durch die sehr schmale Einfahrt von Süden her angelaufen werden. Er bietet bei allen Windrichtungen Schutz.
Der Grenzkontrollpunkt auf dem Ruden kann auch von Norden über die Barre zur Greifswalder Oie erreicht werden.
Die geringsten Wassertiefen liegen bei 2 m. Zu beachten ist dabei das Oier Riff mit Wassertiefen von weniger als 1 m und Steinen. Es verläuft von der Oie etwa 2 sm in südwestlicher Richtung und ist nicht gekennzeichnet. Bei der Nordansteuerung orientiere man sich an der Oie Hafentonne (Glt. 4s) auf Position 54°15,5′N 13°51,5′E und am Tonnenpaar 12/13 der Osttiefrinne.
Das Gebiet der Peenemündung zwischen Ruden, Nordspitze vom Usedom und dem Freesendorfer Haken ist ein schwieriger Gewässerabschnitt. Durch die ausgedehnten Flachwassergebiete führen schmale Baggerrinnen (von NE die Tonnenbankrinne, von NNW die Knaakrückenrinne), die sich beim Tonnenpaar 13 und 13 A im Peenestrom vereinen. Wer von der Insel Ruden kommend nach Greifswald oder Stralsund will, nimmt zuerst das Fahrwasser über das „Loch" und steuert den Beginn des Zwangsweges, die Tonne 36 (Blk. (2) r.) auf Position 54°12,4′N 13°42,8′E an.
Die Fahrwasser sind für die Nachtfahrt mit Leuchtfeuern, Leuchttonnen und Richtfeuern gut gekennzeichnet. Um bei der Vielzahl der Feuer Verwechslungen auszuschließen, sollte vorher die Seekarte sorgfältig studiert werden.
Das weiträumige Gebiet mit flachen Küsten bietet wenig Windschutz, geschützte Ankerplätze gibt es nur bei der Insel Ruden.
Es ist mit stetigem auslaufendem Strom zu rechnen. Reger Schiffs- und Sportbootverkehr erfordern Aufmerksamkeit. Besonders zu beachten sind größere ein- und auslaufende Kriegsschiffe, die oftmals mit erheblicher Geschwindigkeit fahren.
Bei ungünstigen Windrichtungen sollte der Gewässerabschnitt unter Motor durchfahren werden. Orientierungspunkte sind der ehemalige Leuchtturm Freesendorfer Haken, 2 Türme jeweils westlich und östlich der Knaakrückenrinne, die Feuer für den nahen Flugplatz tragen und der Leuchtturm Peenemünde (Ubr. w/r/gn. 6s 9/6/5 sm) südlich Ruden auf 54°11,2′N 13°46,6′E.

Stahlbrode

54°14,1′N   13°17,5′E

Karten:
SHD 1511
DHI   142

Lage und Umgebung

Der kleine Ort Stahlbrode liegt 8 sm südöstlich Stralsund, bevor sich der Strelasund trichterförmig zum Greifswalder Bodden erweitert. Der Hafen ist als Fischerei- und Schutzhafen allen Fahrensleuten ein Begriff, denn häufig wird hier abgewartet, wenn stürmische Winde den Greifswalder Bodden gefährlich werden lassen.

Für den Ort spielte seit jeher die Fischerei in den reichen Fanggründen bis zum Palmer Ort eine dominierende Rolle. Auch heute noch bestimmen die gut gepflegten kleinen Kutter von 8–10 m Länge das Hafenbild.

Jahrhundertelang war Stahlbrode Fährort zur Insel Rügen auf der Route Greifswald – Garz. Noch heute heißt der Stahlbrode gegenüberliegende Ortsteil Glewitzer Fähre. Bei nördlichen Windrichtungen kann dort auch geankert werden.

Ansteuerung und Liegeplätze

Der Hafen liegt querab der Tonne 46 des Hauptfahrwassers nach Stralsund und ist bereits von weitem an Molen und Masten zu erkennen. Kommt man aus Richtung Stralsund, sollte von dieser Tonne in den betonnten Zufahrtsweg zum Hafen eingefahren werden, da westlich davon eine Sandbank verläuft. Auf der Ostseite ist es bis vor den Hafen tief.

Die Hafenanlage besteht aus 2 Becken. Zumeist wird das geräumige, 4 m tiefe neue Becken angelaufen, auf das die Tonnenreihe zuführt. Angelegt wird je nach Windrichtung an der Ost- oder Westseite. Bei Starkwind aus östlichen Richtungen steht erheblicher Schwell in das Becken. Daher wird häufig versucht, sich in den alten Fischerhafen zu drängen, dessen sehr schmale Einfahrt unmittelbar westlich der neuen liegt, aber nicht betonnt ist. Die östliche Hafenseite ist den Fischern vorbehalten. Wenige, zumeist belegte Liegeplätze stehen an der gegenüberliegenden Seite zur Verfügung, wo in der Regel mit ausgebrachtem Heckanker festgemacht wird.

Versorgungsmöglichkeiten

Wasser und Strom auf der Mittelpier zwischen beiden Hafenbecken. Die Fischer verfügen über eine stabile Slipanlage. Unmittelbar am Hafen befindet sich eine Gaststätte, in der Nähe eine öffentliche Toilette. Für die Lebensmittelversorgung gibt es eine gute Verkaufsstelle, wenige Schritte die Dorfstraße hinauf.

Stahlbrode

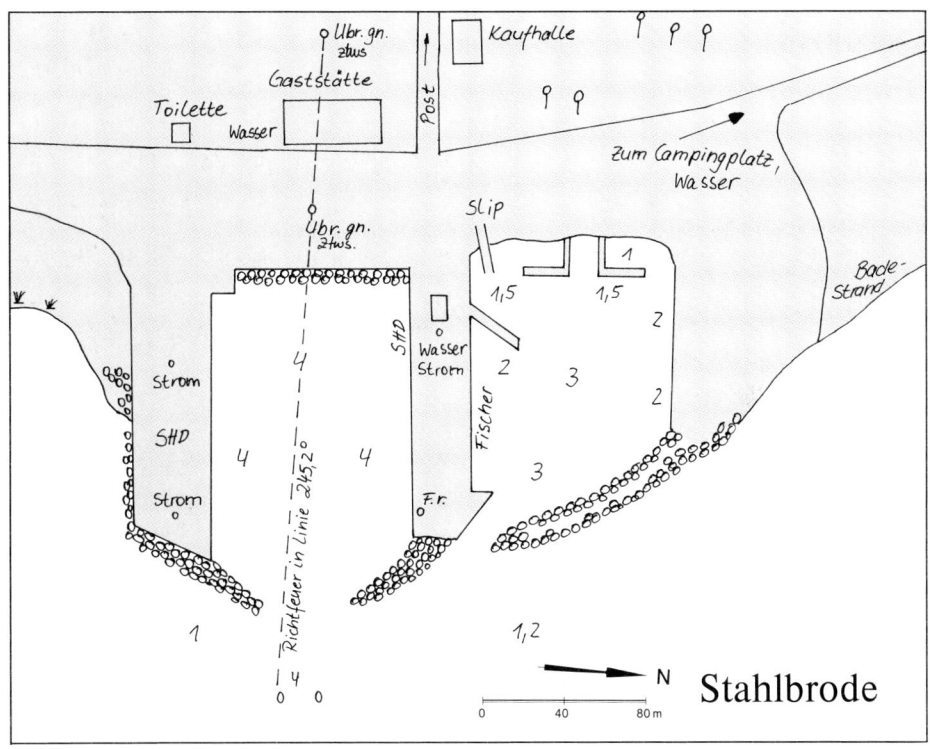

Weitere Versorgungseinrichtungen befinden sich in dem ausgedehnten Erholungsgebiet, das sich hinter dem Dorf entlang des Strelasunds erstreckt.

Sehenswürdigkciten und Ausflugtips
Das parkähnliche Gebiet lädt auch zu einem ausgedehnten Spaziergang ein. Am Strelasund bestehen Bademöglichkeiten.

Puddemin

54°16,7′N 13°20,2′E

Karten:
SHD 1511
DHI 142

Lage und Umgebung

Der Hafen befindet sich am nördlichen Ende der Nebengewässer des Strelasunds, der Glewitzer und Puddeminer Wiek. Obwohl in landschaftlich schöner Umgebung gelegen, wird er relativ selten von fremden Booten angelaufen. Dabei kann in diesen Gewässern in Ruhe und Sicherheit eine Schlechtwetterperiode abgewartet werden.

Die Landschaft ist geprägt von malerisch gelegenen Gehöften und kleinen Orten, Schilfgürtel säumen die Ufer, der Fremdenverkehr ist gering, ebenso die Berufsschiffahrt.

Ansteuerung und Liegeplätz

Die betonnte Einfahrt zur Glewitzer Wiek liegt nordwärts der Tonnen 48 und 50 des Hauptfahrwassers. Zu beachten ist der dem Glewitzer Ort vorgelagerte flache Vogelhaken mit großen Steinen unter Wasser. Nördlich des nun beginnden Nebenfahrwassers befinden sich geschützte Ankerplätze. Bei Tannenort schwenkt das Fahrwasser nach Norden, an Steilufern ist außerhalb des Fahrwassers mit Steinen zu rechnen. Der Hafen besteht aus einem Bollwerk für die Berufsschiffahrt, das von Sportbooten benutzt werden kann. Weiterhin steht ein Steg der örtlichen Wassersportsektion zur Verfügung. Fahrwasser und Hafen sind für Schiffe bis 2 m Tiefgang eingerichtet.

Versorgung

Der abgelegene Ort bietet nur wenig Versorgungsmöglichkeiten.
Während der Getreideernte stört ein wenig der Lärm der naheliegenden Getreidetrocknungsanlage.
Jedoch bieten sich vom geschützten Liegeplatz aus interessante Wander- und Radtouren zur Kleinstadt Garz und zur Halbinsel Zudar an.

Sehenswürdigkeiten

In Groß Schoritz (2 km) wurde 1769 Ernst-Moritz Arndt geboren, der als Dichter und Patriot gegen die Leibeigenschaft in Pommern wirkte und in der Zeit Napoleons ein Mitkämpfer des Freiherrn vom Stein war. Das Geburtshaus ist restauriert, ein Gedenkzimmer ist zu besichtigen.

Empfehlenswert ist auch ein Besuch im 4 km entfernten Garz, der ältesten Stadt Rügens (Gründungsurkunde 1319). Damals regierte von hier aus der Rügenfürst, ein mächtiger Burgwall ist noch heute erhal-

Wieck / Greifswald

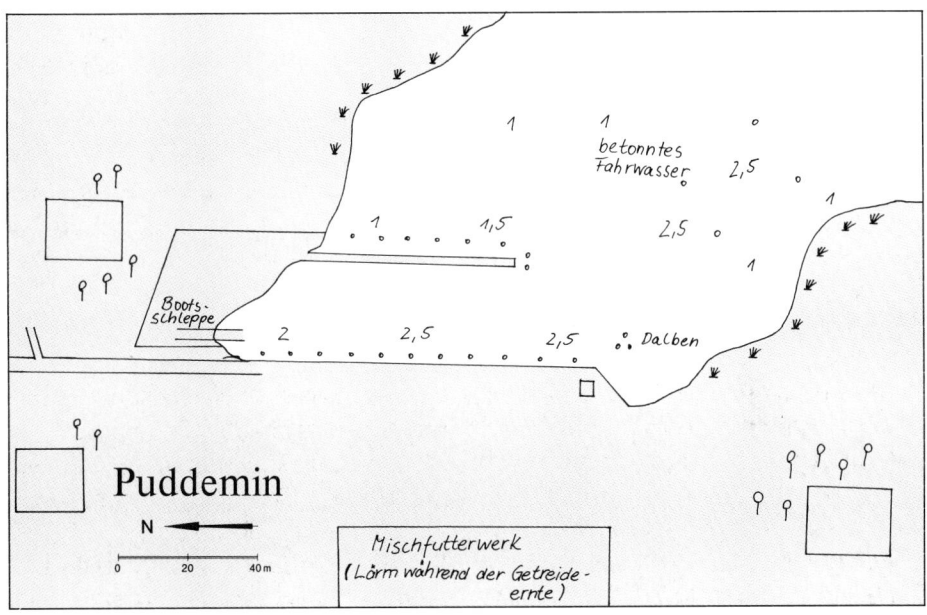

ten. Sehenswert sind die Stadtkirche aus dem 14. Jahrhundert, das Ernst-Moritz-Arndt-Museum sowie das Stadtbild, das die mittelalterliche Struktur nicht ganz verloren hat. Die Stadt ist mehrmals täglich mit dem Bus zu erreichen.

Wieck/Greifswald

54°05,8′N 13°27,5′E

Karten:
SHD 1511
DHI 142

Lage und Umgebung

Die Stadt Greifswald liegt 5 km von der Küste des Greifswalder Boddens entfernt am kleinen Fluß Ryck. Dieser ist von seiner Mündung im Ortsteil Wieck bis zur Stadt schiffbar und bildet den Greifswalder Hafen.

Die Stadt liegt auf einem niedrigen Hügel, ihre Bauten sind in der flachen Grundmoränenlandschaft weithin sichtbar. Die Gründung geht auf das ehemalige Zisterzienser-Kloster Hilda (später Eldena) zurück. 1250 erfolgte die Trennung vom Kloster sowie die Verleihung des Stadtrechts.

Der Greifswalder Bodden

Die Zugbrücke über den Ryck in Wieck/Greifswald, li. Yachtanleger

Die Stadt entwickelte sich zum Handels- und Gewerbezentrum für ein großes Umland und war bis ins 17. Jahrhundert als Hansestadt am Fernhandel beteiligt. Nachhaltig bis in die Gegenwart wirkte die 1456 erfolgte Universitätsgründung durch den Bürgermeister Rubenow. Erst gegen Ende des 18. Jahrhunderts setzte ein wirtschaftlicher Aufschwung ein, an dem Schiffbau und Schiffahrt bedeutenden Anteil hatten. In der Blütezeit waren hier 44 Seeschiffe beheimatet.

Am 30. April 1945 erfolgte die kampflose Übergabe der Stadt an die sowjetischen Truppen, wodurch Kampfhandlungen verhindert und wertvolle historische Baudenkmäler erhalten wurden.

Heute verfügt die Stadt neben der Universität über bedeutende Industriebetriebe. Das Stadtzentrum wird seit Jahren rekonstruiert, doch trotz sichtbarer Fortschritte besteht noch ein großer Nachholbedarf bei der Restaurierung historischer Bausubstanz.

Ansteuerung und Liegeplätze

Aus Norden oder Osten kommend wird

Wieck / Greifswald

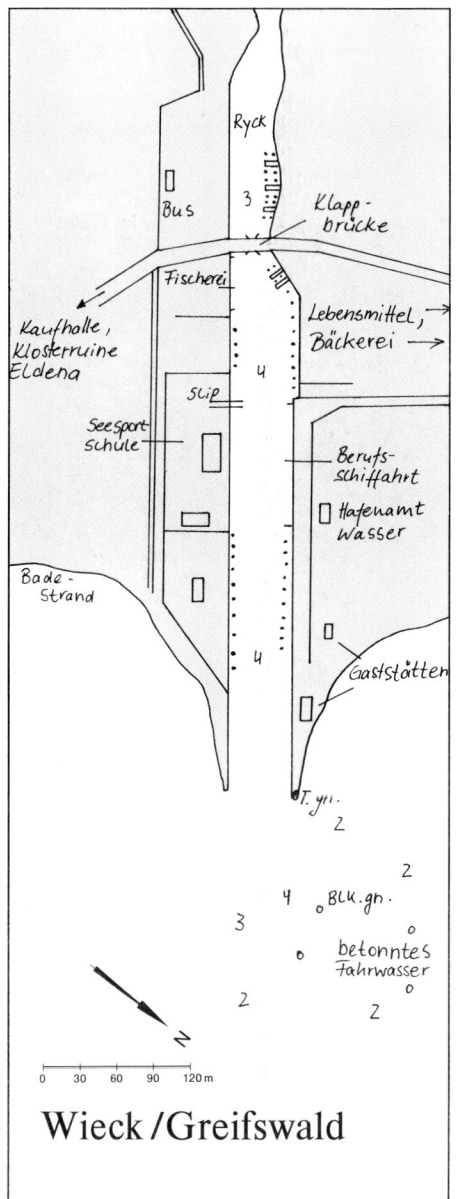

Wieck / Greifswald

die Tonne KW 2 (Glt. 4s) auf Position 54°09,8′N 13°30,2′E angesteuert, die Kirchtürme der Stadt sind dabei eine gute Orientierungshilfe. Mit rw. 208° wird über die Tonne KW 3 das Tonnenpaar 1/2 (BLz. (2) r.) vor der Hafenzufahrt erreicht. Dabei darf man nicht in das steuerbord abzweigende Fahrwasser zum Militärhafen geraten.

Die Hafenzufahrt ist durch das Richtfeuer Eldena befeuert. Kurz vor dem Molenkopf erfolgt eine mit einer grünen Blinktonne gekennzeichnete Richtungsänderung um fast 90° (Vorsicht bei Gegenverkehr, beiderseitig flach!).

Auf dem nördlichen Molenkopf der gut ausgebauten Ryckmündung steht ein grünes Blinkfeuer.

Der Hafen Wieck ist durchschnittlich 60 m breit und 2,5–3 m tief, er wird durch die alte Zugbrücke nach Westen hin begrenzt. Angelegt wird von auswärtigen Sportbooten in der Regel in zeitweilig freien Boxen der Sportgemeinschaften auf beiden Uferseiten (grüne Schilder beachten). An freien Kaiflächen sind die Stammplätze der Fahrgastschiffahrt und Fischerei zu beachten.

Das nördlich anschließende Dorf Wieck ist eine alte slawische Fischersiedlung. Der gesamte Ort mit seinen schönen Fischer- und Kapitänshäusern steht heute unter Denkmalschutz.

In Wieck ist das größte Segelschulschiff der DDR, die Schonerbrigg „Wilhelm Pieck", seit 1954 beheimatet. Von der Ge-

Der Greifswalder Bodden

sellschaft für Sport und Technik wurde sie bisher vorwiegend zur Ausbildung von Seeoffizieren eingesetzt.

Selten setzen auswärtige Sportboote die Fahrt durch die Zugbrücke (bei Bedarf stündliche Öffnung) zum Stadthafen fort. Liegemöglichkeiten bestehen dort an der dem Zentrum zugewandten Pier, an der allerdings eine Fernverkehrsstraße unmittelbar vorbeiführt.

Versorgungsmöglichkeiten

In Wieck gibt es nur bescheidene Versorgungsmöglichkeiten. Strom, Wasser und Toiletten sind nur auf der Südseite bei den dort angesiedelten Sportgemeinschaften vorhanden. Die Marineschule verfügt über eine große Slipanlage, die Fischer besitzen eine Tankstelle, Hilmar Radtke betreibt in der Straße der Freundschaft eine Segelmacherei. Es bestehen nur bescheidene Verkaufsstellen für die Lebensmittelversorgung, im benachbarten Eldena ist das Angebot umfangreicher.

Zu empfehlen ist die Gaststätte „Utkiek" am Molenkopf für einen Schnellimbiß. An der Südseite der Dänischen Wiek liegt der Badestrand der Greifswalder mit Versorgungseinrichtungen.

Von Wieck erreicht man mit dem Bus das Greifswalder Zentrum in wenigen Minuten.

Im Stadthafen hat eine Bootswerft (Betriebsteil der Volkswerft Stralsund) ihren Sitz. Tankstellen und Propangasversorgung sind 2–3 km entfernt. Zur Hauptgeschäftsstraße sind es nur wenige Minuten.

Sehenswürdigkeiten

Im Stadtzentrum befinden sich über 100 Bauwerke von besonderem historischen Wert, daneben Denkmale und wissenschaftliche Sammlungen, deren Besuch man sich nicht entgehen lassen sollte.

Drei große Kirchen bestimmen das Stadtbild. Der Greifswalder Dom St. Nikolai (aus dem Jahre 1280) wurde in letzter Zeit aufwendig restauriert, eine Ausstellung gibt darüber Auskunft. In der Domstraße befindet sich das spätbarocke Universitätshauptgebäude von 1747/50 mit einem prächtigen Prunksaal. Hier werden auch der Croy-Teppich, eine flämische Arbeit aus dem Jahre 1555 und andere mittelalterliche Kunstschätze aufbewahrt.

Sehenswert sind weiterhin zahlreiche mittelalterliche Kaufmannshäuser und Speicher sowie Universitätsbauten in barockem und klassizistischem Stil. Gedenktafeln weisen auf Persönlichkeiten der Stadt- und Universitätsgeschichte hin, wie Arndt, Billroth, Löns, Loeffler und Sauerbruch. Im Museum besteht eine gesonderte Abteilung mit Werken von Caspar David Friedrich.

In der Nähe des Wiecker Hafens ist die Ruine des Klosters Eldena sehenswert. Der Erhalt der Anlage geht auf den persönlichen Einsatz von Caspar David Friedrich zurück.

Lauterbach

54°20,5′N   13°20,3′E

Karten:
SHD 1511
DHI   142

Lage und Umgebung

Lauterbach liegt an der südrügenschen Boddenküste und gehört zur 2 km landeinwärts gelegenen Kleinstadt Putbus (5500 Einwohner). Es verfügt über den größten Hafen des Gebietes, der auch von Seeschiffen angelaufen werden kann. Die reizvolle Umgebung mit der buchtenreichen Küste, flachen Stränden und Steilküsten, bewaldeten Hügeln und die vorgelagerte Insel Vilm zieht auch Wassersportler an, die im geräumigen Hafen immer Platz finden.

Die gesamte Umgebung gehört zum Landschaftsschutzgebiet Ostrügen, es finden sich hier zahlreiche Zeugnisse der Naturgeschichte.

Die Stadt Putbus war ab 1325 Sitz der Rügenfürsten. Unter Einbeziehung fürstlicher Bauwerke wurde Putbus ab 1810 planmäßig als deutsches Seebad angelegt. So entstand ein auf Rügen einmaliges architektonisches Ensemble, das hervorragend in die Landschaft integriert ist.

Lauterbach wurde erst 1820 mit der Errichtung des sogenannten Fürstenbades „Goor" gegründet. Heute ist der Ort durch seinen Fischereihafen mit Fischverarbeitung, Hafenumschlag, Bootswerft und in zunehmendem Umfang durch den Fremdenverkehr geprägt.

Er ist über die Eisenbahn und Straße mit Bergen, Stralsund und den Ostseebädern Ostrügens verbunden.

Ansteuerung und Liegeplätze

Der Hafen ist über die Westansteuerung aus Richtung Stralsund/Greifswald und die Ostansteuerung (Ostseezugänge, Peenemündung) über gut betonnte und befeuerte sowie tiefe Fahrwasser zu erreichen. Südlich der Insel Vilm bei der Leuchttonne Reddevitz (Glt. 4s) verbinden sich die beiden Fahrwasser.

Von Stralsund kommend, wird von der Leuchttonne 2 der Palmer Ort-Rinne mit Kurs 010,5° die Leuchttonne 1 (Blz. 4s) 1,5 sm westlich Vilm erreicht.

Anschließend läuft man mit Kurs 026° bis Leuchttonne 9 (Blk. gn.) und dann mit 076,1° in die Hafenzufahrt.

Achtung: In der Nähe der Tonne 9 (Position 54°19,7′N   13°29,7′E) darf das Fahrwasser in östlicher Richtung auch von kleineren Fahrzeugen nicht verlassen werden. Bis hierher erstreckt sich das fast 1 sm breite Steinriff vor der Insel Vilm.

Die Ostzufahrt beginnt bei der Leuchttonne Reddevitz (Glt.4s) gut 1 sm südöstlich Vilm. Von dort steuert man mit Kurs 006° durch das Reedegebiet und westlich eines kleinen Sperrgebietes (gelbe Ton-

Der Greifswalder Bodden

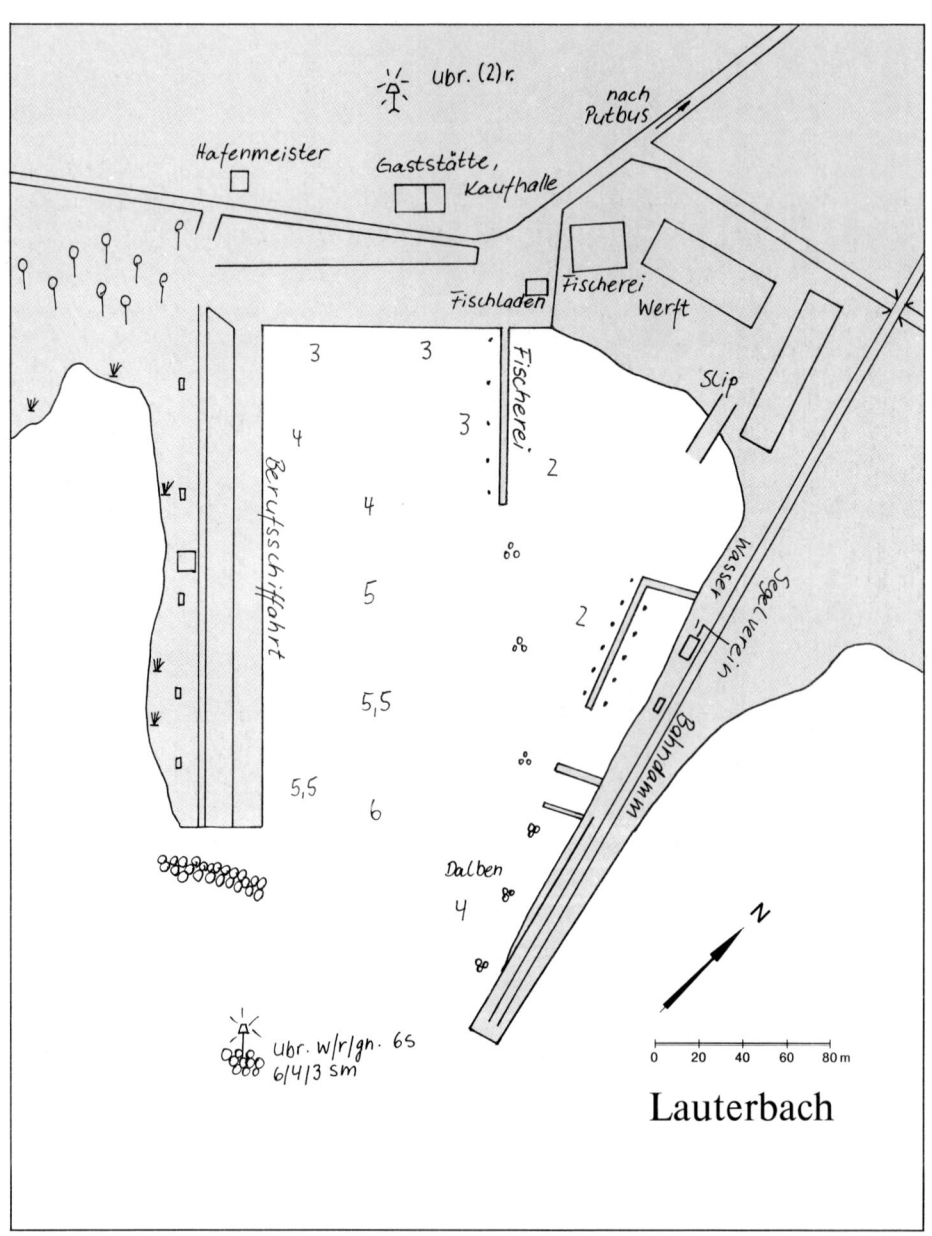

Yachthafen Lauterbach

nen) um eine Plattform zur Leuchttonne 2 (Blz.(2)r.) 1 sm nordöstlich Vilm. Unter Beachtung der Flachwasserzone um Vilm führt das Fahrwasser zur rot-weißen Leuchttonne Lauterbach (Glt.) auf Position 54°20,1′N 13°31,1′E und von dort mit Kurs 314° zur betonnten Hafenzufahrt.

In das große Hafenbecken kann unter Segel eingelaufen werden. Nach dem Bahndamm, an dem nicht angelegt werden kann, liegt an Steuerbord eine kleine Steganlage der örtlichen Wassersportgemeinschaft. Wenn Plätze frei sind, kann hier festgemacht werden. Meistens legen fremde Boote an der 110 m langen Querpier an der Straße mit ausgebrachtem Heckanker an.

Auch am Fischersteg und an der 230 m langen SW-Pier ist kurzzeitig das Anlegen unter Beachtung der Berufsschiffahrt möglich.
Achtung: In den Hafen steht bei Süd- bis Westwinden erheblicher Schwell, auch durch ein- oder auslaufende Fahrzeuge. Daher Boote gut an der Stahlspundwand abfendern oder, wenn möglich, mit Bug zur Pier und mit Heckanker festmachen.

Versorgungsmöglichkeiten

Toiletten, Wasser und Strom am SW-Kai und bei der Sportgemeinschaft. Für die Lebensmittelversorgung gibt es in Hafennähe eine Verkaufsstelle, einen Bäcker, Fleischer sowie den Fischladen der Genossenschaft. Mehrere gute Gaststätten sind in der Nähe. Auf der Bootswerft im rechten Hafenviertel können Reparaturen ausgeführt werden, eine stabile Slipbahn ist vorhanden.
Es besteht Bahn- und Busverbindung nach Putbus. Beiderseits des Hafens bestehen Bademöglichkeiten.

Sehenswürdigkeiten und Ausflugtips

Die reizvolle Umgebung lädt zu Spaziergängen entlang der Boddenküste ein. In östlicher Richtung kann das 1820 errichtete fürstliche Badehaus „Goor" (mit Gaststätte) und das anschließende Waldgebiet besucht werden. Am nördlichen Ortsausgang befindet sich ein sehr gut erhaltenes steinzeitliches Großsteingrab (Dolmen), auf dem Weg zur Goor das bronzezeitliche Hügelgrab „Semkors".
Im benachbarten Putbus ist der planmäßig angelegte Stadtkern mit Theater, Rundplatz, Markt, Obelisk und Wohnhäusern (erbaut 1815–1860) sehenswert. Im 75 ha großen Park, der nach Plänen von Wilhelm von Humboldt im englischen Stil angelegt wurde, finden sich viele gehölzkundliche Seltenheiten (u. a. Mammutbäume).
Eingebettet in den Park sind Orangerie und der Marstall der ehemaligen fürstlichen Residenz, die heute als Gaststätten oder für Ausstellungen genutzt werden.
Von Lauterbach 2 km entfernt liegt Vilmnitz, ein altes Bauerndorf mit einer Kirche aus dem 13. Jahrhundert. Hier wurden die Mitglieder der rügischen Fürstenfamilie bestattet, im Sommer finden den Abendkonzerte statt.
Die gegenüber Lauterbach liegende Insel Vilm war jahrzehntelang als „Regierungsinsel" für die Öffentlichkeit gesperrt. Die einzigartige Flora und Fauna soll auch künftig vom Massentourismus verschont werden. Ein Betreten wird nur im Rahmen von Führungen möglich sein. Das Eiland wurde durch Sturmfluten stark verändert, ehemalige Inselteile sind heute gefährliche Untiefen.

Seedorf

54°21,1′N 13°39,3′E

Karten:
SHD 1511
DHI 142

Lage und Umgebung

Seedorf liegt am nördlichen Abschnitt der Having, der größten der tief ins Land einschneidenden Buchten im Norden des Greifswalder Boddens. Die Landschaft beleben Hügelkuppen und Höhenzüge, Buchten, Schilfzonen und Steilküsten. Im Süden trennt die Having eine 5 km lange und 300 m breite Halbinsel von über 30 m Höhe von der benachbarten Bucht Hagensche Wiek.

Seedorf liegt an der Westseite eines 4 km² großen Endmoränenhügels förmlich eingeklemmt zwischen steilen Hügeln und der Zufahrt zum Neuensiener See.

Die waldreiche Umgebung und die geschützte Lage, verbunden mit beträchtlichen Wassertiefen, förderten in Seedorf den Segelschiffbau auf mehreren Werften. Nach dem Rückgang des Schiffbaus um die Jahrhundertwende nutzen heute die Wassersportler diese Bedingungen für ein paar ruhige Liegetage und zum Erschließen der schönen Landschaft.

Ansteuerung und Liegeplätze

Für die Einfahrt zur Having gilt das Reddevitzer Höft mit seiner 30 m hohen Steilküste als Ansteuerungshilfe (Position 54°19′N 13°36,7′E). Die Wassertiefen sind bis zum Beginn der Fahrwassertonnen für Sportboote ausreichend, Stellnetze an der Einfahrt sind zu beachten. Weitere Orientierungshilfen sind die Tonne Reddevitz (Glt.4s, auf 54°18,6′N 13°34,2′E) sowie die Plattform der Entmagnetisierungsstation. Ab Tonne 4 wird das Fahrwasser nach Baabe verlassen und mit fast nördlichem Kurs auf den Einschnitt in der Moränenlandschaft zugehalten. Die schmale Zufahrt ist mit einer grünen Tonne auf Position 54°20,95′N 13°39,1′E gekennzeichnet.

Nach einer Biegung erweitert sich das Gewässer auf etwa 60 m Breite und 4 m Tiefe. Beiderseits bis zur 1 km entfernten Holzbrücke befinden sich Steganlagen verschiedener Sportvereine oder in privatem Eigentum.

In jedem Fall sollte das Anlegen abgesprochen werden. Das gemeindeeigene Bollwerk am rechten Ufer kurz vor der Brücke ist meistens belegt.

Versorgungsmöglichkeiten

Wasser und Toiletten bei den Anlegestegen sowie am Bollwerk. Eine Slipanlage befindet sich an der Westseite des Stroms. Die Verkaufsstelle für Lebensmittel und eine Gaststätte liegen am nördlichen Ortsrand in der Nähe der Brücke.

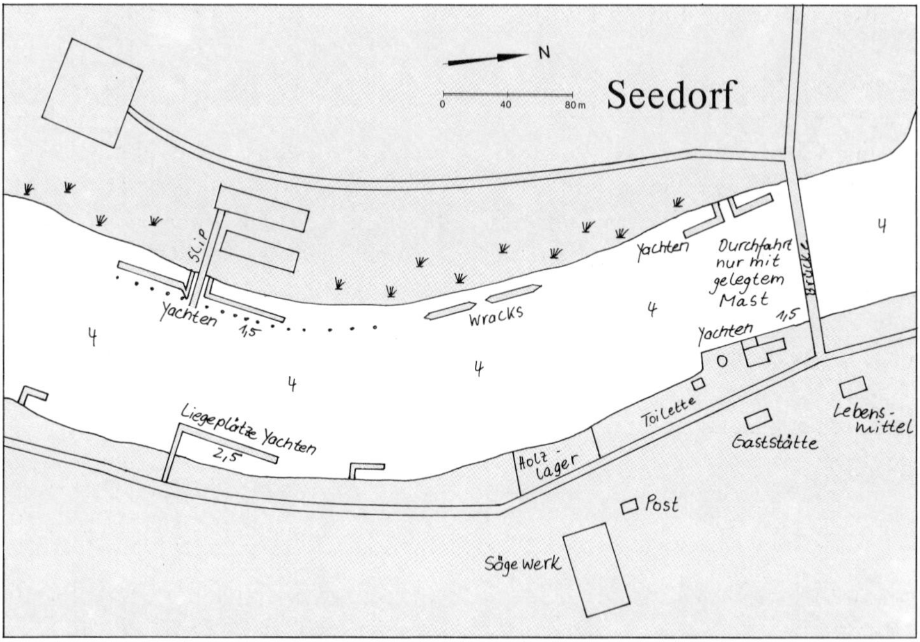

Der Greifswalder Bodden

Der Naturhafen Seedorf auf Rügen

Sehenswürdigkeiten und Ausflugtips

Seedorf ist Ausgangspunkt für schöne Wanderrouten. In östlicher Richtung entlang des Ufers oder über die Berge erreicht man nach etwa 3 km die Ausflugsgaststätte Moritzdorf. Sie erhebt sich 37 m über die Having und gestattet einen schönen Blick auf das Mönchgut und die Ostsee.
In nördlicher Richtung liegt, 3 km entfernt, das Dorf Lancken-Granitz am Fuß des bewaldeten Bergrückens Granitz. Es ist eines der schönsten Waldgebiete Rügens mit dem vielbesuchten Jagdschloß des Rügenfürsten. Der im spätklassizistischen Stil nach Plänen von Steinmeyer und Schinkel errichtete Bau beherbergt ein Museum mit Einrichtungsgegenständen aus der Fürstenzeit.
Vom 38 m hohen Turm ist ganz Südrügen bis zum Festland zu überblicken.

Baabe

54°21,2'N   13°41,3'E

Karten:
SHD 1511
DHI   142

Lage und Umgebung

Der Anleger Baabe liegt am östlichen Ende der Having in der schmalen Zufahrt zum Selliner See. Gegenüber erhebt sich der Endmoränenzug Moritzdorf. Die östliche Seite in Richtung Baabe ist niedriges Wiesenland, das im Verlauf der Jahrtausende aus der Abtragung der Inselkerne entstand. In geringer Entfernung liegt der alte Ortskern, der bereits im 13. Jahrhundert erwähnt wurde. Baabe gehört bereits zum Mönchgut, das den südlichen Zipfel Rügens umfaßt. Das Gebiet wurde bereits 1252 vom Rügenfürsten an das Kloster Eldena verkauft, die Fischer und Bauern wurden Leibeigene des Klosters. Unter dem Einfluß des Zisterzienser-Ordens entstanden eigenständige Traditionen der Bekleidung und des Brauchtums, die sich in der Abgeschiedenheit dieses Winkels sehr lange hielten.

Ansteuerung und Liegeplätze

Man halte sich etwa an die Fahrwassertonnen in der Having, ein Richtfeuer am Bollwerk erleichtert die Nachtansteuerung. Am östlichen Ende führt eine sehr schmale Baggerrinne (beiderseits sehr flach) zum wieder tiefen Verbindungsarm in den Selliner See. Dieser See ist nicht betonnt und daher nur von kleinen Booten oder Ortskundigen zu befahren. Am östlich gelegenen Bollwerk muß man meist im Päckchen liegen, man kann jedoch auch auf der anderen Seite an der Wiese festmachen.

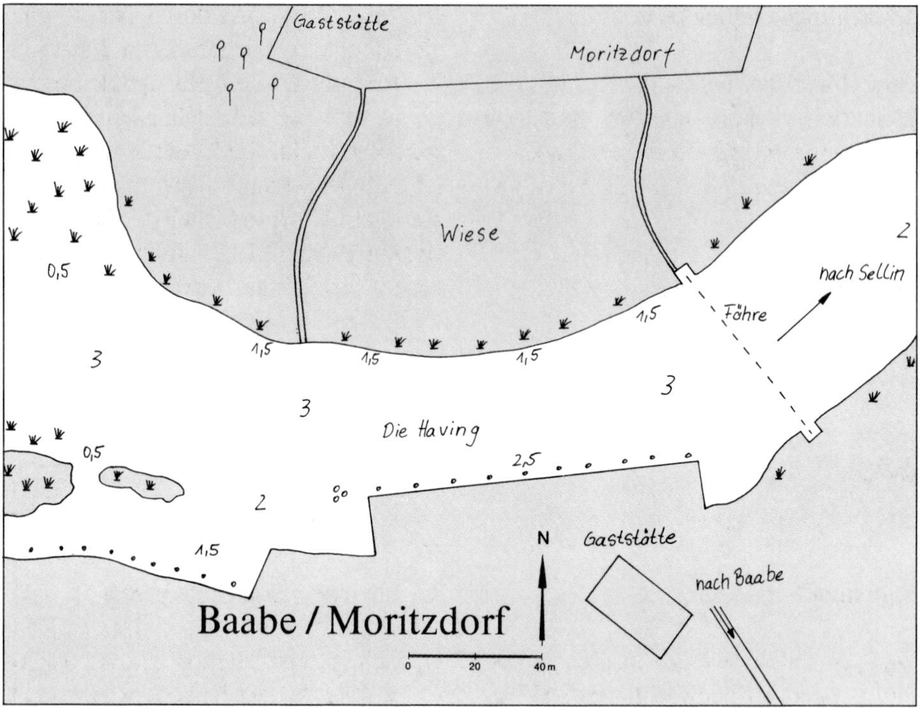

Der Greifswalder Bodden

Baabe / Moritzdorf

Blick von der Moritzburg bei Baabe nach SW über die Having

Versorgungsmöglichkeiten

Am Bollwerk befindet sich eine Gaststätte, in der man sich auch mit Wasser versorgen kann. Zu Einkäufen muß der Ort aufgesucht werden, der sich bis zur Ostsee erstreckt.

Sehenswürdigkeiten und Ausflugtips

Die Ausflugsgaststätte auf dem gegenüberliegenden Moritzdorfer Berg ist über die Fähre zu erreichen. Etwa 2 km vom Hafen entfernt ist ein Haltepunkt der unter Denkmalschutz stehenden Schmalspurbahn Putbus–Göhren. Es ist ein Erlebnis, mit diesem historischen Gefährt die interessantesten Punkte Südrügens kennenzulernen. Die Fahrt zwischen den Endstationen dauert etwa 1 Stunde.

Gager

54°18,8'N   13°41,1'E

Karten:
SHD 1511
DHI   142

Lage und Umgebung

Gager ist der einzige gut ausgebaute Hafen auf dem Mönchgut. Er liegt am Ostufer der Hagenschen Wiek, am Fuß des Großen Zickers. Die gut 1 sm breite Bucht wird im Norden von der Halbinsel Reddevitz begrenzt. Die beiderseitigen Höhenzüge stellen Endmoränereste dar, die eingeschlossene Wiek wurde von einer Gletscherzunge ausgeschürft.
Mit sanften Hügelkuppen, eingeschnittenen Tälern und Steilküstenabschnitten bietet sich heute eine einmalige Landschaft. Große Teile sind offene Graslandschaften, die man abseits der Wege überqueren kann. An der Having liegen die ältesten Orte des Mönchgutes: Alt Reddevitz, Middelhagen und Gager.

Ansteuerung und Liegeplätze

Die Wassertiefen der Wiek sind ausreichend, die 2-m-Tiefenlinie verläuft erst kurz vor dem Hafen. Lediglich die Nordseite vor Reddevitz und Middelhagen ist flach und für Kielboote nicht erreichbar. Boote mit einem Tiefgang bis zu 2 m orientieren sich an den Landzungen Reddevitzer Höft und Zickersches Höft. Erst im Inneren der Bucht beim Fahrwasserknick (Tonnen 12/13) läuft man mit genau E-lichem Kurs auf den Hafen zu (Richtfeuer in Linie 090,1°, Ob-F. und U-F. je Ubr.r.ztws.). Tiefer gehende Boote müssen das Fahrwasser ab Tonne 1/2 nutzen, das 1/2 sm W-lich des Zickerschen Höft beginnt. Auf der S-lichen Hafenmole steht ein grünes Festfeuer.

Der Greifswalder Bodden

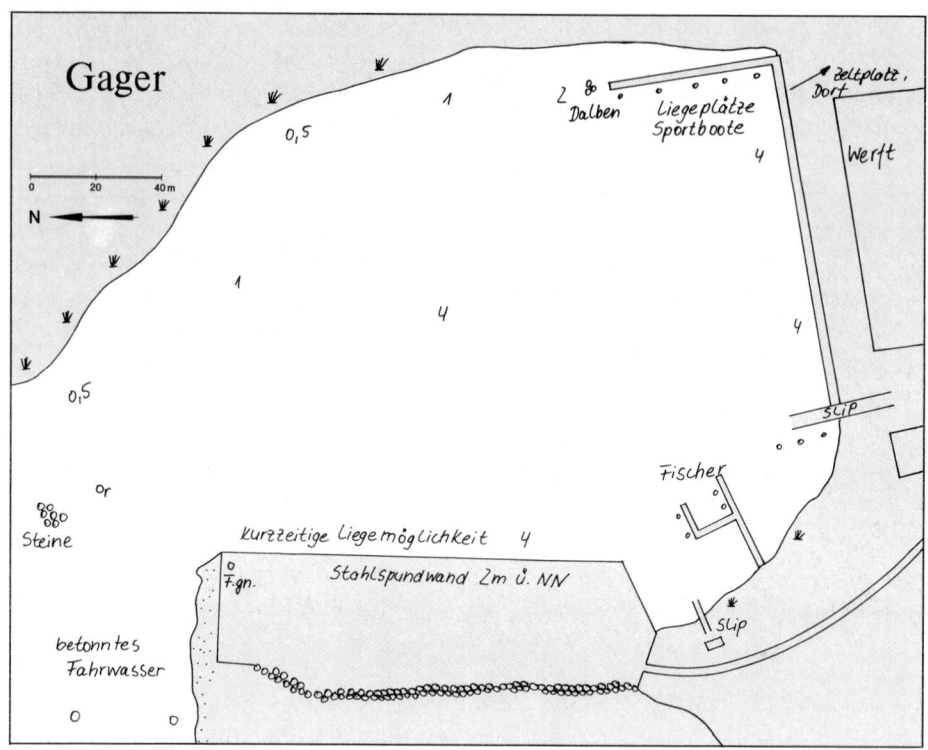

Achtung: Bei der Einfahrt nicht zu dicht an die Mole heranfahren, davor ragt ein etwa 5 m breiter Sandkegel in das Fahrwasser. Unmittelbar nach Passieren der Mole ist 90° nach Süd in das Hafenbecken abzudrehen.

Im geräumigen Hafen ist leider für Sportboote nur ein kurzer Steg an der Ostseite vorgesehen. Bei Belegung oder starken westlichen Winden sollte bei den Fischern oder an der hohen Stahlspundwand auf der Westseite angelegt werden (Absprache erforderlich).

Versorgungsmöglichkeiten

Wasser und Strom an der Westpier. Toiletten auf der Ostseite am Zeltplatz. Die Reparaturwerft für Fischkutter verfügt über eine große Slipanlage und leistet evtl. notwendige Reparaturhilfe.

Im Ort befinden sich eine Lebensmittelverkaufsstelle und eine Gaststätte.

Sehenswürdigkeiten und Ausflugtips

Vom sicheren Hafen aus sind ausgedehnte

Gager

Das romantische Mönchgut mit dem Hafen Gager

Wanderungen auf den Höhen des Großen Zicker oder entlang der Küste möglich. Charakteristische Pflanzen auf dem Mönchgut sind wärmeliebende Arten wie Echter Ehrenpreis, Blutroter Storchschnabel oder Küchenschelle.

Über den Zicker, am 66 m hohen Bakenberg vorbei, gelangt man zum Ort Groß Zicker. Dieses 800 Jahre alte Dorf besitzt eine kleine Backsteinkirche und ein ehrwürdiges Pfarrwitwenhaus. In den gut erhaltenen Anwesen zeigt sich noch der ursprüngliche Charakter des Bauern- und Fischerdorfes.

Der etwas weitere Weg zum 5 km entfernten Ostseebad Göhren sollte nicht gescheut werden. Mehrere Museen bieten einen interessanten Einblick in das Mönchguter Brauchtum. Auch zum Fischer- und Lotsenwesen, der Schiffahrt sowie der landwirtschaftlichen Produktion vergangener Jahrhunderte sind Gebäude und Geräte zu sehen, sogar ein an Land liegendes Schiff ist zu besichtigen. Von Göhren aus in östlicher Richtung kann man um das Nordperd wandern. Am Ortsausgang liegt 200 m weit in der Ostsee der größte Findling der DDR-Küste. Er ragt 1,50 m über den Wasserspiegel, ist 40 m lang und soll 1600 t wiegen.

Thiessow

54°16,9′N 13°42,6′E

Karten:
SHD 1511
DHI 142

Lage und Umgebung

Das bekannte Feriendorf liegt auf der Westseite des Südperds (Lotsenberg 38 m), dem südlichsten Zipfel Rügens. Über eine flache Nehrung ist er mit dem Hügel Klein Zicker und dem gleichnamigen Ortsteil verbunden. In Thiessow endet auch die Bäderstraße, an der sich Zeltplätze und Ferienheime hinter dem Küstenschutzwald dicht aneinanderreihen.

Südwärts führt das als Landtief bezeichnete Fahrwasser vom Greifswalder Bodden zur Ostsee. Für Sportboote ist Thiessow aus westlicher Richtung über die Kaming und den Zicker See zu erreichen. Vom ursprünglichen Mönchguter Fischerdorf, das älter als 600 Jahre ist, sind nur noch spärliche Reste vorhanden. Der Fischfang stellt aber nach wie vor die wichtigste Erwerbsquelle dar. Seit 1830 besteht in Thiessow eine Lotsenstation.

Hafen mit Yachtanleger in Thiessow

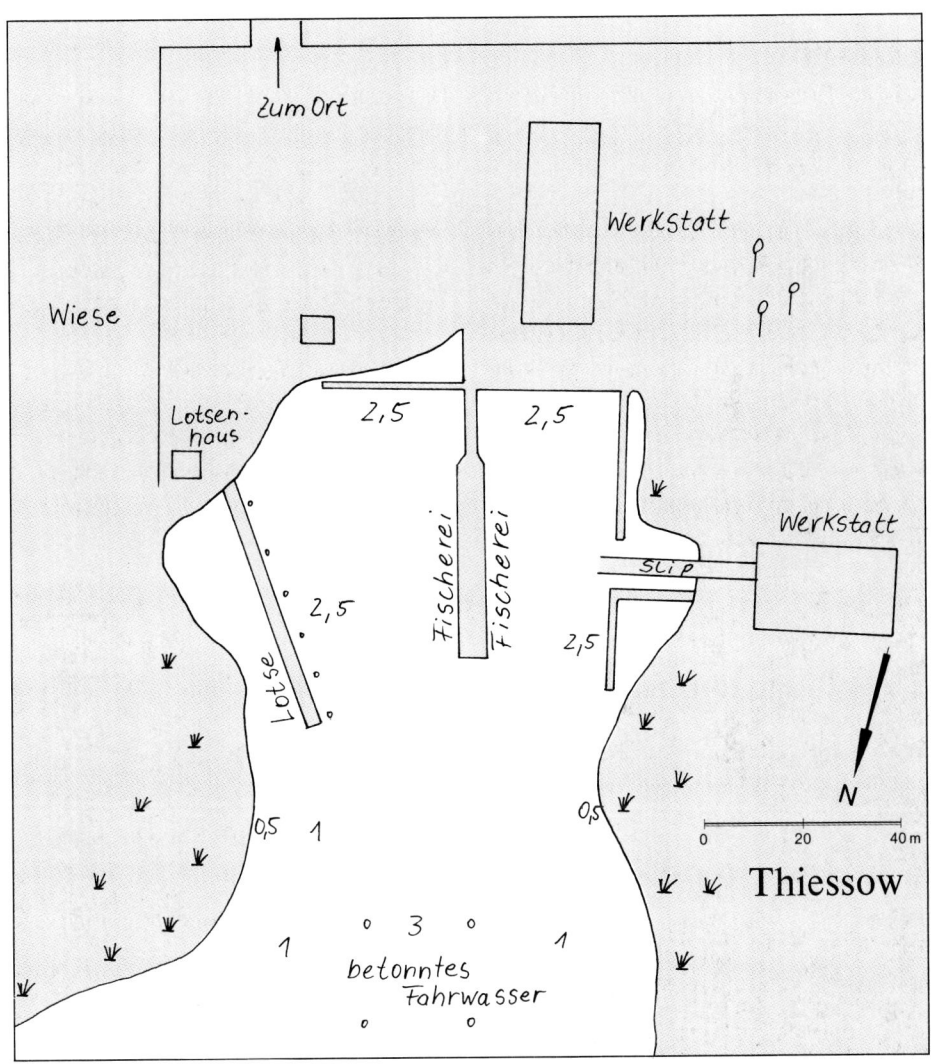

Ansteuerung und Liegeplätze

Im Gegensatz zu den nördlich gelegenen Buchten sind die Thiessower Gewässer recht flach, man richte sich daher nach dem betonnten Fahrwasser. Es beginnt mit der unterhalb des Zickerschen Höftes liegenden r. w. Tonne (Glt.8s).

Das weiße Richtfeuer in Linie 084,6° (Blk.) wird häufig von den Fahrzeugen auf der Bäderstraße überstrahlt. Im Zickerschen See erfolgt ein Fahrwasserknick nach Südost, die Strecke zum Lotsen- und Fischerhafen ist weiter betonnt. Leider sind im kürzlich rekonstruierten Hafen Sportboote nicht sehr gern gesehen. Gegenwärtig nutzen Wassersportler vor allem den geschützten Ankerplatz steuerbord hinter einer dicht an das Fahrwasser heranreichenden Landzunge am Eingang zum Zicker See.
Festgemacht werden kann auch an freistehenden Dalben (Beiboot erforderlich).
Das nördliche Ufer zum Ort Groß Zicker ist nur von Schwertbooten zu erreichen.

Versorgungsmöglichkeiten
Wasser, Strom und Toiletten sind nur im Fischereihafen vorhanden, ebenfalls eine Slipanlage für kleinere Kutter.
Lebensmittelverkaufsstellen und Gaststätten befinden sich im 500 m entfernten Ort.

Sehenswürdigkeiten und Ausflugtips

Trotz der bescheidenen Liegemöglichkeiten wird Thiessow gern aufgesucht.
Es bieten sich schöne Wanderungen auf dem Kleinen Zicker oder zum Südperd an. Vom Lotsenberg genießt man einen schönen Blick zur Insel Ruden und auf die Peenemündung.
In den letzten Jahren hat sich der Thiessower Südstrand zum Eldorado der Surfer entwickelt.
Rings um Thiessow gibt es bei jeder Windrichtung geschützte Badestellen.

An der Kaming: Liegeplätze am Kleinen Zicker, Blick auf den Großen Zicker

Freest

54°08,3′N 13°43,9′E

Karten:
SHD 1511,1512
DHI 142

Lage um Umgebung

Freest liegt an der Festlandsseite der Peenemündung, wo sich der Fluß zur Spandowerhagener Wiek erweitert. Im Ort befindet sich ein bedeutender Fischereihafen mit guten Liegemöglichkeiten. Im geschützten Hafen suchen Wassersportler Zuflucht, wenn stürmische Tage den Greifswalder Bodden ungemütlich machen.

Freest liegt 10 km nördlich Wolgast und hat sich zu einem beliebten Fremdenverkehrsort entwickelt.

Ansteuerung und Liegeplätze

Zum Hafen führt ein kurzes Nebenfahrwasser des Peenestromes ab Tonnen 30/31 (unbefeuert). Für die Nachtfahrt besteht ein Richtfeuer in Linie 241,7°, Ob-F. und U-F. je Ubr.

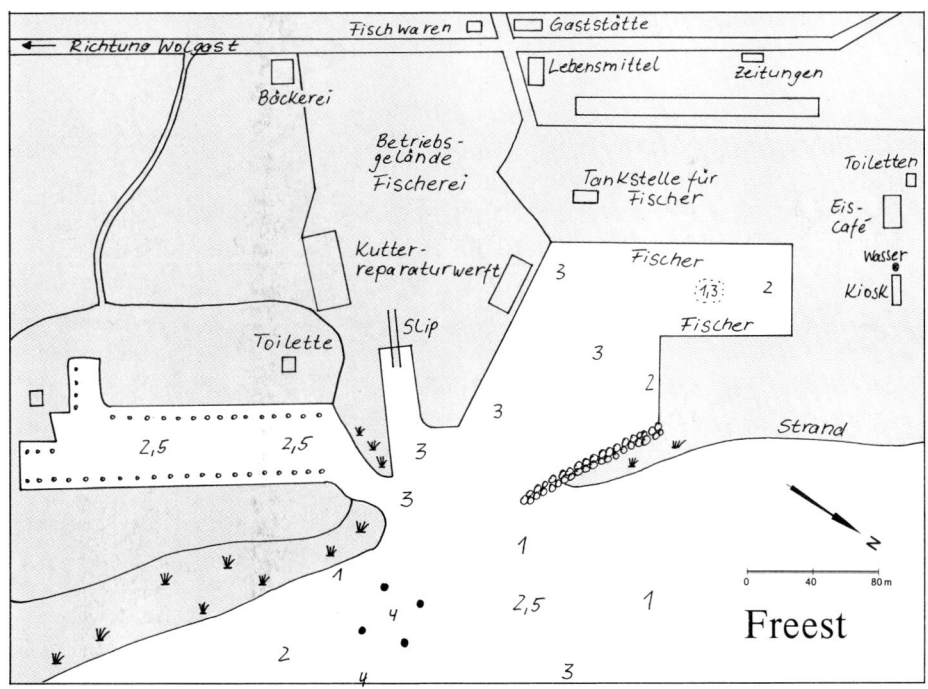

Der Greifswalder Bodden

Vorsicht: Am Fahrwasserabzweig ist es beiderseitig flach, danach darf die Tonnenreihe bis kurz vor den Hafen nur nach Norden verlassen werden. Die Fahrrinne ist 2,5 m tief. In der Hafeneinfahrt führt backbord ein Stichkanal durch das Schilf zu einem neuen, großen Hafenbecken für Boote bis 1,50 m Tiefgang. Festmachepfähle erleichtern das Anlegen.

Dank der traditionell guten Nachbarschaft mit den Fischern können Sportboote auch weiterhin im Fischereihafen (2 m Wassertiefe) vor allem an der Steuerbordseite anlegen, u. U. auch längsseits an einem Kutter festmachen (mit dem Schiffsführer absprechen).

Versorgungsmöglichkeiten

Strom, Wasser, Toilette am Hafenbecken. Die Fischereigenossenschaft betreibt eine Dieseltankstelle und eine Werft mit Slipanlage für 17-m-Kutter.

Gute Versorgungsmöglichkeiten bestehen in Hafennähe für Lebensmittel, weiterhin gibt es gegenüber dem Hafen eine Gaststätte und ein Kino. Direkt am Hafen befindet sich ein Eiscafé.

Der Fischereihafen in Freest

Wolgast

54°03,3′N   13°47′E

Karten:
SHD 1511, 1512
DHI   142

Lage und Umgebung

Die Kleinstadt Wolgast (17 000 Einwohner) liegt am Westufer des Peenestromes, den hier eine wichtige Straßenbrücke zur Insel Usedom überquert. Die Stadt wird damit zum wichtigsten Eingangstor zu dieser Bäderinsel mit entsprechendem Durchgangsverkehr.
Der Ort wurde bereits in der Regierungszeit Heinrich I. (um 934) erwähnt, die günstige geographische Lage am Peenestrom führte schon zur Slawenzeit zu einer Handels- und Zollstelle. Im Mittelalter war Wolgast Sitz der pommerschen Herzöge, die hier eine Burg und im 13. Jahrhundert ein Schloß errichteten.
Im 17./18. Jahrhundert geriet die Stadt mehrmals in die kriegerischen Auseinandersetzungen der europäischen Staaten, wurde belagert, besetzt und brannte 1722 vollständig nieder.
Seit der 2. Hälfte des 18. Jahrhunderts gewannen Schiffahrt, Schiffbau und Hafenumschlag an Bedeutung. Im Jahr 1865 waren hier 65 Segelschiffe beheimatet, alljährlich liefen von den Werften 14 Seeschiffe vom Stapel. Den aufstrebenden Seehäfen Stettin und Swinemünde konnte im Konkurrenzkampf jedoch nicht standgehalten werden, daher orientierte sich die Wirtschaft auf andere Zweige (Mühlen, Holzverarbeitung, Eisengießerei, Metallverarbeitung, Zementherstellung). Heute ist die Peenewerft mit mehreren tausend Beschäftigten der strukturbestimmende Betrieb in der Stadt.

Ansteuerung und Liegeplätze

Der Peenestrom verläuft von der Mündung bis Wolgast in Windungen durch niedriges Wiesenland. Das Fahrwasser ist gut betonnt und befeuert und somit von Sportfahrzeugen ohne größere Probleme zu durchfahren. Die in diesem Fahrwasserabschnitt gelegenen Häfen Peenemünde, Kröslin und Karlshagen dürfen von Sportbooten nicht angelaufen werden.
In Wolgast stehen für auswärtige Boote Liegemöglichkeiten im Yachthafen Dreilinden am Nordstrand der Stadt sowie im Stadthafen südlich der Brücke zur Verfügung.
Von Norden kommend, biegt man zum Yachthafen bei Tonnenpaar 70/71 nach steuerbord in eine schmale Zufahrt dicht am Schilfrand ab und erreicht nach kurzer Fahrt die Steganlage mit Wassertiefen bis 2 m. Auf dem Gelände der gastfreundlichen Sportgemeinschaft gibt es neben Strom und Wasser einen Waschraum mit Dusche. Etwa 300 m entfernt befindet sich ein Lebensmittelladen. Zum Zen-

Der Greifswalder Bodden

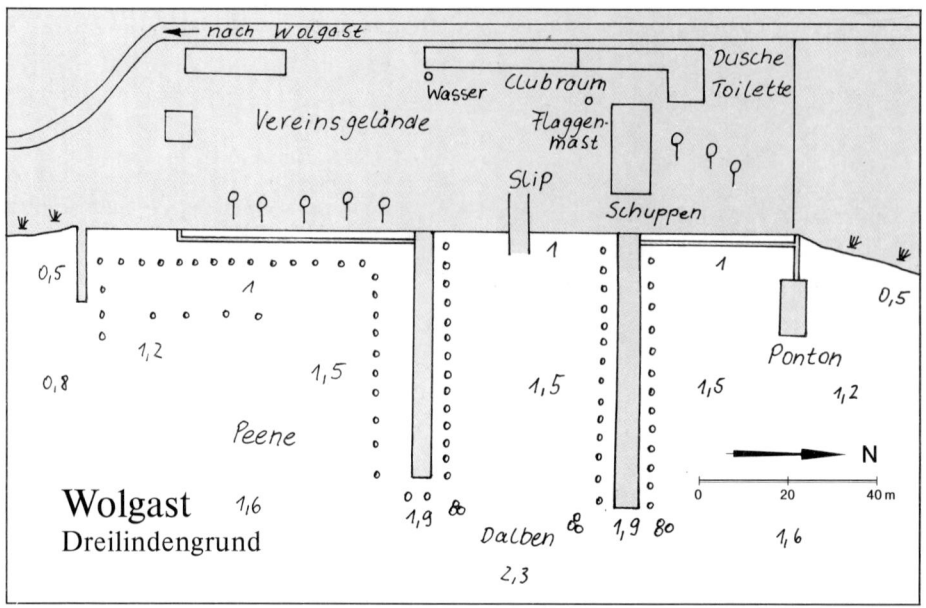

trum der Stadt führt ein 2 km langer Fußweg entlang der Peenebucht.

Wolgaster Stadthafen

Aus Richtung Nord ist zunächst die Brücke der Freundschaft zu passieren. In der Regel wird dreimal täglich gegen 08.00, 14.00 und 17.00 Uhr geöffnet. Die Breite der Hauptdurchfahrt zwischen den Leitdalben beträgt 15,8 m. Der Berufsschiffahrt, insbesondere den großen Marine- und Fahrgastschiffen, gebührt absoluter Vorrang.
Letztere drehen unmittelbar hinter der Brücke und legen an der Ostpier an.

Achtung: Zwischen dem Stadthafen und dem Brückenbereich auf der Usedomer Seite verkehrt eine Eisenbahnfähre, von der man sich freihalten muß.
Von Sportbooten bis 5 m Gesamthöhe kann auch die östliche Nebendurchfahrt benutzt werden.
Nach Passieren der Brücke gelangt man in das steuerbord gelegene geräumige Hafenbecken und macht an der Nordseite fest. Die Wassertiefe beträgt fast bis zum Ende 3,5–4 m. Der Hafen ist durch Umschlagstätigkeit und Straßenlärm etwas unruhig, dafür aber sehr nahe am Zentrum gelegen.

Wolgast

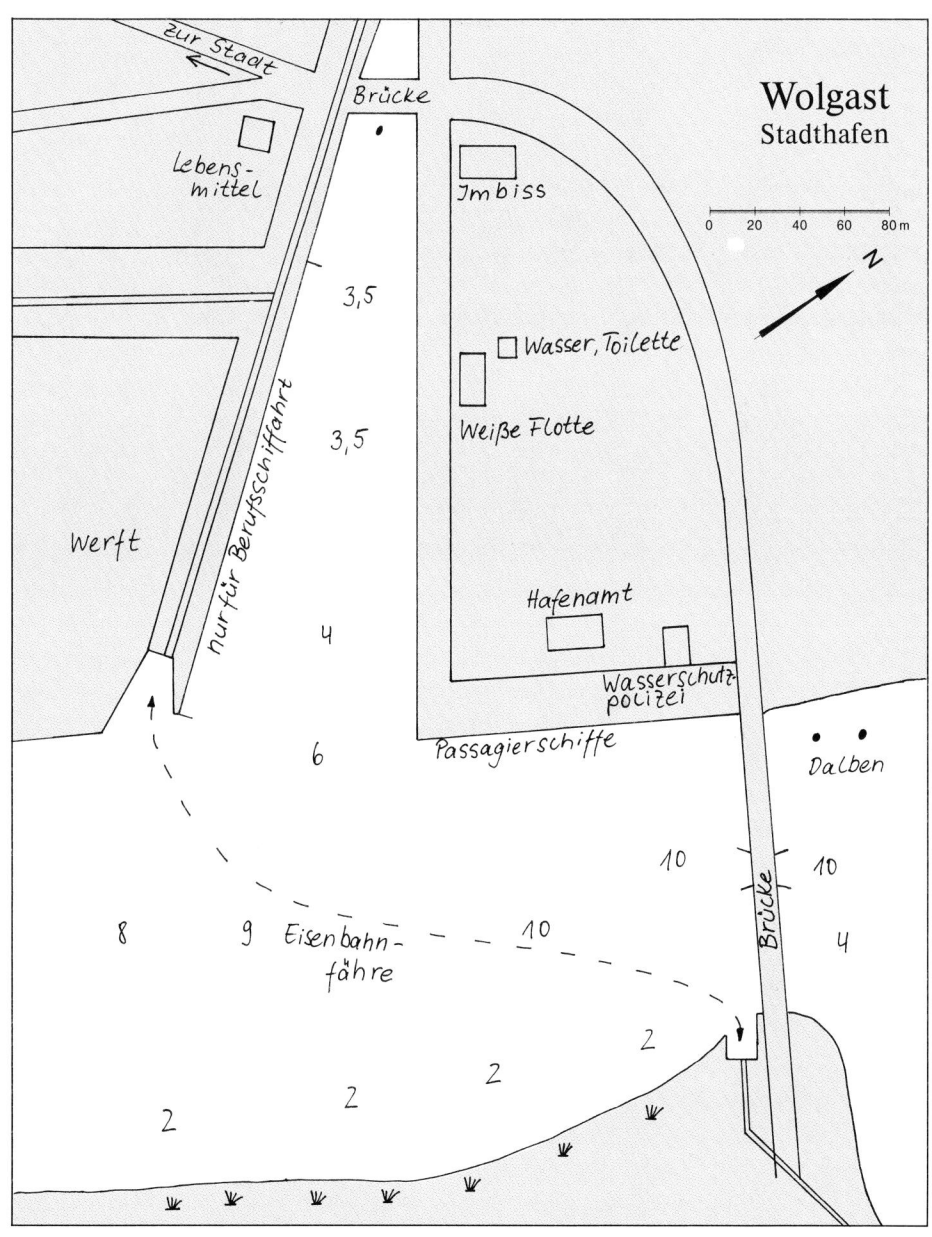

Der Greifswalder Bodden

Yachthafen Dreilindengrund / Wolgast
Versorgungsmöglichkeiten

Strom, Wasser und Toiletten an der Pier. Kurze Wege zu den Geschäften und Gaststätten des Zentrums, unmittelbar am Hafen gibt es einen Imbiß.
Nahe der gegenüberliegenden Pier sind die Abfahrtsstellen der Busse zu den Badeorten auf Usedom. Vom nahegelegenen Bahnhof Wolgast-Hafen fahren Züge in Richtung Greifswald/Berlin. Über die Brücke erreicht man den Bahnhof Wolgast-Fähre und die Züge nach Peenemünde und Heringsdorf/Ahlbeck.
Eine Tankstelle befindet sich 3 km entfernt am Nordrand der Stadt. Reparaturmöglichkeiten gibt es auf der Werft der Fischereigenossenschaft nördlich der Brücke.

Sehenswürdigkeiten und Ausflugtips

Das Stadtbild im Zentrum wird geprägt durch die niedrigen, kleinen Häuser der Industriearbeiter und die wenigen Geschäftsstraßen mit Bürgerhäusern.
Obwohl das äußere Bild wegen mangelnder Erhaltung viele Wünsche offenläßt, lohnt es sich, den Zeugnissen der wechselvollen Geschichte der Stadt nachzugehen.
In der Hafengegend steht noch der große Kornspeicher aus dem Jahr 1836 in beeindruckender Holzkonstruktion. Ebenfalls

Im Stadthafen Wolgast
am Hafen ist das Geburtshaus von Philipp Otto Runge, einem der bedeutendsten Maler des 19. Jahrhunderts, zu sehen. Wenige Schritte weiter gelangt man auf den Rathausplatz mit Rathaus, Heimatmuseum und Brunnen mit Bildtafeln aus der Geschichte der Stadt.
In der St.-Petri-Kirche (14. Jh.) stehen in der Herzogsgruft noch die Särge der Pommernherzöge. Vom Turm der Kirche hat man einen schönen Rundblick über Usedom, Achterwasser, Oie und Peenemündung.
Im Süden der Stadt befindet sich ein ausgedehntes Erholungsgebiet mit Gaststätten, Freilichtbühne und Tierpark.

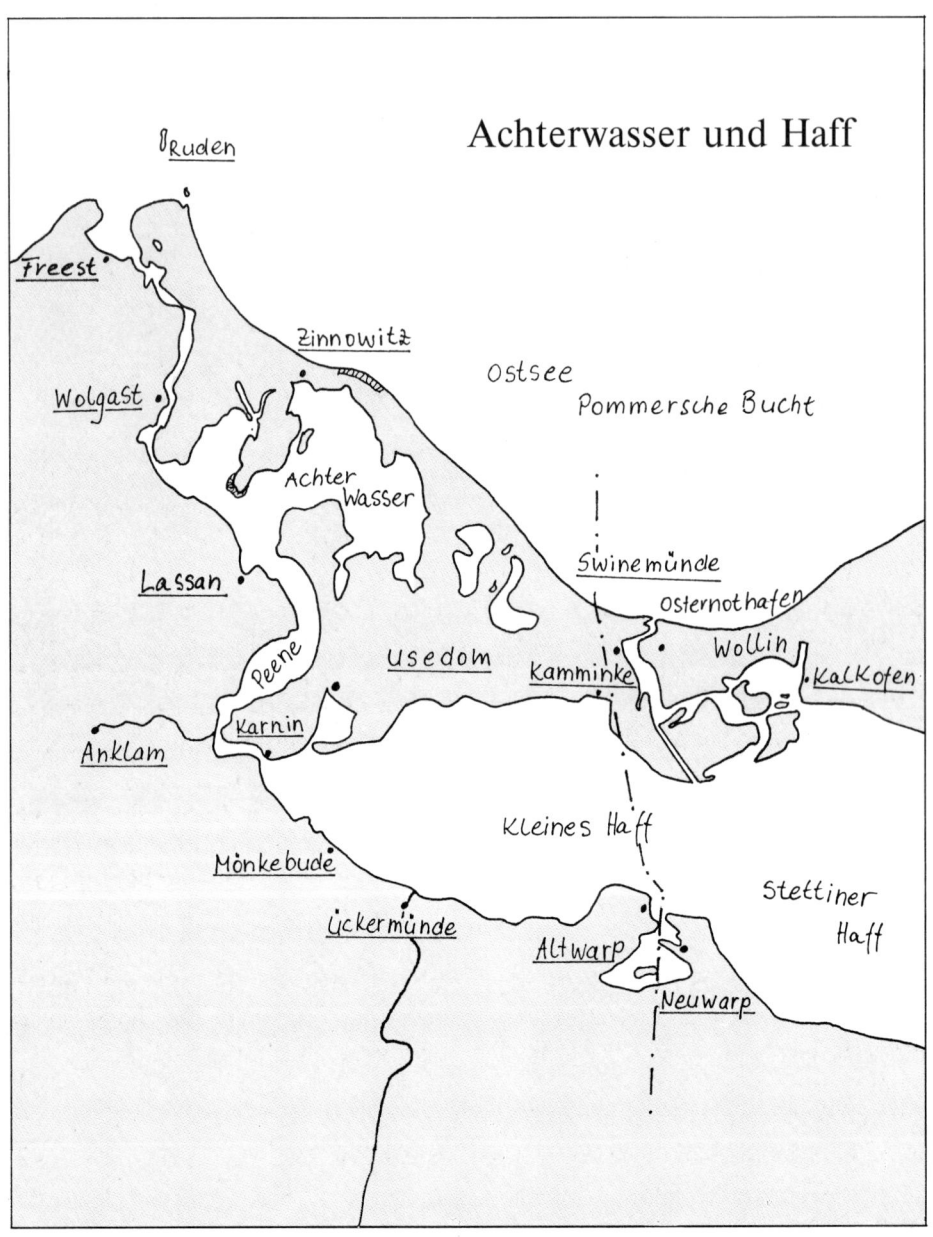

Achterwasser und Haff

Karten:
SHD 1512, 1513, 1514
DHI 55

Dieses östlichste Segelrevier der DDR liegt zwischen Usedom und der zum Festland gehörenden Boddenküste. Weite Wasserflächen, die an der schmalsten Stelle nur durch einen 350 m breiten Landstreifen von der Ostsee getrennt sind, werden durch den Peenestrom verbunden.

Die Insel Usedom reicht von der nordöstlichen Zufahrt des Greifswalder Boddens bis zur Mündung der Swine in das Meer. Usedom ist mit 445 km² knapp halb so groß wie Rügen. Nach dem Zweiten Weltkrieg kam der Ostteil der Insel ebenso wie das benachbarte Wolin an Polen.

Das gesamte Gebiet besitzt eine langgestreckte Außenküste, deren flache Ufer mit breiten Sandstränden nur an wenigen Abschnitten von Steilküste unterbrochen sind. Die verschilfte Boddenküste schneidet östlich von Wolgast tief in die Insel ein. Das Achterwasser trennt Usedom in einen Nordwest- und einen Südostteil.

Usedom ist nur an zwei Stellen mit dem Festland verbunden. In Wolgast und bei Zecherin überqueren jeweils Straßenbrücken den Peenestrom.

Etwa 80 % der gesamten Fläche der Insel sind Landschaftsschutzgebiete. In ihnen liegen flache, von Kiefern bestandene Dünenwälle, südlich Bansin mehrere große, verlandende Seen und ausgedehnte Heide- und Moorlandschaften.

Obwohl Usedom weder in Flora noch in Fauna die Vielfältigkeit Rügens erreicht, ist die Insel ein in den Sommermonaten stark frequentiertes Urlaubsgebiet.

Die Gebiete am Achterwasser und am Haff blieben dagegen ebenso wie die Festlandküste bisher vom Touristenrummel weitgehend verschont. In manchen Gegenden kann sich der Besucher des Gefühls nicht erwehren, dort sei vor einigen Jahrzehnten die Zeit stehengeblieben.

Die Insel wurde offensichtlich wesentlich später besiedelt als das benachbarte Rügen. Ausgrabungen zeugen davon, daß erst vor etwa 900 Jahren die Besiedelung durch die Slawen abgeschlossen war.

Das in der Nähe des für den Handel wichtigen Oderweges gelegene Usedom zog Kaufleute aus weiten Teilen Europas an. Die Insel wurde bereits 1128 christianisiert, vierzig Jahre vor dem Überfall der Dänen auf die von den Slawen erbittert verteidigte Festung Arkona auf Rügen. In den folgenden Jahrhunderten hatten die Mönche des Usedomer Klosters Pudagla großen Einfluß auf die Entwicklung der Insel. In dieser Zeit, in der Usedom durch den Fernhandel zu Wohlstand kam, entsteht auch die berühmte Vinetasage.

Achterwasser und Haff

Am Achterwasser

Die an der Außenküste gelegene Stadt Vineta soll der Sage zufolge besonders wohlhabend gewesen sein. Ihr Reichtum war so groß, daß ihre Tore aus Erz, die Kirchenglocken aus Silber und die Tischbestecke ihrer Bewohner aus Gold waren. Die Einwohner galten als habgierig und geizig. Unter ihnen herrschte Neid, Zwietracht und Streit.

Zur Strafe für den Hochmut, die Üppigkeit und die Ausschweifungen der Vineter soll die Stadt an einem stürmischen Osterwochenende vom Meer verschlungen worden sein. Alle hundert Jahre soll Vineta in seiner ganzen Pracht und Herrlichkeit am Ostermorgen aus den Fluten auftauchen – als warnendes Zeichen für die Lasterhaftigkeit und Üppigkeit seiner Bewohner. Ausgrabungen und Forschungen konnten bis jetzt jedoch noch keinen Aufschluß über den Wahrheitsgehalt der Sage geben.

Das Achterwasser erreicht man von Norden kommend von Wolgast aus.

Nach dem Passieren der Klappbrücke und der Werftanlagen wird bis zum Tonnenpaar 85/88 (54°01,7′N 13°45,6′E) gesegelt. Die in Richtung 206,6° führende Rinne ist durch das Richtfeuer Hohendorf N (Ob.-F. und U-F. je Ubr. (4)) bezeichnet. Die Fahrwassertonnen sind unbefeuert.

Bis zum Schwenk nach Südosten an der roten Toppzeichentonne 88 kann die Rin-

Achterwasser und Haff

ne zu beiden Seiten bis dicht unter Land verlassen werden. In diesem Gebiet muß mit einem bis zu drei Knoten starken, in Richtung Greifswalder Bodden setzenden Strom gerechnet werden. Er gleicht Pegelunterschiede zum Achterwasser aus. Der durch das Richtfeuer in Linie 160,7° Negenmark (Ob-F. und U-F. je Ubr.) bezeichnete nächste, sechs Kabellängen lange Abschnitt endet an einem erneuten Ostschwenk des Fahrwassers (Toppzeichentonne 90, 54°01,1′N 13°46,1′E).

In der Negenmarkrinne darf der Schifffahrtsweg im Bereich der Tonnen 92 bis 94 keinesfalls verlassen werden. Gleich außerhalb der Rinne ist es nur noch etwa einen Meter tief. Durch den auch hier zeitweise starken Strom haben sich ausgedehnte Schlammbänke gebildet, auch im Fahrwasser setzen sich ständig Schwebstoffe ab. In diesem Gebiet sind häufig Schwimmbagger im Einsatz.

In der Negenmarkrinne müssen nachts die Feuer der Richtfeuer in Linie 286,5° Hohendorf S (Ob-F. und U-F. je Ubr. (2) r.) achteraus immer genau in der Peilung sein.

Am Tonnenpaar 96/97 (54°00,8′N 13°47,6′E) beginnt die zwischen 2 und 3,5 m tiefe Krumminer Wiek. Voraus in Richtung 110° liegt die Südspitze der Halbinsel Gnitz. Der 32 m hohe Weiße Berg bietet bei Nordostwind Ankerliegern guten Schutz. Der Platz muß jedoch sehr vorsichtig angelaufen werden, denn vor der Küste liegen große Steine.

Östlich der Gnitz beginnt das Achterwasser. Zwischen der Halbinsel und dem Lieper Winkel gibt es eine nicht bezeichnete Untiefe, die bis auf 0,8 m unter der Wasseroberfläche ansteigende Hohe Schaar (53°59,8′N 13°53,2′E Ausdehnung 5 Kbl). Bei Tage ist sie durch die zahlreichen auf ihr ankernden Ruder- und Angelboote gut auszumachen. Die Untiefe kann beidseitig umfahren werden.

Südöstlich von ihr liegt die rote Toppzeichentonne 2 (53°59,5′N 13°53,5′E).

Das sich anschließende Achterwasser ist ein weitläufiges und buchtenreiches Segelgebiet. Wegen der zahlreichen steinigen Untiefen sollte es von Kielbooten nur mit Seekarte befahren werden. Die ausgelegten Untiefentonnen müssen unbedingt beachtet werden!

Am Achterwasser liegen die für Sportboote nutzbaren Häfen Zinnowitz und Stagnieß.

Die Bucht von Loddin kann ebenfalls angelaufen werden.

Wer nicht in das Achterwasser segeln will, passiert vom Weißen Berg kommend auf der Festlandseite den Hafen von Lassan.

Dieser Abschnitt ist durch das in Linie von 141° weisende Richtfeuer Rankwitz S (Ob-F. und U-F. je Ubr. (4)) bezeichnet. An der grünen Toppzeichentonne 3 (54°55,2′N 13°55,8′E) beginnt die in Richtung 228° führende Moderortrinne (Richtfeuer, Ob-F. und U-F. je Ubr. (3)). Da sie ihrem Namen alle Ehre macht,

Einfahrt vom Peenestrom in den Usedomer See

sollten Kielboote mit mehr als 1,5 m Tiefgang das Fahrwasser erst ab dem Tonnenpaar 19/36 verlassen. Wer auf die Öffnung der Zecheriner Brücke warten muß, kann auf der Festlandseite auf der Höhe des Pinnower Feuers unter Land auf 2 m Wassertiefe sicher ankern.

Nach Passieren der Brücke wird in bis dicht unter Land für Sportboote ausreichend tiefem Wasser bis zum Tonnenpaar 37/56 (53°51,3′N 13°49,0′E) gesegelt.

Auf der Steuerbordseite zweigt hier die schiffbare Peene zur vorpommerschen Kleinstadt Anklam ab.

Auf dem Weg in das Haff kommt die Ruine der ehemaligen Eisenbahnbrücke bei Karnin in Sicht (53°50,7′N 13°51,4′E). Hier ist größte Vorsicht angebracht! Das Fahrwasser darf im Brückenbereich keinesfalls verlassen werden.

Dicht unter der Wasseroberfläche befinden sich die gefährlichen Überreste der Spundwände zerstörter Brückenpfeiler. So manche Yacht, die nur leicht über den Tonnenstrich hinausgelaufen ist, hat sich dort schon schwere Schäden am Unterwasserschiff zugezogen.

Die Durchfahrt unter dem hochgefahrenen Mittelteil ist möglich. Es ist seit mehr als vierzig Jahren in großer Höhe festgeschweißt.

Im Gebiet der Brücke steht starker, nach Westen setzender Strom. Von einer nächtlichen Durchfahrt wird Ortsunkundigen ausdrücklich abgeraten!

Direkt E-lich neben der Brücke liegt auf Usedom der Karniner Zollhafen. Yachten, die in polnische Gewässer segeln wollen, können hier ausklarieren.

Auf dem Weg in das Haff führt die unbefeuerte Rinne an der kleinen Schilfinsel Bockkamp vorbei. Südlich der Insel zweigt am Tonnenpaar 80/61 nach N die Zufahrt zum Hafen der Stadt Usedom ab. Gegenüber der Insel Bockkamp ist es neben dem Fahrwasser nur 0,8 m tief. Bis zum Tonnenpaar 63/82 sollte das in Richtung 103° führende Fahrwasser nur wenige Meter verlassen werden. Ebenso wie bei der Negenmarkrinne verschlammt auch dieses Gebiet sehr stark.

Achteraus unterstützt das Richtfeuer Kamp in Linie 283° (Ob-F. und U-F. je Ubr. (3) 15s) nachts die Navigation in der engen Rinne.

An der rot/weißen Ansteuerungstonne A/P (53°49,5′N 13°57,7′E, Glt. 4s) beginnt das Haff.

Im Juli und August nehmen sowohl das Achterwasser als auch das Haff eine grünliche Färbung an. Die durch die Flüsse in diese Gewässer eingeleiteten Nährstoffe führen zu einer massenhaften Verbreitung von Algen. Das Baden ist bei solchen Bedingungen nicht besonders angenehm, soll aber unschädlich sein.

Lassan

53°57,2′N 13°51,5′E

Karten:
SHD 1513
DHI 55

Lage und Umgebung

Der kleine Ort liegt 9 sm von Wolgast entfernt auf der Festlandseite des Peenestroms. Er ist ein guter Ausgangspunkt für einen Törn in das nur drei Seemeilen nördlich davon beginnende Achterwasser. Aber auch Yachten, die vom Greifswalder Bodden auf dem Weg in das Haff sind, machen hier oft Station.

Im Ort selbst und auch in der näheren Umgebung gibt es nicht viel zu sehen. Lassan liegt abseits von den Touristenzentren und hat sich seinen vorpommerschen Kleinstadtcharakter bis in die heutige Zeit bewahrt.

Ansteuerung und Liegeplätze

Sowohl von Osten als auch von Westen kommend, muß die rot/weiße Ansteuerungstonne „Lassan" (53°57,8′N 13°52,4′E) genommen werden. Sie liegt auf 2 m Wassertiefe.

Auf einem Kurs von 182° werden das Tonnenpaar 1/2 und die direkt vor dem Hafen liegende Tonne 4 passiert. Die 2 m tiefe, unbefeuerte Rinne (auch an Land kein Feuer) darf nicht verlassen werden, da die ganze Bucht völlig verschlammt ist. Direkt neben dem Fahrwasser ist es nur noch wenig mehr als einen Meter tief.

Lassan besitzt einen kleinen Fischerhafen mit etwa 20 Liegeplätzen für Sportboote.

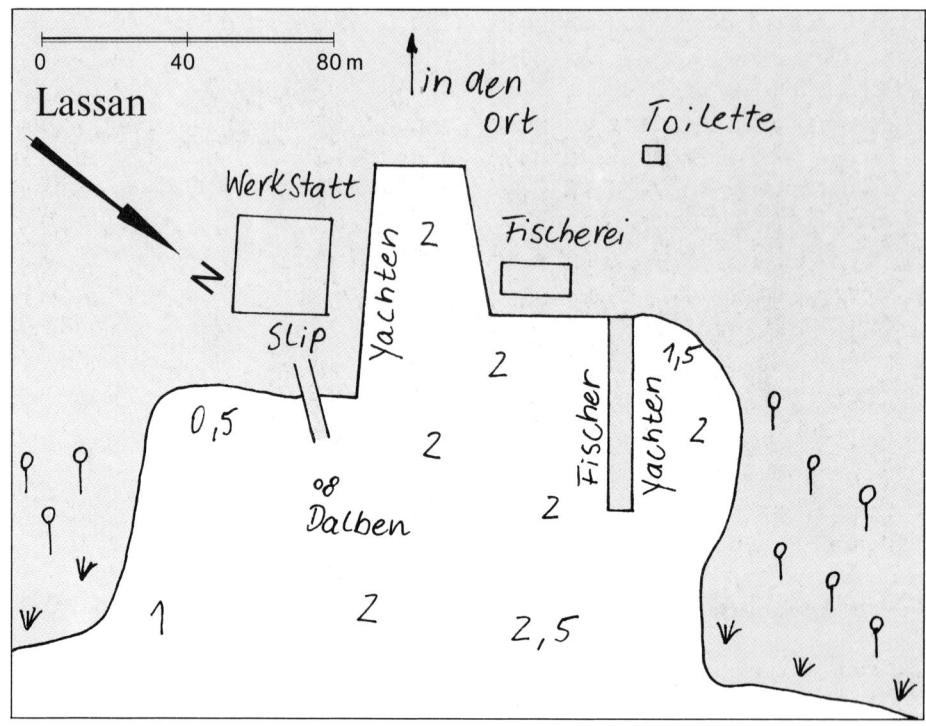

Yachten können an der Westseite der Brücke festmachen.
Wer beim Einlaufen dort nur belegte Plätze vorfindet, kann auch am Ende des Ostbeckens festmachen. Die Wassertiefe an allen Liegeplätzen beträgt 2 – 2,5 m.
Selbst bei starken Westwinden bietet der Hafen einen sicheren Schutz. Gegen Ostwind ist er allerdings völlig offen.
Bei einer solchen Wetterlage sollte möglichst nicht am Pierkopf festgemacht werden. Dort steht dann starker Schwell. Versuche, das Boot mit dem Anker von der Pier freizuziehen, scheitern am schlammigen, keinen Halt gebenden Untergrund des Hafens.

Versorgung

Trinkwasser gibt es direkt am Hafen. Eine – allerdings kaum benutzbare – Toilette ist ebenfalls vorhanden.
Lebensmittel können im Stadtzentrum gekauft werden, dort gibt es auch eine Post, Arztpraxis und eine Tankstelle.
Vom Ort aus fahren regelmäßig Busse nach Anklam und Wolgast.
Einige einfache Gaststätten findet der Be-

Lassan

Der Fischereihafen von Lassan sucher ebenfalls im Ort. Am Hafen kann direkt von den Fischern Frischfisch gekauft werden.
Bei Reparaturen hilft die Bootswerft der Fischereigenossenschaft.

Sehenswürdigkeiten und Ausflugtips

Der Ort macht einen recht verschlafenen Eindruck. Er sollte nur Zwischenstation auf dem Weg in landschaftlich schönere Gegenden sein.
Sehenswert ist die unter Denkmalschutz stehende, originalgetreu hergerichtete Wassermühle.
Der Peenestrom ist als besonders fischreich bekannt. Wer sein Anglerglück versucht, wird bald merken, daß nicht nur die Berufsfischer reiche Fänge machen.

Zinnowitz

54°03,8'N 13°55,1'E

Karten:
SHD 1513
DHI   55

Lage und Umgebung

Den Hafen findet man am nordwestlichen Ausläufer des Achterwassers, der Störlanke.
Er liegt zwei Kilometer vom Zentrum des Ostseebades Zinnowitz entfernt in einer sumpfigen Wiesenlandschaft. Bis zur Ostsee sind es vom Yachthafen aus etwa dreißig Minuten Fußweg.

Ansteuerung und Liegeplätze

Zwischen der Halbinsel Gnitz und dem ebenfalls zu Usedom gehörenden Lieper Winkel beginnt an der roten Toppzeichentonne 2 (53°59,5'N 13°53,5'E) das Achterwasser.
Beim Passieren der Tonne muß an Backbord die Untiefe Hohe Schaar (Zentrum 53°59,8'N 13°53,2'E) beachtet werden. An ihrer flachsten Stelle ist nur 0,8 m Wassertiefe vorhanden. Entlang des Ostufers stehen zahlreiche Reusen und Fischzuchtanlagen. Sie sind nicht befeuert und nachts nur schwer auszumachen.
Die rot/weiße Ansteuerungstonne Z/1 liegt auf Position 54°00,5'N 13°55,8'E.
Von Sportbooten kann sie in einer Entfernung von 0,7 sm beiderseits passiert werden. In diesem Gebiet liegen die Wassertiefen zwischen 3,5 und 4 m.

Vor dem auf Position 54°00,6'N 13°54,8'E in 1,3 m Tiefe liegenden Findling warnt nachts das Sektorenfeuer auf der Insel Görmitz (Ubr.w/r/gn.). Diese darf ebenso wie der Sund zwischen ihr und der Halbinsel Gnitz nicht angelaufen werden.
Von der Tonne Z/1 aus wird auf einem Kurs von 319° die rot/weiße Tonne Z/3 (54°03,2'N 13°56,3'E) erreicht.
Achtung: Die DHI-Karte 55 endet N-lich der Ansteuerungstonne Z/5 (54°03,2'N 13°56,3'E), eine dreiviertel Seemeile vom Zinnowitzer Hafen entfernt.
Bis zur Tonne Z/5 kann der Tonnenstrich bis fünf Kabellängen unter Land verlassen werden. Beachtet werden muß nur die kleine Untiefe (1,2 m) auf Position 54°02,5'N 13°56,2'E.
Von der Tonne Z/5 aus führt der Kurs von 330° zur unmittelbar vor dem Hafen liegenden Tonne 4. In diesem Gebiet darf die 2,5 m tiefe Rinne nicht verlassen werden, gleich daneben ist es nur noch 1 bis 1,5 m tief.
Im rechten Winkel zum Fahrwasser läuft man in den durch drei auf Grund gesetzte Schuten eingefaßten Yachthafen ein. Die Liegeplätze haben Wassertiefen zwischen ein und zwei Metern, sie werden durch den Hafenmeister vergeben.
Die Brücke westlich des Yachthafens ist für die Weiße Flotte reserviert. Im Seg-

Zinnowitz

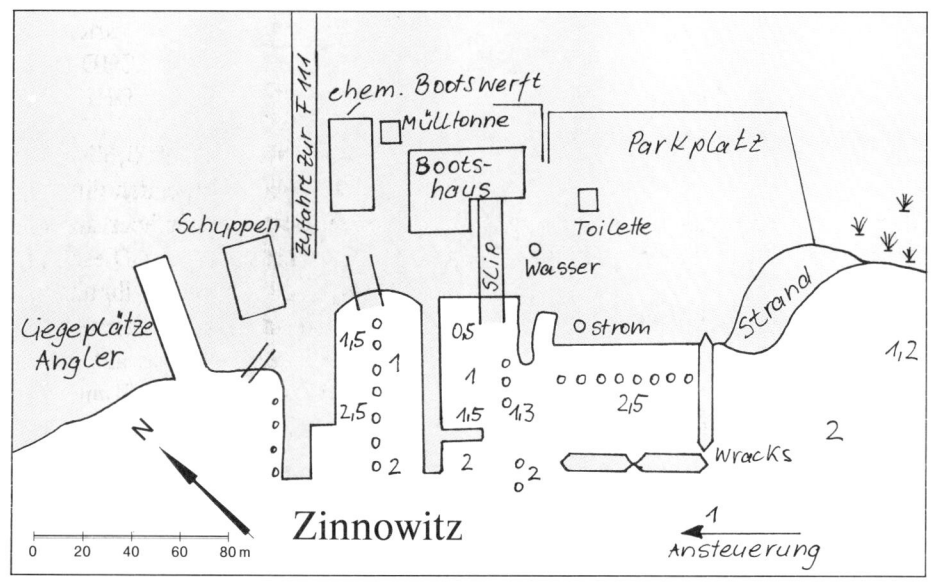

lerhafen liegt man bei allen Windrichtungen geschützt.
Die nächtliche Ansteuerung ist kompliziert, da alle Tonnen wie auch die Hafeneinfahrten im gesamten Achterwasser nicht befeuert sind.

Versorgung

Toilette, Trinkwasser und Elektroanschluß sind vorhanden. Eine Tankstelle und eine Propangasstation befinden sich an der F 111 etwa einen Kilometer entfernt.
Postamt, Arztpraxis, Gaststätten gibt es im Ortszentrum.
Wem die Ostsee zu kalt ist, der kann die dortige Meeresschwimmhalle benutzen.

Sehenswürdigkeiten und Ausflugtips

Besonders in der Hochsaison herrscht in Zinnowitz ein starker Urlauberandrang. Überfüllte Gaststätten und volle Strände (FKK) sind die Folge.
Am Achterwasser ist es aber noch relativ ruhig. Vom Hafen aus fahren Fahrgastschiffe der Weißen Flotte nach Ueckermünde und Wolgast.
Als Tagestour kann eine Zug- oder Busfahrt nach Ahlbeck (Fahrzeit 30 Min.) empfohlen werden. Über den dortigen Grenzübergang gelangt man in das benachbarte polnische Swinemünde.
Aber auch eine Wanderung oder Radtour durch die waldreiche Umgebung von Zinnowitz ist sehr erholsam.

Yachtliegeplätze in Zinnowitz

Stagnieß

54°00,1'N   14°02,4'E

Karten:
SHD 1513
DHI   55

Lage und Umgebung

Der Hafen von Stagnieß liegt an der Nordostküste des Achterwassers auf Usedom. Bis in die achtziger Jahre wurde er als Umschlagplatz für Schrott genutzt. Heute laufen ihn nur noch sporadisch Schiffe der Fischereiaufsicht und des Seefahrtsamtes an. Der Hafen liegt unterhalb des östlich von Ückeritz beginnenden Waldgebietes.

Ansteuerung und Liegeplätze

Von der rot/weißen Tonne Z/2 (54°00,9'N 13°57,3'E) aus führt der Kurs von 110° zur Tonne S/1 (53°59,9'N 13°59,4'E). Die nördlich von ihr gelegene Untiefentonne „Wussow" muß an Backbord liegengelassen werden, da zwischen ihr und dem Kap Loddin große Steine liegen.

Von der Tonne S/1 aus erreicht man auf

Stagnieß

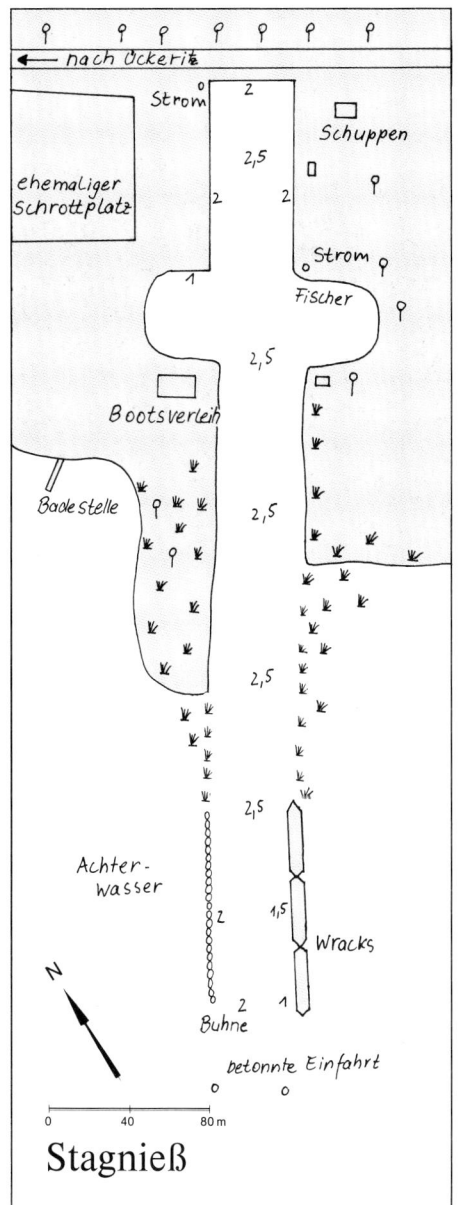

Stagnieß

Ostkurs die vier Kabellängen vor dem Hafen ausgesetzte Ansteuerungstonne „Stagnieß". Das folgende Tonnenpaar 1/2 muß von Kielbooten unbedingt durchfahren werden, neben der Rinne beträgt die Wassertiefe nur noch 0,8 bis 1,2 Meter. Beim Einlaufen halten sich Kielboote dicht an der Holzspundwand an der Backbordseite. An den auf der Steuerbordseite als Wellenbrecher auf Grund gesetzten Schuten ist durch Sandaufspülung eine 0,8 m flache Untiefe entstanden.

Nach der Passage des Zufahrtskanals kann im Hafenbecken an der Betonpier festgemacht werden.

Durch einen vorgelagerten Windschutzstreifen ist der südlich des Steilhangs liegende Hafen bei jeder Windrichtung ruhig und sicher.

Versorgung

Elektroanschlüsse sind an der Pier vorhanden. Eine Toilette gibt es nicht. Trinkwasser kann im hundert Meter entfernten Kinderferienlager geholt werden.

Weitere Versorgungsmöglichkeiten gibt es erst im etwa zwei Kilometer entfernten Ückeritz. Dort sind Lebensmittelläden, ein Postamt und eine Arztpraxis.

Von Ückeritz aus besteht eine Bahnverbindung nach Wolgast und Ahlbeck.

Sehenswürdigkeiten und Ausflugtips

Der Hafen von Stagnieß besticht durch

seine Ruhe und Einsamkeit. Selbst in der Hochsaison laufen ihn nur selten Yachten an.
Von ihm aus können Wanderungen in die waldreiche Umgebung erfolgen. Vom dichtgelegenen Steilufer aus hat der Wanderer einen weiten Blick über den gesamten Ostteil des Achterwassers. Westlich der Hafeneinfahrt gibt es einen Ruderbootverleih.

Anklam

53°52,0'N   13°42,0'E

Karten:
SHD 1513   (beide nur bis
DHI   55 Peenemündung)

Lage und Umgebung

Den kleinen Anklamer Sportboothafen findet man 4 sm stromauf von der Mündung der Peene in den Peenestrom im Landesinneren.
Er liegt am Stadtrand unmittelbar vor einer Eisenbahnbrücke. Der auch von Binnenmotorschiffen befahrene Fluß schlängelt sich durch eine sumpfige Schilflandschaft. In diesem Naturschutzgebiet gibt es eine Vielzahl von Wasservögeln und anderen seltenen Tierarten. Wer Glück hat, kann dort auch Fischotter und Biber beobachten.

Ansteuerung und Liegeplätze

Sowohl von Westen als auch von Osten kommend beginnt die Ansteuerung an der grünen Tonne 37 (53°51,4'N   13°49,0'E). Von ihr aus führt eine kurze betonnte Rinne in die Peenemündung nördlich der Jankenorter Landspitze. Am S-Ufer der Peene steht ein Richtbakenpaar. Das drei Meter tiefe Fahrwasser kann von Kielbooten im Mündungsbereich nicht verlassen werden. Neben ihm ist es nur noch zwischen 1,2 und 1,6 m tief.
Die Wassertiefe der Peene beträgt bis Anklam 3,0 bis 4,0 m. An flacheren Stellen sind Fahrwassertonnen ausgelegt. Sie sollten auch von Sportbooten beachtet werden. Der Fluß führt einen schwachen auslaufenden Strom.
Achtung: Sowohl die DHI- als auch die SHD- Karte geben keinen Aufschluß über die Navigation in der Peene. Sie enden jeweils im Mündungsbereich und enthalten keine Detailkarten zur Ansteuerung Anklams.
Der Törn in die stromauf gelegene Stadt ist aber auch ohne Karte zumindest am Tag kein Problem. Nachts wird es schon etwas komplizierter, denn sämtliche Tonnen sind unbefeuert.
Wie überall in den DDR-Gewässern muß auch in der Peene der vorgeschriebene Abstand von drei Metern zum Schilfufer eingehalten werden.

Anklam

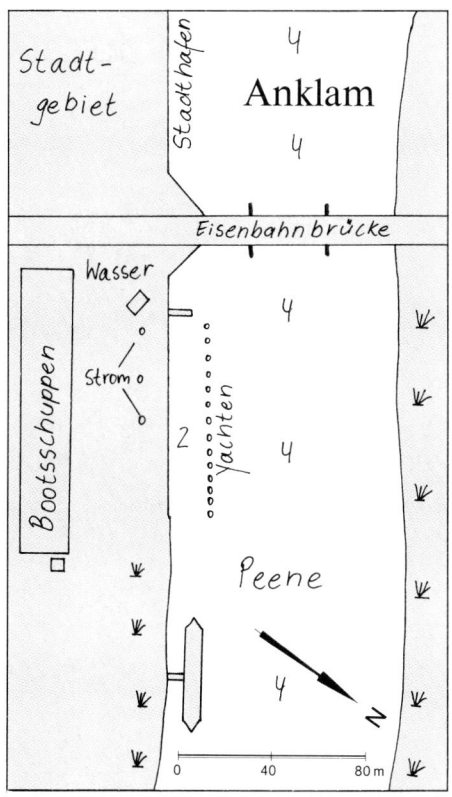

Der Sportboothafen liegt unmittelbar vor der Eisenbahnbrücke auf der linken Flußseite. Yachten liegen hier mit dem Bug zum Ufer quer zum Strom. Da die Dalben nur etwa 3,2 m weit auseinanderstehen, können größere Boote hier nicht festmachen. Der Hafen gehört zu einer Sportgemeinschaft, von den ortsansässigen Seglern wird Gästen ein Liegeplatz zugewiesen.

Versorgung

Trinkwasser und E-Anschluß sowie eine Toilette gibt es auf dem Gelände der Sportgemeinschaft.
Lebensmittel können in der Stadt gekauft werden.
Im Stadtzentrum sind mehrere Gaststätten, ein Postamt und ein Krankenhaus.
Die Tankstelle liegt am Ortsausgang an der F97 in Richtung Neubrandenburg.

Sehenswürdigkeiten und Ausflugtips

Bei einer Stadtbesichtigung sollte der Weg auf jeden Fall in das Heimatmuseum führen. Dort sind Ausstellungen zur Stadtgeschichte und über das Leben des in Anklam geborenen Flugpioniers Otto Lilienthal zu sehen.
In der aus dem 14. Jahrhundert stammenden Marienkirche können spätgotische Wandmalereien besichtigt werden.
Sehenswert sind auch die erhaltenen Reste der mittelalterlichen Stadtbefestigung.

Achterwasser und Haff

Karnin

53°50,8′N 13°51,6′E

Karten:
SHD 1513
DHI   55

Lage und Umgebung

Der Hafen ist am südlichsten Zipfel der Insel Usedom am Beginn des Haffs zu finden. Yachten, die die DDR-Gewässer verlassen wollen, können dort ausklarieren. Das Wahrzeichen von Karnin, die Ruine der ehemaligen Eisenbahnbrücke, ist bereits von Ueckermünde aus sichtbar.
Hier entlang verlief bis 1945 die Eisenbahnverbindung Berlin-Swinemünde.
In den dreißiger Jahren war die Brücke – ein Meisterwerk der Ingenieurkunst – die modernste ihrer Art in Europa. Ihr Mittelteil war damals wegen der regen Binnenschiffahrt ständig hochgefahren und wurde nur herabgelassen, wenn sich Züge näherten. Das Aus für die Bahnverbindung kam mit der kurz vor Kriegsende erfolgten Sprengung der Brückenpfeiler. Die Eisenbahnschienen wurden demontiert und an die UdSSR als Reparationsleistung abgeliefert.

Ansteuerung und Liegeplätze

Die Ansteuerung und das Verhalten im Gebiet der Brücke wurden bereits am Beginn des Kapitels ausführlich beschrieben.
Es sei hier noch einmal nachdrücklich daraufhingewiesen, daß es sich beim Karniner Revier um eines der aus navigatorischer Sicht kompliziertesten Gebiete an der DDR-Binnenküste handelt. Schon die kleinste Unachtsamkeit kann schwere Folgen haben!
Von Osten kommend wird von der rot/weißen Ansteuerungstonne A/P (53° 49,5′N 13°57,7′E, Glt.4s) die durch Richtfeuer in Linie Kamp (Ob-F. und U-F. je Ubr. (3) 15s) bezeichnete Rinne auf einem Kurs von 283° durchfahren.
Kielboote können sie nur wenige Meter, im Bereich der Schilfinsel Bockkamp gar nicht, verlassen.
Kurz vor der roten Tonne 68 – sie liegt direkt vor dem Zollhafen – gehen einlaufende Yachten auf Nordkurs und laufen am Grenzkontrollpunkt vorbei in das Hafenbecken mit Platz für etwa 15 Sportboote. Die Ansteuerung von Westen erfolgt unbedingt im Fahrwasser an der Brücke vorbei oder unter ihr durch bis zur Tonne 68. Kurz hinter ihr wird dann auf Nordkurs in den Hafen eingelaufen.
Wenn der Zollhafen überfüllt sein sollte, besteht jenseits des ehemaligen Bahndamms noch die Möglichkeit, am Südufer der Bucht festzumachen. Dazu wird am westlich der Brücke ausgelegten Tonnenpaar 45/64 die kleine, parallel zum Strom liegende und unter Wasser flach auslaufende Halbinsel mit etwa 20 bis 30 m

Karnin

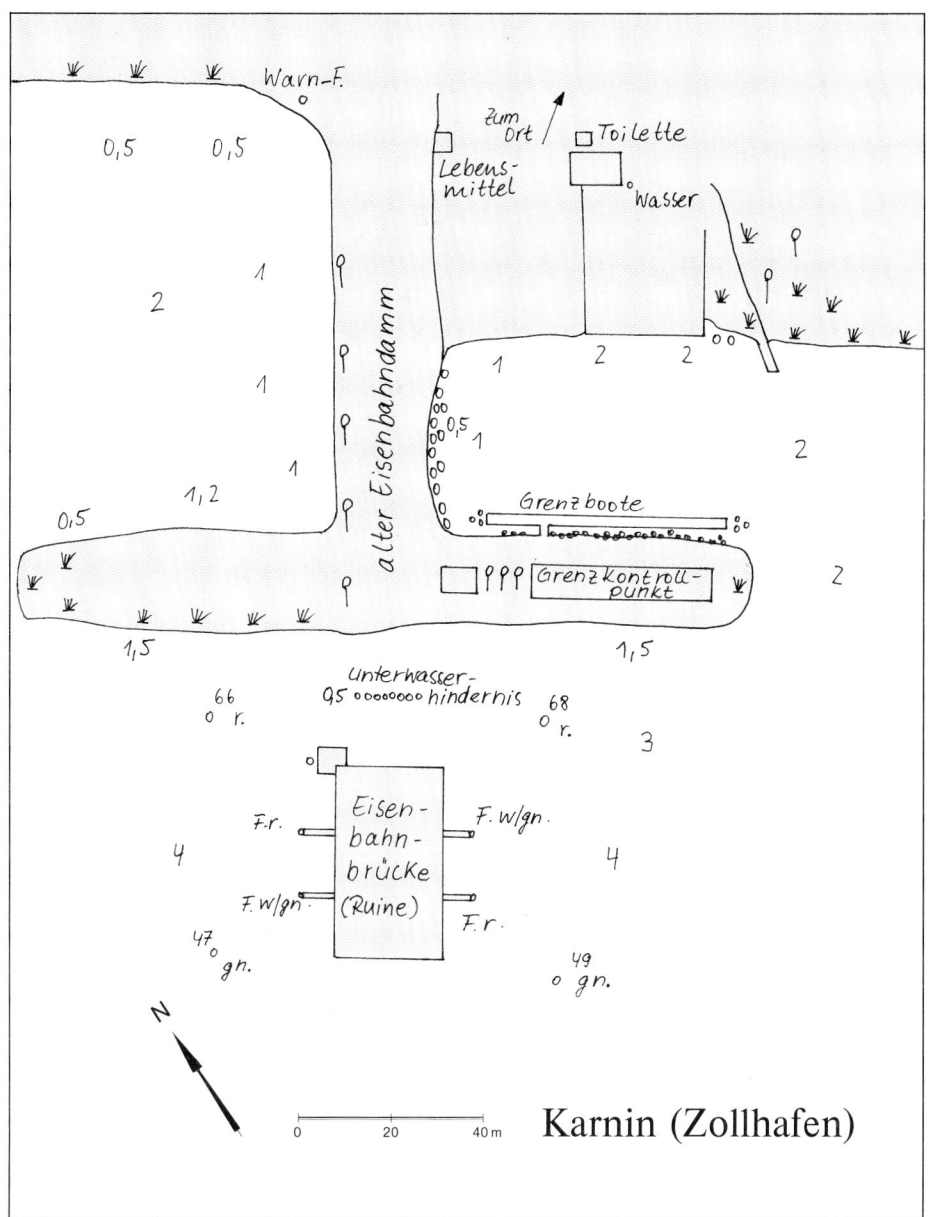

Karnin (Zollhafen)

Achterwasser und Haff

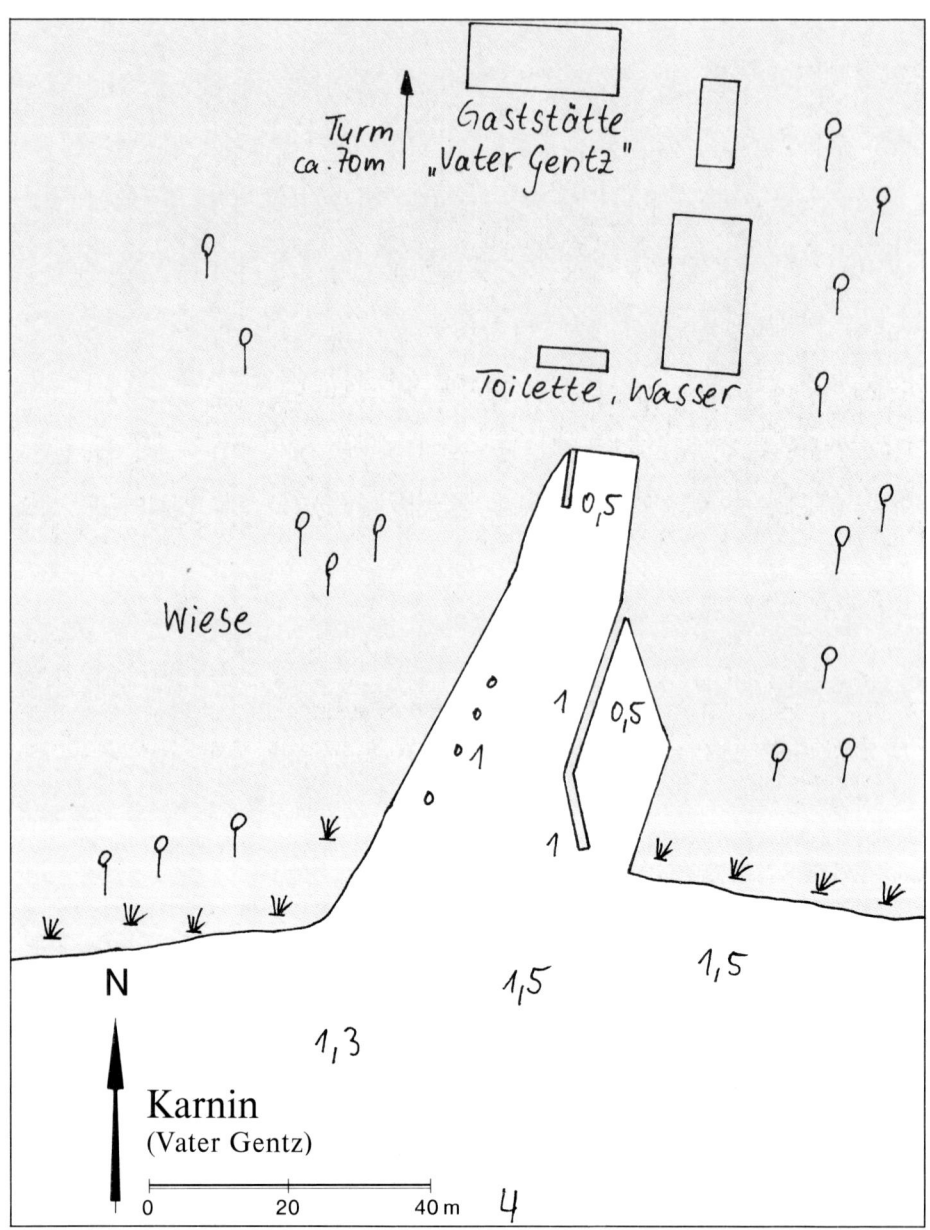

Karnin

Die Reste der im letzten Krieg zerstörten Eisenbahnbrücke bei Karnin

Abstand mit ganz wenig Fahrt passiert. Wer etwa 30 m tief in die Bucht hineinläuft und dort auf Südkurs geht, kann mit dem Bug nach dem Ausbringen eines Heckankers an der Landzunge festmachen.

Im Karniner Zollhafen liegen Yachten bei jeder Windrichtung ruhig, die gegenüberliegende Bucht ist nur bei Westwind ungeschützt.

Für Jollen und Jollenkreuzer besteht vier Kabellängen östlich des Zollhafens noch eine Möglichkeit zum Festmachen. Der Hafen „Vater Gentz" wird aus dem Strom im rechten Winkel zum Ufer angesteuert. Die Wassertiefe an den Stegen liegt bei maximal einem Meter. Bei den in diesem Gebiet auftretenden Pegelunterschieden von 50 Zentimetern kann es innerhalb weniger Stunden auch nur noch die Hälfte sein. Der etwas oberhalb dieses Hafens stehende Lotsenturm ist eine gute Orientierungshilfe.

Versorgung

Am Zollhafen und auch bei „Vater Gentz" gibt es Trinkwasser und Toiletten. E-Anschluß ist nur an der Brücke des Grenzkontrollpunktes vorhanden.
Lebensmittel können im Konsum des Dorfes gekauft werden. Eine traditionsreiche Gaststätte befindet sich am kleinen Jollenhafen.
Ärztliche Versorgung ist erst im sechs Kilometer entfernten Usedom möglich.

Sehenswürdigkeiten und Ausflugtips
Der Hafen ist auch für die meisten Yachten nur Zwischenstation zum Ausklarieren oder auf dem Weg vom Haff in das Achterwasser.

Der Zollhafen Karnin

Technisch Interessierte sollten sich von Ortskundigen Näheres über die Brückenkonstruktion erzählen lassen. In der Gaststätte gibt es noch einige Fotos von ihrem Urzustand.

Usedom (Stadt)

53°52,3'N   13°55,8'E

Karten:
SHD 1513
DHI   55

Lage und Umgebung

Der Hafen liegt an der Südostküste Usedoms in der gleichnamigen Bucht. Östlich von ihr beginnt das Haff. Um die Stadt herum liegen vor allem versumpfte Wiesen und im Nordosten ausgedehnte Waldgebiete.
Die Kleinstadt ist der größte Ort auf der Insel Usedom.

Ansteuerung und Liegeplätze

Von Osten kommend wird die Ansteuerungstonne des Peenestromes A/P (53° 49,5'N 13°57,7'E, Glt.4s) passiert. Auf einem Kurs von 283° (Richtfeuer Kamp, Ob-F. und U-F. je Ubr.(3)15s) erreicht man nach zwei Seemeilen die rote Toppzeichentonne 80. Aus Richtung Karnin kommend muß sie ebenfalls genommen werden.
Beim Befahren der 2,5 m tiefen Rinne dürfen Kielboote das Fahrwasser nur wenige Meter, im Bereich der Insel Bockkamp überhaupt nicht verlassen.
An der Toppzeichentonne 80 beginnt die 2,5 sm lange und 2 sm tiefe Zufahrt zum Usedomer Hafen. Von der Toppzeichentonne 7 an liegen nur noch an der Steuerbordseite Seezeichen aus. Die Rinne darf von Kielbooten nicht verlassen werden.

Die stetig verschlammende Usedomer Bucht weist nur noch Wassertiefen von etwa einem Meter auf. Im Hafen finden 30 Sportboote Platz. Yachten, die nicht zwischen die Dalben passen, können im Hafenbecken festmachen. Sie und auch die vor dem Hafen ankernden Boote liegen bei allen Windrichtungen geschützt. Wer in nördlicher Richtung am Hafen vorbeiläuft, wird schon nach wenigen Metern im Schlamm steckenbleiben.
Durch einen Hafenmeister wird jeder Yacht ein Liegeplatz zugewiesen.

Versorgung

Trinkwasser ist am Hafen erhältlich, eine Toilette gibt es ebenfalls. Direkt am Hafen liegt eine kleine Gaststätte, weitere sind am Usedomer Marktplatz. Dort sind auch Lebensmittelläden, ein Postamt und eine Arztpraxis. In der Stadt gibt es auch eine Tankstelle.
Von Usedom aus fahren regelmäßig Busse in die umliegenden Orte.

Sehenswürdigkeiten und Ausflugtips

In der Kleinstadt gibt es nicht viel zu sehen. Wer sich eine Wanderung vorgenommen hat, sollte in nordöstlicher Richtung an den beiden Hügelgräbern vorbei

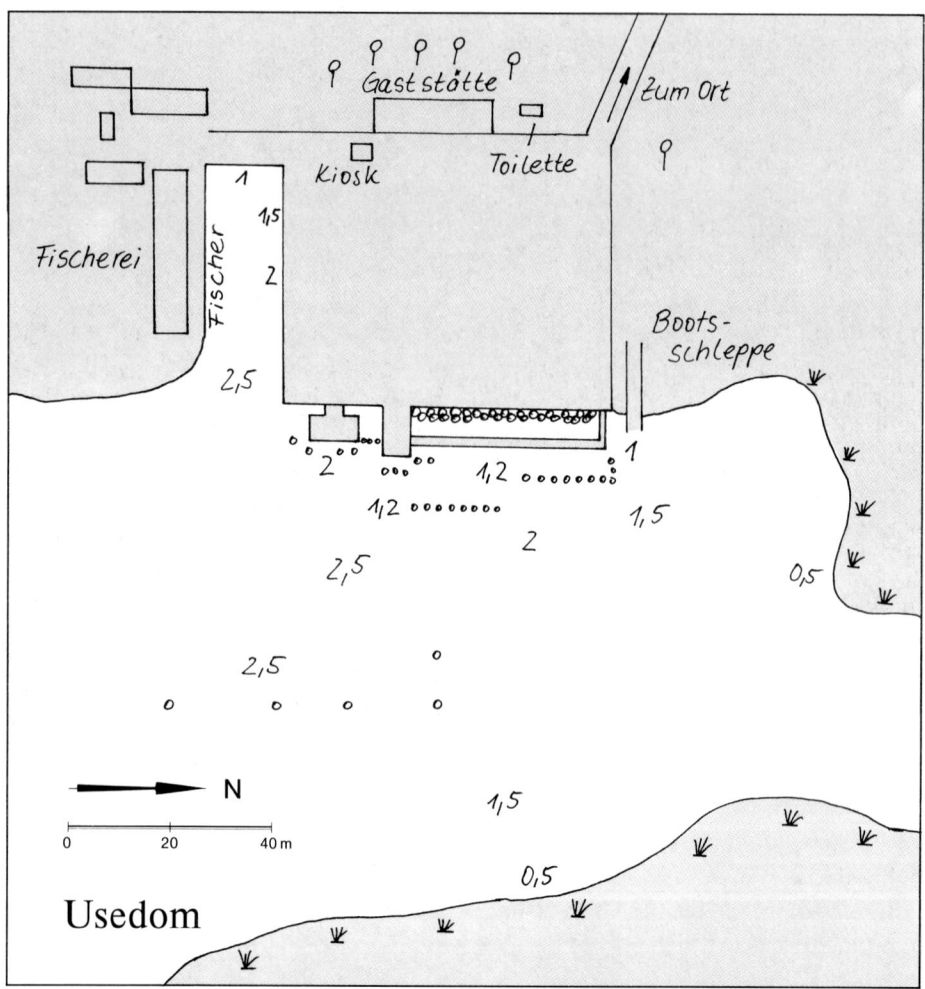

in das sich anschließende große Mischwaldgebiet laufen. Dort gibt es in den Sommermonaten viele Pilze. Mit der den Hafen bedienenden Weißen Flotte können Touren in die Häfen am Haff und nach Wolgast unternommen werden.

Liegeplätze an der Einfahrt in den Usedomer See

Mönkebude

53°46,5′N   13°58,3′E

Karten:
SHD 1513
DHI   55

Lage und Umgebung

Der Hafen befindet sich an der Südküste des Haffs in waldreicher Umgebung. Mönkebude ist ein sehr gepflegtes ehemaliges Fischerdorf. Im Ort gibt es auch eine größere Feriensiedlung.

Mönkebude verfügt über einen großen, ursprünglich für militärische Zwecke ausgebauten Hafen.

Ansteuerung und Liegeplätze

Der große Hafen bietet etwa 80 Yachten

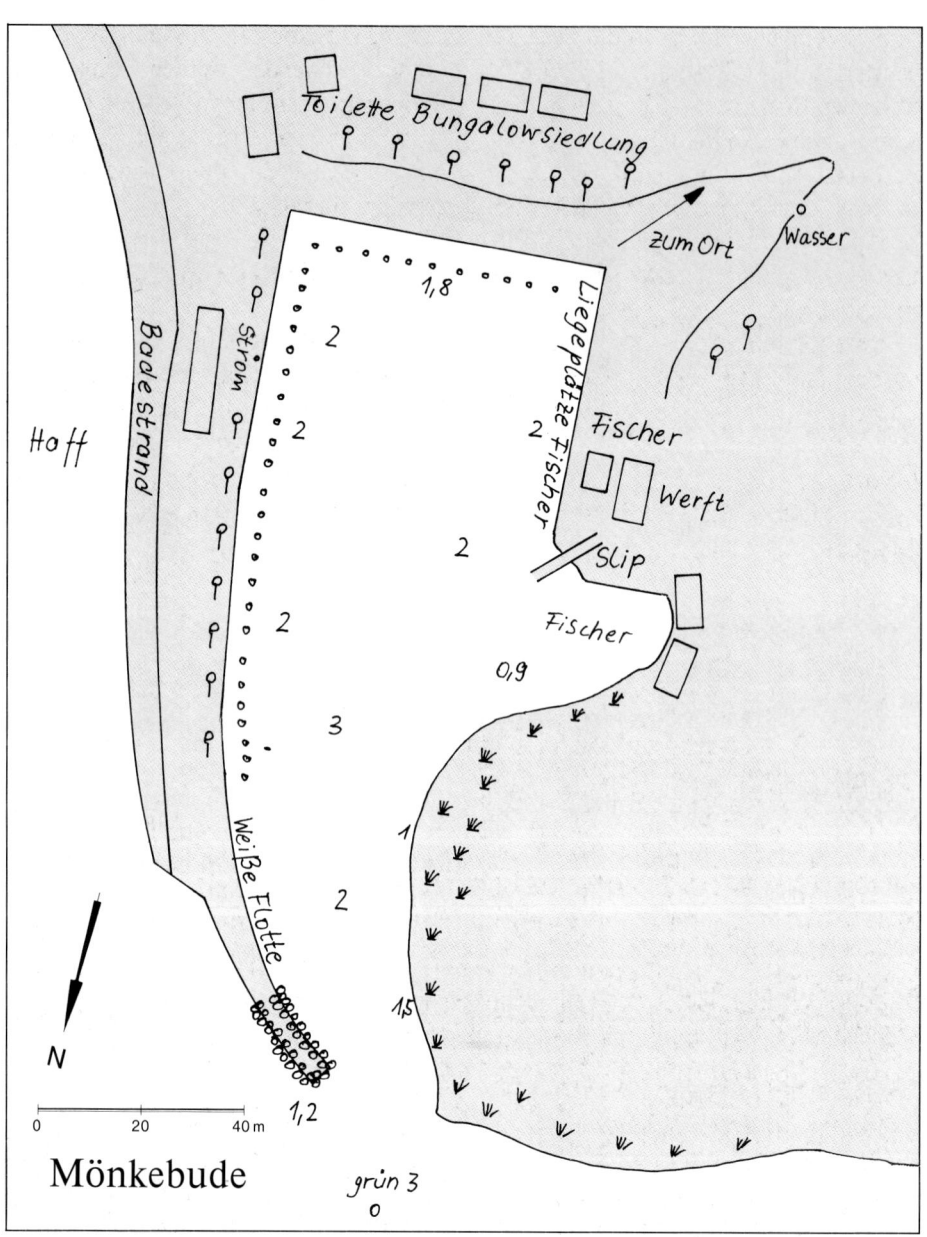

Mönkebude

Platz. Er wird über die rot/weiße Ansteuerungstonne A/M (53°48,5′N 13°59,8′E) auf einem Kurs von 205° angelaufen. Beim Einlaufen werden die grünen Tonnen 1 und 3 an Steuerbord liegengelassen. Genau in der Mitte zwischen dem Molenkopf und der direkt vor der Schilfkante ausgelegten Begrenzungstonne hindurch wird in das geräumige, 2,5 m tiefe Hafenbecken gesteuert. Durch den Hafenmeister erfolgt die Zuweisung eines Liegeplatzes.

Versorgung
Das am Hafen erhältliche Wasser kann nur im abgekochten Zustand als Trinkwasser verwendet werden. Elektroanschluß ist an der Pier vorhanden. Lebensmittel können im Ort eingekauft werden. Dort gibt es auch einige Gaststätten und eine Arztpraxis.

Sehenswürdigkeiten und Ausflugtips

Der flache, direkt neben dem Hafen beginnende Badestrand ist besonders für Kinder gut geeignet. Wanderungen und Fahrradtouren in die waldreiche Umgebung sind zu empfehlen. Die Mischwälder sind als sehr pilzreich bekannt.

Mönkebude: Blick auf die Ostpier

Ueckermünde

53°45,2′N 14°04,4′E

Karten:
SHD 1513
DHI   55

Lage und Umgebung

Die an der Uecker gelegene vorpommersche Kleinstadt ist am Südufer des Haffs zu finden. Unweit von Ueckermünde beginnt ein umfangreiches Landschaftsschutzgebiet. Zwischen der Haffküste und der Stadt erstrecken sich kilometerweite Schilfflächen parallel zum Fluß. In Ueckermünde fanden in der Vergangenheit mehrfach Fahrtenseglertreffen statt. An ihnen nahmen bis zu 600 Yachten teil.

Ansteuerung und Liegeplätze

Von Westen kommend wird von der Tonne A/P (53°49,5′N 13°57,7′E, Glt. 4s) ein Kurs von 130° gesteuert. Nach 6,3 sm wird das Tonnenpaar 1/2 (53°45,6′N 14°05,9′E, Blz.r.) erreicht. Hier beginnt die betonnte Ansteuerung der Uecker. Direkt vor ihrer Mündung liegen die Tonnen 9/10 (Fkl.gn., Fkl.r.). Neben dem Fahrwasser stehen mehrere Reusen. Der Molenkopf ist mit einem Feuer (Ubr.6s13sm) ausgestattet. Nach dem Einlaufen in den von hohen Bäumen gesäumten Ueckerkopf wird auf der Backbordseite der Grenzkontrollpunkt passiert. Der gegenüberliegende kleine Hafen ist gesperrt. Im Fluß läuft ein bis zu zwei Knoten starker auslaufender Strom. Yachten sollten sich in der Flußmitte halten.

In Ueckermünde gibt es mehrere Liegemöglichkeiten. An der Steuerbordseite liegt der Yachthafen einer Sportgemeinschaft mit Plätzen für etwa 120 Boote.

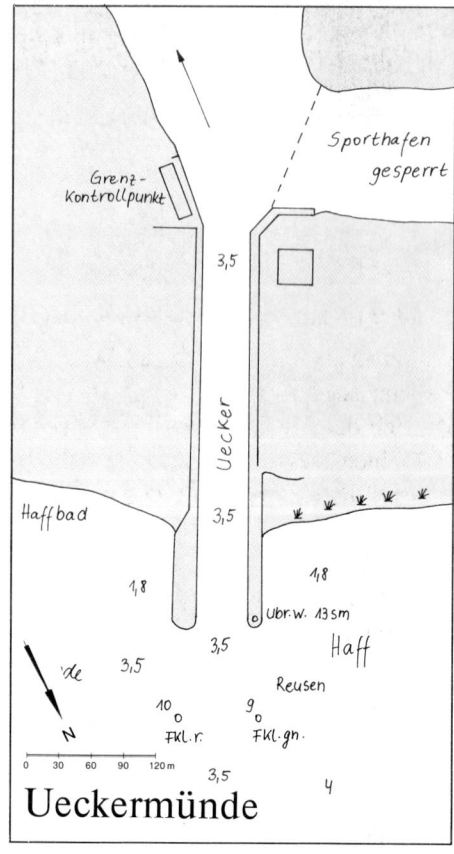
Ueckermünde

Ueckermünde

Einfahrt in die Uecker – der Ueckerkopf

Man kann aber auch bis direkt ins Stadtzentrum segeln und an der Spundwand nördlich der Straßenbrücke festmachen. Im kleinen Hafen auf der Backbordseite ist nur Platz für kleine Boote.
Die Häfen an der Uecker bieten sicheren Schutz bei allen Windrichtungen. Im Yachthafen weist ein Hafenmeister ankommenden Yachten einen Liegeplatz zu.

Versorgung

Toilette, Trinkwasser, Elektroanschlüsse und Slip sind auf dem Yachthafengelände vorhanden.

Lebensmittel können im Stadtzentrum gekauft werden. Dort gibt es auch mehrere Gaststätten, ein Postamt und zwei Krankenhäuser. Die Tankstelle befindet sich am Ortsausgang in Richtung Anklam.
In Ueckermünde hat der einzige Yachtausrüster der DDR seinen Sitz. Zwei Bootswerften helfen bei notwendigen Reparaturen.

Sehenswürdigkeiten und Ausflugtips

Besonders für Kinder ist der Besuch des kleinen Zoos ein Erlebnis. Teile des ehe-

Achterwasser und Haff

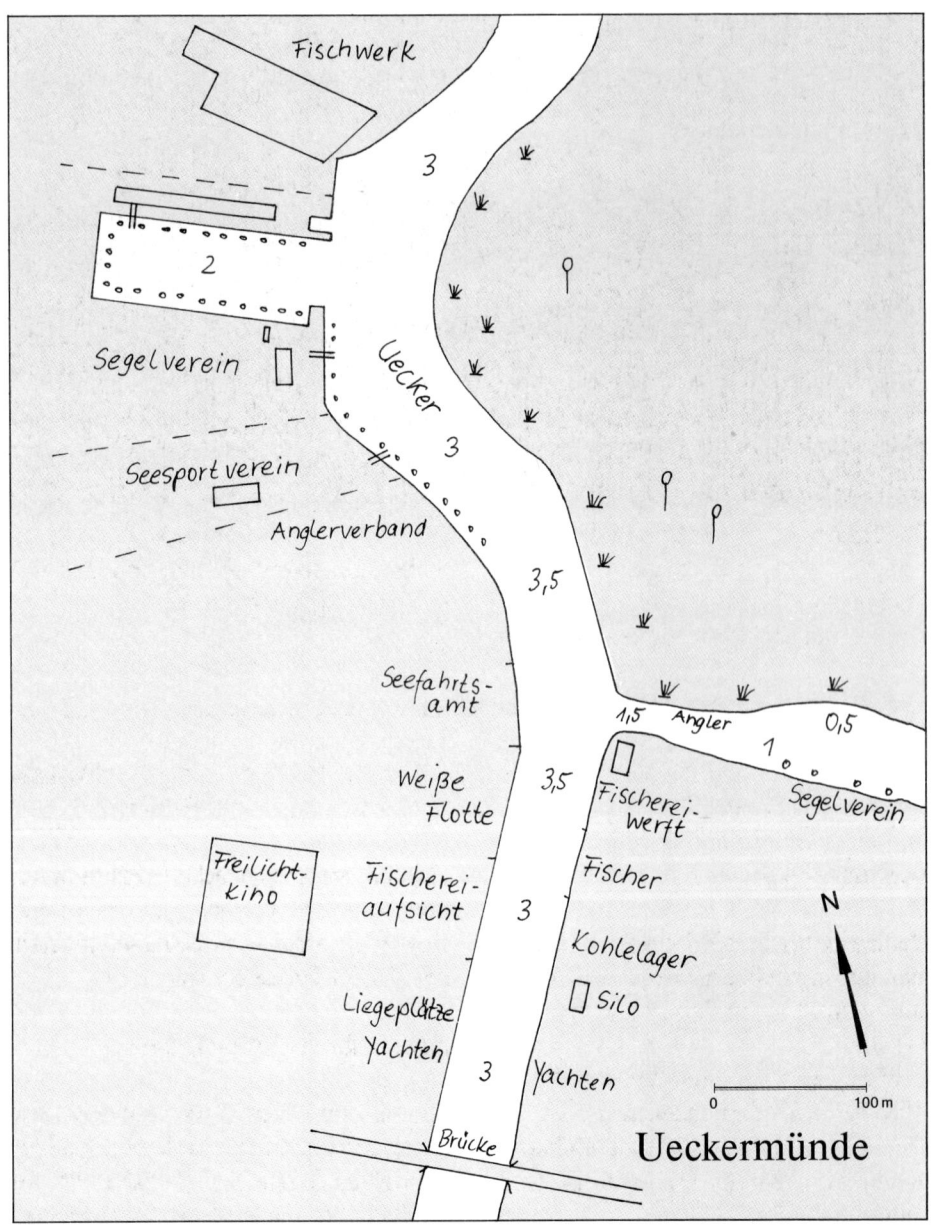

Der Stadthafen in Ueckermünde
maligen Schlosses können besichtigt werden.
Von Ueckermünde aus führen viele reizvolle Wanderwege in die landschaftlich schöne Umgebung.

Kamminke

53°52,0′N 14°12,5′E

Karten:
SHD 1513,1514
DHI 55

Lage und Umgebung

Der Hafen des Dorfes liegt an der Usedomer Haffküste ebenso wie Altwarp nur einen Steinwurf von der Grenze zu Polen entfernt.
Kamminke geriet im strengen Winter 1969/70 in die Schlagzeilen der Presse, als vom Haff herandrängende Eisbarrieren die Mole und die Gebäude am Hafen völlig zerstörten. Wieder aufgebaut, beherbergt er heute die Kutter einer Fischereigenossenschaft. Der Hafen wird durch die Fahrgastschiffe der Weißen Flotte bedient.

Ansteuerung und Liegeplätze

Sowohl von Osten als auch von Westen kommend beginnt die Ansteuerung an der rot/weißen Tonne H 5 (53°49,6′N 14°11,8′E, Glt.4s). Die 2,1 sm entfernte An-

Achterwasser und Haff

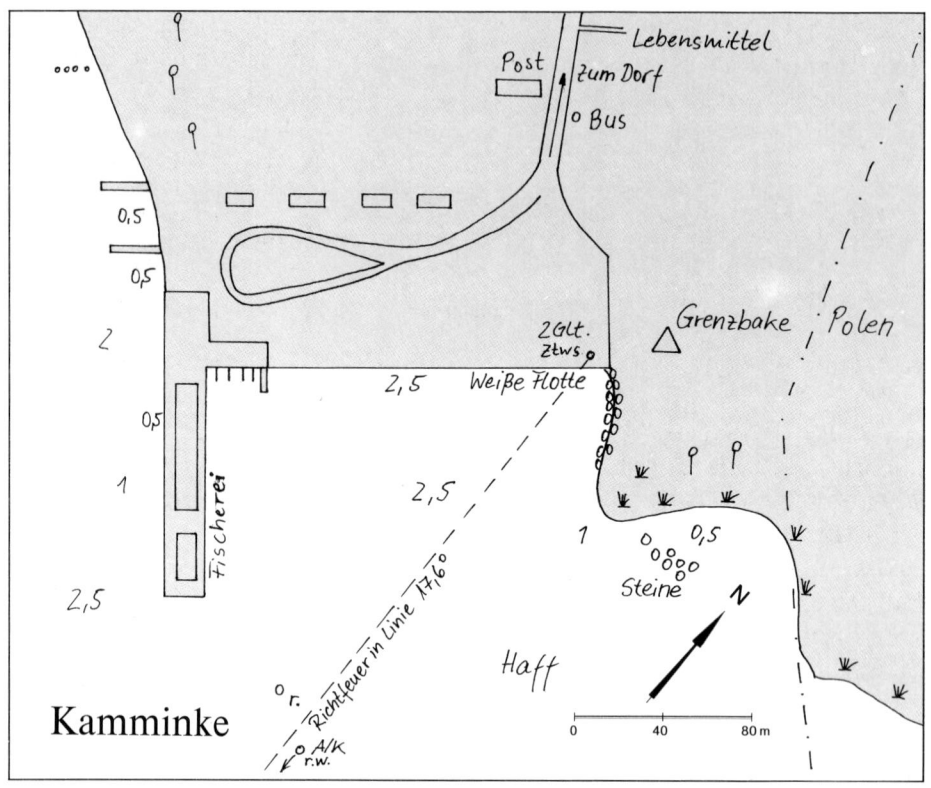

steuerungstonne A/K (53°51,3′N 14° 12,4′E) wird auf einem Kurs von 007,5° erreicht.
Von ihr aus führt die kurze betonnte Rinne in Linie von 017,6° (Richtfeuer in Linie, Ob-F. und U-F. je Glt. ztws.) an der Mole vorbei in das Hafenbecken. Im Gebiet östlich des Fahrwassers liegen dicht unter der Wasseroberfläche Steine. Sportboote können an der Nordpier festmachen, vorausgesetzt, die Fahrgastschiffahrt wird nicht behindert.

Versorgung

Trinkwasser muß von den Fischern oder von den Häusern am Hafen geholt werden. Im Dorf gibt es einen Konsum und ein Postamt. Bei Reparaturen sollte man sich an die Werkstatt der Fischer wenden.

Sehenswürdigkeiten und Ausflugtips

Neben Wanderungen am Haffufer entlang und durch die einsamen Laubwälder der

Umgebung kann auch eine Fahrradtour nach Swinemünde erfolgen.
Der Grenzübergang befindet sich an der F 111 zwei Kilometer westlich von Ahlbeck.

Die Entfernung von Kamminke bis in das Swinemünder Stadtzentrum beträgt etwas mehr als zehn Kilometer. Wer kein Fahrrad zur Verfügung hat, kann für die gleiche Tour auch den Bus nehmen.

Altwarp

53°44,7'N   14°16,0'E

Karten:
SHD 1513,1514
DHI 55

Lage und Umgebung

Das kleine Fischerdorf Altwarp besitzt den östlichsten Hafen der DDR. Das langgestreckte Dorf liegt am Rande großer Wälder im Landschaftsschutzgebiet Haffküste.
In der Umgebung gibt es mehrere Militärstützpunkte. Ein Armeeposten hat direkt am Hafen seinen Sitz.
Achtung: In Altwarp kann nicht ausklariert werden. Ein Abstecher in das gegenüberliegende Neuwarp (Nowe Warpno) – Entfernung eine Seemeile – ist also nicht möglich, zumal dort auch nicht einklariert werden kann.

Ansteuerung und Liegeplätze

Bei der Ansteuerung Altwarps muß das große militärische Sperrgebiet nördlich der Festlandküste beachtet werden. Es beginnt östlich von der Ueckermünder Zufahrt und reicht bis zur Linie 53°49,1'N. Im Osten wird es durch die Staatsgrenze eingefaßt.

Der Hafen von Altwarp ist von der rot/weißen Tonne H5 (53°49,6'N 14°11,8'E, Glt.4s) zu erreichen. Von ihr aus führt ein Kurs von 130° nach 3,5 sm zur Tonne A/H (53°47,2'N 14°16,9'E, Glt.4s).

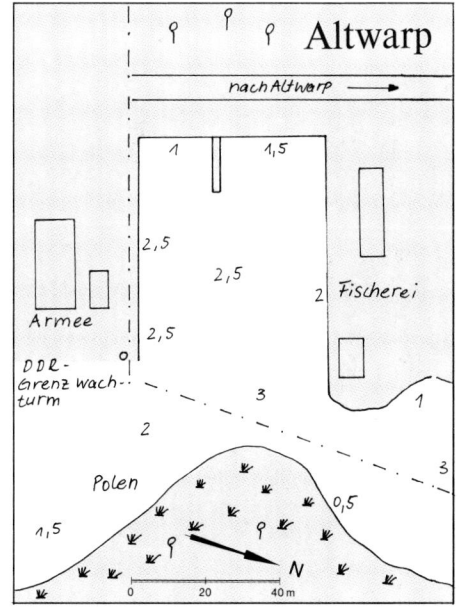

Dicht neben ihr verläuft bereits die mit gelben Tonnen bezeichnete Staatsgrenze der DDR.
Mit 151° wird nach einer Seemeile die Grenztonne 14 (Blz.g.) passiert. Hier schwenkt die Grenze nach Südwesten. An ihr entlanglaufend beginnt bei Tonne 9 auf Position 53°45,8'N 14°16,3'E (Blk.(2)g.), etwa drei Kabellängen vor der Küste, die zum Altwarper Hafen führende Rinne.
Vom Tonnenpaar 1/2 an müssen Yachten im Fahrwasser bleiben. Von der 2 m tiefen Rinne aus wird westlich der Schilfinsel Kahleberg (sie gehört schon zu Polen) im rechten Winkel das Hafenbecken angesteuert.
Wegen der vor der nördlichen Spitze liegenden Untiefe (0,8 m) kann nicht abgekürzt werden.
Sportboote können an der nördlichen Betonmauer festmachen. Dafür ist die Zustimmung der Fischer notwendig. An der gegenüberliegenden Pier darf nicht angelegt werden.

Versorgung

Trinkwasser ist bei den Fischern am Hafen erhältlich. Ein Konsum und ein kleines Postamt sind im Dorf. Bei Reparaturen kann man sich an die kleine Werkstatt der Fischer wenden. Die ärztliche Versorgung ist erst im 13 km entfernten Ueckermünde möglich.

Sehenswürdigkeiten und Ausflugtips

Altwarp ist ein etwas verschlafenes Fischerdorf, in dem es kaum etwas Sehenswertes gibt.
Bei Spaziergängen in die Umgebung müssen die ausgeschilderten militärischen Sperrgebiete beachtet werden. An der Haffküste gibt es eine Badestelle.

FÜR HÖCHSTE ANSPRÜCHE

Die Najad 340 ist unser neuestes Modell. Wir bauen sie für Segler, die höchste Ansprüche an Qualität und Komfort stellen, und die bei jedem Wind und Wetter schnell und sicher vorankommen wollen.

Wir bieten für die Najad 340 zwei unterschiedliche Einrichtungs-Varianten an, je nach Geschmack und Platzbedarf der Crew.

Lernen Sie die neue Najad 340 kennen. Wir bitten Sie an Bord.

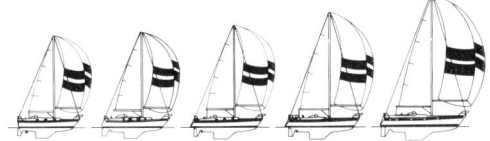

NAJAD 320	NAJAD 340	NAJAD 360	NAJAD 390	NAJAD 440
9,70×3,15	10,20×3,33	10,75×3,40	11,75×3,50	13,30×3,99

Najadvarvet AB, S-440 90 Henån, Schweden. Tel: +46 304 310 70. Telefax: +46 304 311 79

NORDDEUTSCHLAND
(PLZ 1, 2, 3): JÜRGEN EHLERS,
RHEINBABENALLEE 31 A,
1000 BERLIN 33.
TEL (030) 823 70 73/4.
TELEFAX (030) 823 82 26.

WESTDEUTSCHLAND
(PLZ 4, 5): BEDNAREK
GMBH, POSTFACH 1333,
4030 RATINGEN.
TEL (02102) 4 18 31/84 64 25.
TELEFAX (02104) 3 58 62.

SÜDDEUTSCHLAND
(PLZ 6, 7, 8): YACHTAGENTUR
J MELTL GMBH, AITERBACH 19,
8219 RIMSTING/CHIEMSEE.
TEL (08054) 506.
TELEFAX (08054) 354.

NAJAD BENELUX,
RICK HILCKMANN,
HAVEN KLOOSTERNOL 1,
NL-4322 AK SCHARENDIJKE.
TEL +31 01117 2341.
TELEFAX +31 01117 2203.

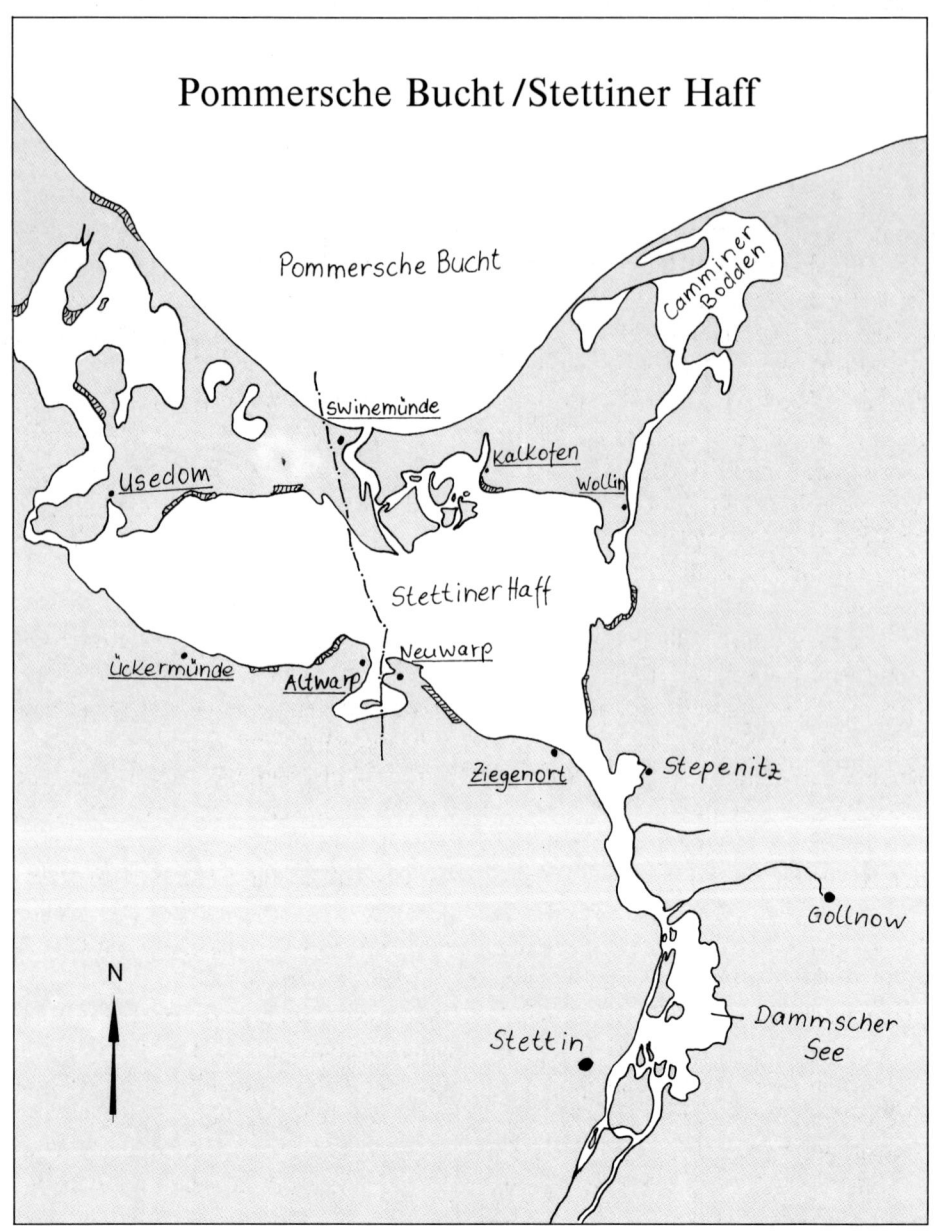

Polnische Häfen am Haff

Karten:
SHD 1514
DHI 55

Um eine geschlossene Darstellung auch des Segelreviers „Achterwasser und Haff" zu erreichen, wurden die für Sportboote in Frage kommenden Häfen auf der polnischen Seite des Haffs hier mit aufgenommen. Mit der Vorstellung dieser Häfen soll keinesfalls die geltende Grenzregelung zwischen der DDR und Polen in Frage gestellt werden, denn als Ergebnis des Zweiten Weltkrieges wurde der gesamte Ostteil des Haffs Polen zugesprochen.

Der Grenzverlauf in der Oderbucht wurde erst vor wenigen Jahren zwischen der DDR und Polen geregelt.

Durch die Möglichkeit, vom DDR-Gebiet aus auch in den polnischen Teil des Haffs segeln zu können, erweitert sich das für die Sportschiffahrt zur Verfügung stehende Revier. Das Haff ist ein ehemaliger Strandsee im Odermündungsgebiet. Die vorgelagerten Inseln Usedom und Wollin trennen es von der Ostsee. Mit insgesamt fast 900 km^2 Fläche ist es ein ideales Revier für die Sportschiffahrt.

Die hakenförmigen Untiefen sind mit Kardinalseezeichen versehen. Bei der Navigation im polnischen Teil des Haffs sind die turmartigen Torfeuer des Kaiserkanals eine gute Orientierungshilfe.

Die Fahrwasser im polnischen Haffteil sind im allgemeinen gut betonnt. Die Ansteuerungen sind befeuert. Beachtet werden müssen die zahlreichen Reusen vor allem an der Süd- und Ostküste.

Die zur Verfügung stehenden Seekarten (DHI 55, SHD 1514) geben bei den teilweise komplizierten Ansteuerungen der Flußläufe – vor allem in die Dievenow und in die Alte Swine – nicht in jedem Falle eine ausreichende Grundlage für eine sichere Navigation ab.

Durch häufig wechselnden Strom kommt es zu gelegentlichen Untiefenverschiebungen, die aus den Karten nicht entnommen werden können. Die polnischen Seekarten weisen zwar günstigere Maßstäbe als die DHI-Karte auf, sind aber auch nicht auf der Höhe der Zeit.

Es sollte daher jede Gelegenheit wahrgenommen werden, mit ortskundigen einheimischen Seglern komplizierte Teilstrecken zu besprechen.

Bester Yachthafen am Oderhaff ist die von einer Segelschule in Ziegenort betriebene Marina an der Odermündung. Hier gibt es einen für polnische Verhältnisse beispielhaften Service. Mit einigen Einschränkungen gilt das auch für den Yachthafen in Swinemünde und die Marina in

Polnische Häfen am Haff

Blick auf das Stettiner Haff vom Lebbiner Steilufer

Wollin. In den Häfen Altwarp und Kalkofen gibt es dagegen keinerlei Service.
Die Versorgung mit Lebensmitteln ist in Polen nicht ganz einfach. Hinsichtlich Auswahl, Qualität und Preis können westliche Maßstäbe nicht angelegt werden. Es ist zu empfehlen, gut verproviantiert in die polnischen Gewässer einzulaufen.
Trotz der zuweilen nicht ganz einfachen Versorgung wird der polnische Teil des Haffs künftig einer der Hauptanziehungspunkte sein.
Hier gibt es hohe, schroff abfallende Steilufer sowie ruhige Buchten, die ideal für Ankerlieger sind. Das gesamte Küstengebiet lädt zu Wanderungen und Fahrradtouren ein. Weite Flächen wurden zum Nationalpark erklärt. Die Haffküsten sind bisher vom Massentourismus verschont geblieben.
Bei der Einreise in den polnischen Teil des Haffs ist folgendes zu beachten: Die Ausklarierung in der DDR kann in Karnin und in Ueckermünde erfolgen. Auf polnischem Gebiet gibt es nur in Ziegenort und in Swinemünde Grenzkontrollpunkte. Einer dieser Häfen muß nach dem Passieren der Grenze zuerst angelaufen werden.

Swinemünde
Swinoujscie
53°55'W   14°15'E

Karten:
SHD 1514
DHI   55

Lage und Umgebung

Die knapp 50 000 Einwohner zählende Stadt beginnt direkt hinter der Staatsgrenze zwischen der DDR und Polen. Sie liegt am westlichen Ufer der Swine. Wichtigster Industriezweig der Stadt ist der Hafen. Von ihm aus verkehren Fährschiffe nach Travemünde, Ystad und Felixstowe. Swinemünde liegt am Rande des Nationalparks Wollin und ist eines der bedeutendsten polnischen Ostseebäder.

Ansteuerung und Liegeplätze

Swinemünde verfügt nur über einen kleinen, etwa 25 Booten Platz bietenden Yachthafen an der Westseite des Stroms. Sportboote können aber auch an der Pier direkt im Stadtzentrum festmachen. Den Yachthafen erreicht man von Norden kommend gleich nach dem Passieren der Swinemündung. Sie wird von der geschwungenen, mit orangenen Festfeuern bezeichneten Ostmole (Kopf F.r. N–S.) und einer kurzen Westmole (Ubr.(3)) eingefaßt. Direkt neben der Westmole liegt die grüne Toppzeichentonne B (Fkl.gn.). Auch bei schlechter Sicht ist durch das Feuer des Swinemünder Leuchtturms (Ubr.w/r.5s 25/9sm) eine sichere Navigation gewährleistet.

Vor den Molenköpfen läuft besonders bei Westwind ein starker, nach Osten setzender Strom und eine steile Dünung. Die Einklarierung erfolgt an der Ostseite des Stromes etwa eine halbe Seemeile südlich der Mole.
Der kleine Yachthafen liegt direkt gegenüber vom Grenzkontrollpunkt an der Westseite der Swine.
Aus dem Haff kommend kann die Ansteuerung Swinemündes durch den Kaiserkanal – also direkt am Großschiffahrtsweg – und durch die Alte Swine erfolgen. Deren Einfahrt beginnt westlich des Lebbiner Hochufers. Beide Schiffahrtswege sind gut betonnt und befeuert. Südlich von Swinemünde vereinigen sie sich. Navigatorische Schwierigkeiten können hier kaum auftreten. Die rege, Vorfahrt genießende Berufsschiffahrt muß aufmerksam beobachtet werden. Den Fluß kreuzen mehrere Fähren. Die Swine führt auslaufenden Strom mit einer Stärke bis zu drei Knoten.
Sportboote sollten, wenn Swinemünde erreicht wird, zuerst flußabwärts bis zum Yachthafen laufen. Die Liegeplätze dort sind ruhig und sicher. An der Pier liegt man wesentlich unruhiger, da durch vorbeilaufende Fahrzeuge ein permanenter Schwell erzeugt wird.

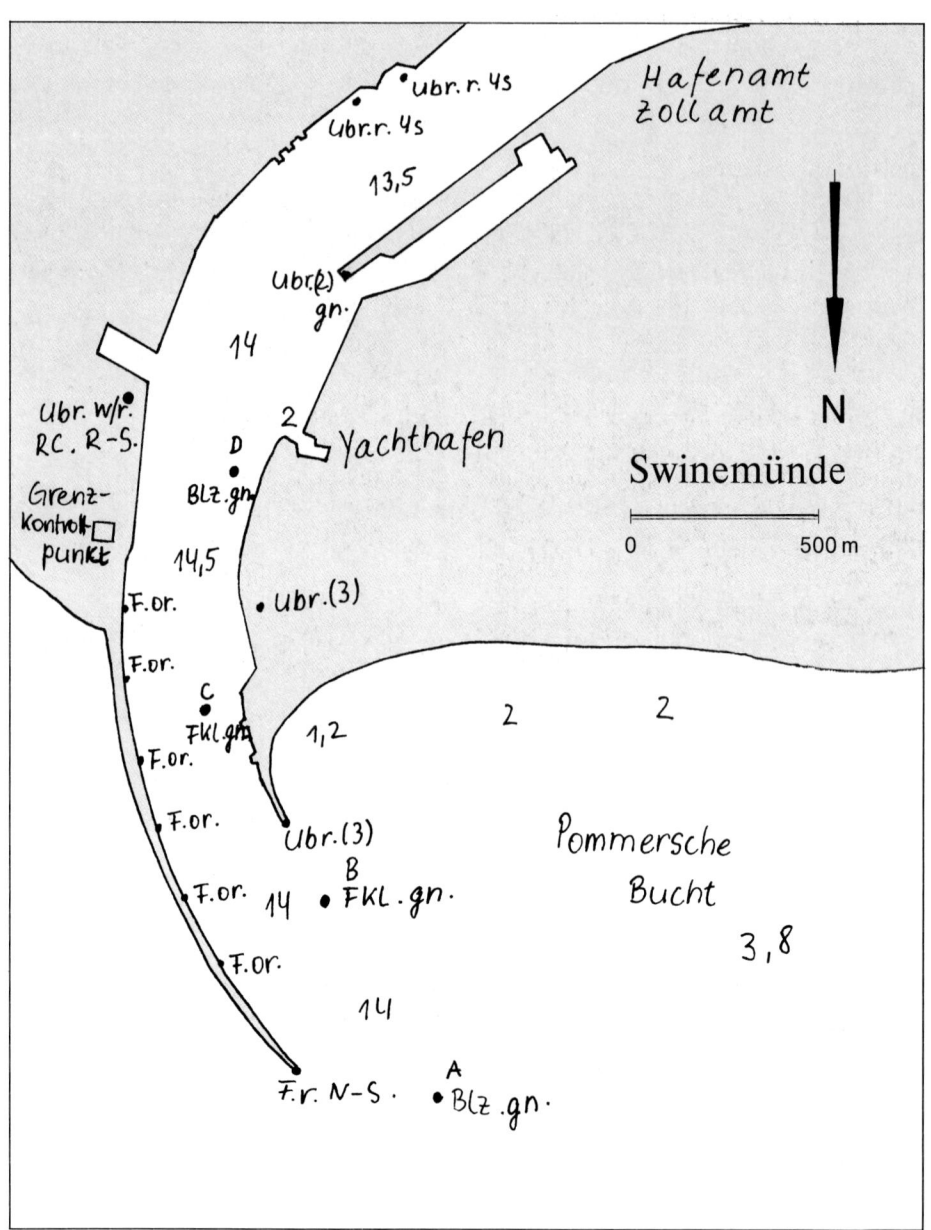

Swinemünde

Im Yachthafen von Swinemünde

Versorgung

Im Yachthafen sind Toiletten, Elektroanschlüsse und Trinkwasser sowie eine Werkstatt für kleine Reparaturen vorhanden. Im Stadtzentrum – mit zahlreichen Gaststätten – können Lebensmittel gekauft werden. Dort gibt es auch einen Laden des polnischen Yachtausrüsters Interster.

Sehenswürdigkeiten und Ausflugtips

Vom historischen Stadtzentrum Swinemündes ist nach einem Luftangriff kurz vor Kriegsende nicht viel übriggeblieben. Die mehr als 8000 Opfer wurden ein paar Kilometer westlich, bei Kamminke, bestattet.

Trotzdem lohnt sich ein Stadtbummel. Von Swinemünde fahren auch regelmäßig Tragflügelboote nach Stettin (Fahrzeit 1,5 Std.).

Die waldreiche Umgebung – der Nationalpark Wollin – lädt zu jeder Jahreszeit zu Wanderungen und Radtouren ein.

Ziegenort
Trzebiez
53°39,7'N 14°31,1'E

Karten:
SHD 1514
DHI 55

Lage und Umgebung

Der Hafen liegt am südwestlichen Ufer des Haffs direkt an der Odermündung. Da Ziegenort neben Swinemünde der einzige Hafen in diesem Gebiet ist, in dem einklariert werden kann, wird er durch deutsche Yachten sicher häufig angelaufen.
Die durch eine vorgelagerte Insel gut geschützten Liegeplätze werden von einer Segelschule unterhalten. In Ziegenort gibt es für die Sportschiffahrt die besten Bedingungen im gesamten Haff.

Ansteuerung und Liegeplätze

Der Hafen ist von Norden her vom Tor 3 (53°42,9'N 14°28,1'E) des Kaiserkanals aus auf einem Kurs von 150° zu erreichen. An der grünen Toppzeichentonne TN-A (53°40,7'N 14°30,3'E, Blz.gn.) beginnt die 1,3 sm lange und 4,5 m tiefe Rinne nach Ziegenort. Sie darf von Sportbooten auf den letzten acht Kabellängen nur noch auf der NE-Seite verlassen werden. Bei einer nächtlichen Ansteuerung müssen die vielen unbefeuerten, direkt neben dem Fahrwasser stehenden Reusen beachtet werden.
Nach dem Passieren der Einfahrt zwischen dem Yachthafen (F.gn.) und der gegenüberliegenden Insel (F.r.) muß bis in das südöstliche Hafenbecken zum Einklarieren gelaufen werden. In dem kurzen Kanal muß die rege Binnenschiffahrt, die dort ebenfalls die Grenzformalitäten erledigt, beachtet werden. Zwischen Festland und Insel läuft bis zu vier Knoten starker auslaufender Strom.
Nach dem Einklarieren kann in den Yachthafen verholt werden. Durch den Hafenmeister erfolgt die Zuweisung eines Liegeplatzes. Im Hafen ist Platz für etwa 100 Yachten aller Größen.

Versorgung

Die Liegeplätze sind mit Elektroanschluß ausgerüstet. Trinkwasser ist erhältlich.
Die Duschen und die Toiletten befinden sich im Gebäude der Segelschule. Dort gibt es auch Werkstätten und einen Segelmacher. Eine kleine Klubgaststätte ist ebenfalls vorhanden.
Der Hafen verfügt über einen 30-t-Landkran. Angeboten werden auch Winterquartiere für Sportboote (Freilager). Lebensmittel gibt es im Ort. Wie überall in Polen, ist das Angebot sehr eingeschränkt.

Sehenswürdigkeiten und Ausflugtips

Ziegenort ist ein gepflegter, kleiner Ort,

Ziegenort

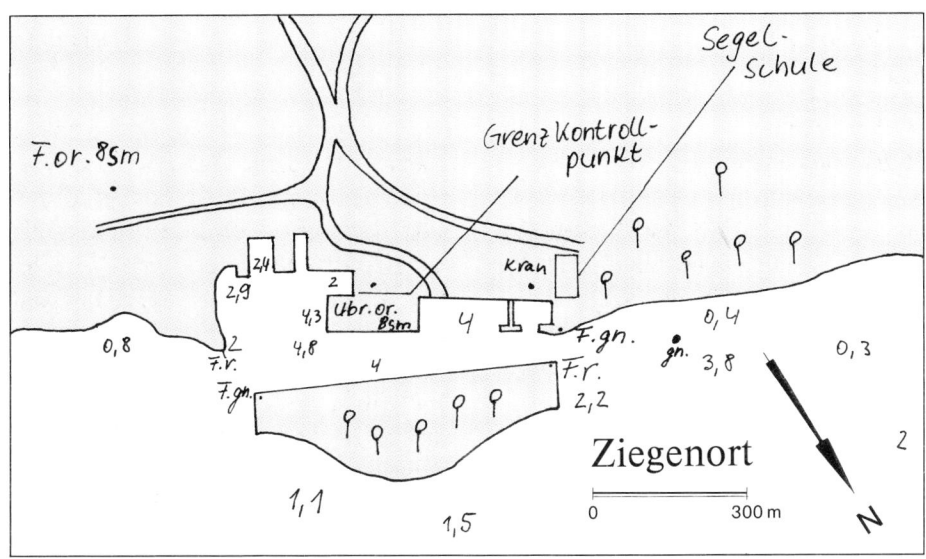

In der Marina von Ziegenort

der etwa 20 km nordwestlich von Stettin liegt. Wer eine Tagestour unternehmen möchte, sollte per Bahn oder per Bus dorthin fahren.

Ein Bummel durch das historische Stadtzentrum Stettins lohnt sich. Dort gibt es auch gute Einkaufsmöglichkeiten.

Anleger am Großen Vietziger See im Stettiner Haff

Kalkofen
Wapnica
53°52,9'N 14°25,5'E

Karten:
SHD 1514
DHI   55

Lage und Umgebung

Der Ort Kalkofen liegt im Nordostteil des Haffs in der Nähe des Mündungsdeltas der Alten Swine.
Westlich des Lebbiner Hochufers nähert sich der Vietziger See bis auf zwei Kilometer der Ostseeküste. An seinem Ostufer existiert ein schmaler, kanalähnlicher Einschnitt in die Küste, in dem Yachten festmachen können.

Ansteuerung und Liegeplätze

Südlich des Lebbiner Steilufers beginnt an der Tonne M 2 (53°51,7'N 14°27,0'E, Blk.10s 5sm) die Ansteuerung. Von ihr aus wird auf Westkurs die sieben Kabellängen entfernte Tonne M 3 passiert.
Das Hauptfahrwasser führt von dieser Tonne aus in die Alte Swine. Nach Norden zweigt die Rinne nach Kalkofen ab. Das parallel zur Küste verlaufende Fahrwasser ist betonnt, aber nicht befeuert.
Die 2,5 m tiefe Rinne kann durch Sportboote nach der Westseite verlassen werden. Die Einfahrt in den kleinen Stichkanal beginnt nordöstlich der roten Tonne 12. Die Backbordseite ist nachts befeuert (F.r.). Beim Einlaufen in den Kanal muß beachtet werden, daß sich an der engen Einfahrt eine 1,6 m flache Barre gebildet hat.
Der Kanal sollte von Südwesten her angesteuert werden. Yachten müssen darauf achten, nicht zu weit nach Norden versetzt zu werden, da die kleine Mole unter Wasser seicht ausläuft.
Festgemacht wird auf der befestigten Südseite des Kanals. Das Anlegen westlich der Lebbiner Zementfabrik – dort liegen meistens einige Fischkutter – ist Sportbooten nicht gestattet.

Versorgung

Direkt am Kanal gibt es keine Versorgung: Weder Hafenmeister noch E-Anschluß oder Toilette.
Trinkwasser kann von dem einzeln stehenden Gehöft geholt werden. Lebensmittel gibt es im nördlich gelegenen Dorf zu kaufen.

Sehenswürdigkeiten und Ausflugtips

Das Dorf selbst ist kaum die Anreise wert. Das eigentliche Erlebnis in dieser Gegend ist die wunderschöne Landschaft.
Gleich hinter dem Dorf liegt der berühmte Smaragdsee. Den Namen erhielt die ehemalige Tongrube nach der Farbe ihres

Polnische Häfen am Haff

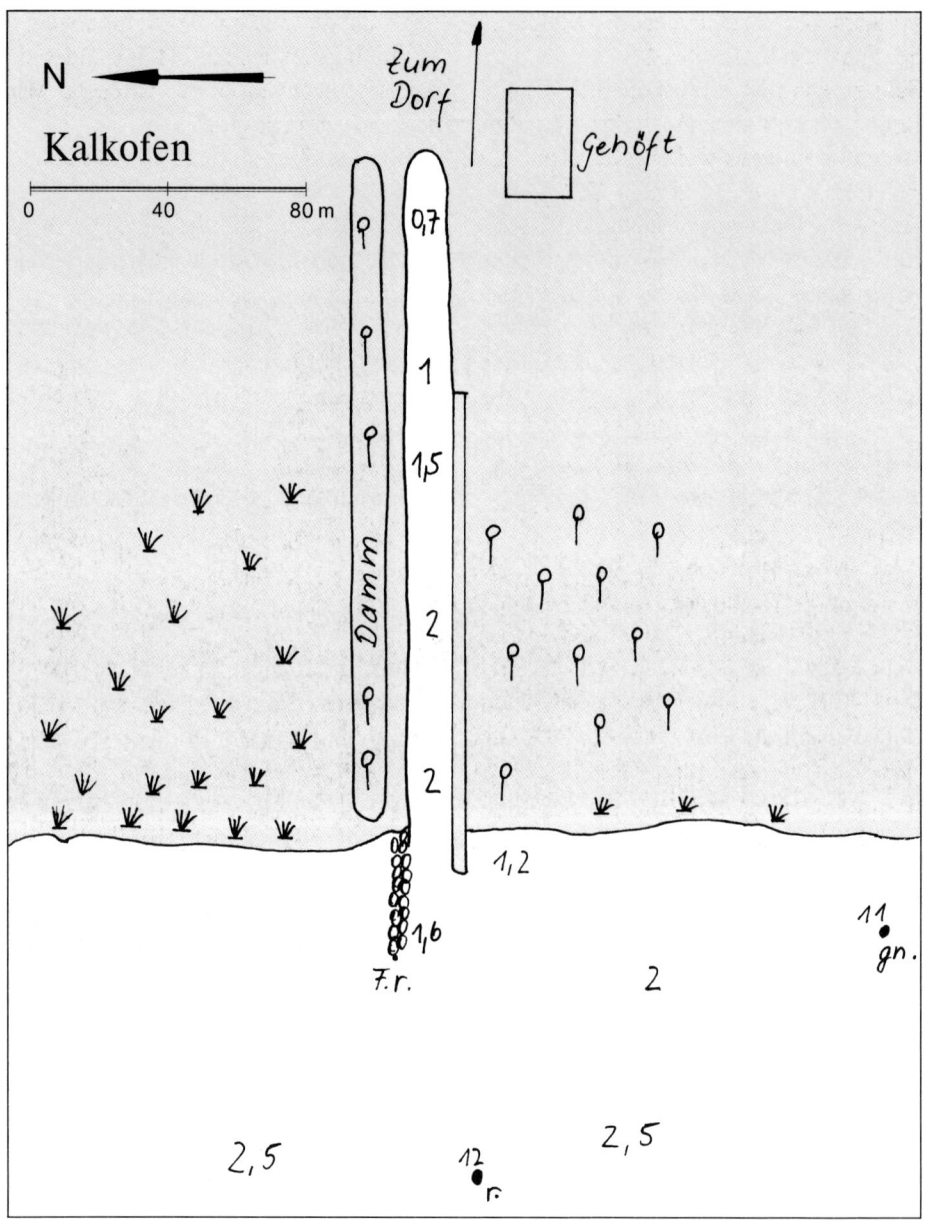

Wassers. Um den malerisch gelegenen See führt ein Wanderweg.
Sehr zu empfehlen ist auch eine Wanderung zum Lebbiner Hochufer. Von dort aus hat man einen weiten Blick über das Haff und die gesamte Swineniederung. Möglich ist auch eine Radtour in das sieben Kilometer entfernte Ostseebad Misdroy (Miedzyzdroje).

Yachtanleger im Kanal nach Kalkofen

Wollin
Wolin
53°50,6′N   14°37,0′E

Karten:
SHD 1514
DHI   55

Lage und Umgebung

Die Stadt liegt an der Ostküste der Insel Wollin an einem der Mündungsarme der Oder, der Dievenow.
Schon im Mittelalter existierte in diesem Gebiet die reiche slawische Handelsstadt Jumne. Ausgrabungen brachten zahlreiche Beweisstücke einer hochentwickelten Kultur zum Vorschein.

Ansteuerung und Liegeplätze

Die Ansteuerung in die Dievenow beginnt an der rot/weißen Tonne „ME-W" auf Position 53°46,4′N   14°28,8′E.
Von ihr aus führt in Linie von 081,3° eine gut betonnte Rinne (Richtfeuer Paulsdorf Ob-F. und U-F. je Ubr. 6sm) zwischen der Wolliner und der Pommerschen Schaar hindurch in die Paulsdorfer Bucht.
Zwischen dem Tonnenpaar 11/12 und der Ansteuerungstonne W 3 (53°56,9′N 14°34,0′E, Blk.) darf von Sportbooten das Fahrwasser nicht verlassen werden. Die Wassertiefen neben der Rinne liegen an einigen Stellen nur bei 0,3 m.
An verschiedenen Punkten liegen dicht neben der Rinne Steine. Deswegen muß beim Aufkreuzen in dem engen Schiffahrtsweg darauf geachtet werden, daß der Tonnenstrich nicht überlaufen wird.

Von der Tonne W 3 aus wird auf einem Kurs von 049° (Richtfeuer Sager Ob-F. und U-F. je F.r.) zur Tonne W 2 (53°48,0′N   14°36,2′E) gesegelt. Diese Ansteuerungstonne sollte beim Einlaufen einige Bootslängen an Steuerbord liegengelassen werden.
Von ihr aus erreicht man die bereits in der Dievenow liegende Tonne W 1. Sie wird auf der Steuerbordseite passiert. Möglichst in der Strommitte segelnd, wird von ihr aus die eine Seemeile flußabwärts liegende kleine, etwa 30 Booten Platz bietende Yachthafen erreicht.
Sportboote liegen hier mit dem Heck an sicheren Ankerbojen vertäut quer zum Strom. In diesem Gebiet werden Stromgeschwindigkeiten von bis zu drei Knoten verzeichnet. Die Wassertiefe an den Liegeplätzen beträgt zwei Meter.

Versorgung

Im Yachthafen gibt es einen Hafenmeister, der auch den Gastliegern jegliche Unterstützung gewährt. Trinkwasser und Toiletten sind vorhanden, ebenfalls Elektroanschlüsse.
Kleine Reparaturen lassen sich in der Werkstatt des Yachthafens erledigen.
Im Stadtzentrum gibt es einen Supermarkt (Entfernung vom Hafen 250 m).

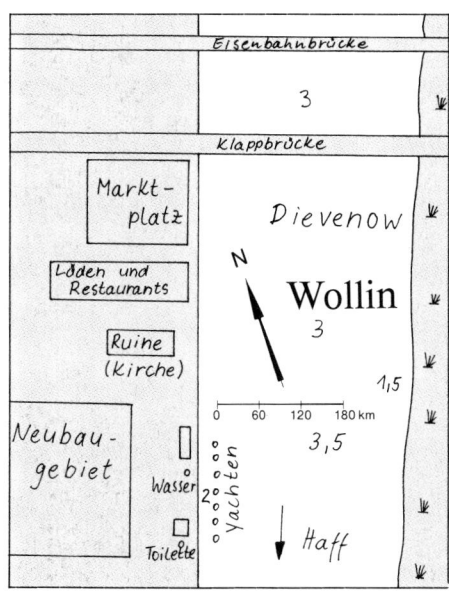

Sehenswürdigkeiten und Ausflugtips

Am Marktplatz kann die Ruine einer aus dem 13. Jahrhundert stammenden Kirche besichtigt werden. Dieses Bauwerk erinnert an die mittelalterliche Vergangenheit, an die Zeit, als die Stadt reich und mächtig war.

Im nahegelegenen Museum wird anhand von Ausgrabungsfunden über die Geschichte der Stadt informiert.

Als Tagestour ist ein Ausflug in das nahegelegene Ostseebad Misdroy (Miedzyzdroje) zu empfehlen. Mit dem Zug ist der Ort in zwanzig Minuten zu erreichen. Möglich ist auch eine Fahrt nach Stettin (Szczecin). Mit dem Zug benötigt man bis zur Ankunft im Stadtzentrum allerdings mindestens zwei Stunden.

Das Warenangebot in Wollin ist für polnische Verhältnisse recht gut.

Neuwarp
Nowe Warpno
53°43,7′N 14°17,0′E

Karten:
SHD 1513, 1514
DHI   55

Lage und Umgebung

Das Dorf liegt auf einer kleinen Halbinsel am Neuwarper See, nur ein paar Meter östlich der Staatsgrenze. Gleich hinter dem Ort beginnt ein großes Nadelwaldgebiet. Zum Nationalpark erklärt, erstreckt es sich bis in die Nähe von Ziegenort. Von Altwarp (DDR) bis Neuwarp (Polen) ist es nur 1 sm. Ein Abstecher von einem Hafen auf direkt in den anderen ist nicht möglich, da in beiden Häfen weder einnoch ausklariert werden kann.

Ansteuerung und Liegeplätze

Die Ansteuerung Neuwarps beginnt an der auf der 5-m-Linie ausgelegten schwarz/gelben Tonne WW-N (53°45,9′N 14°19,2′E).

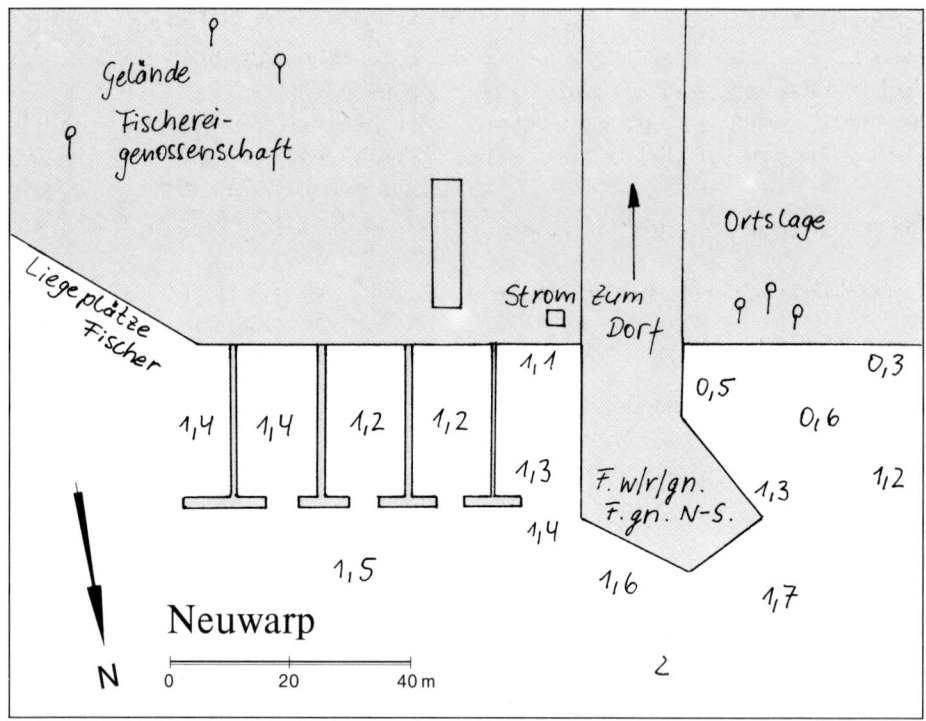

Mit einem Kurs von 256° wird das direkt neben der gelben Grenztonne 9 (53°45,5′N 14°16,3′E, Blk.(2)g.) beginnende Fahrwasser nach Altwarp erreicht. Die 2,5 m tiefe Rinne endet östlich des Altwarper Hafens an der Grenztonne 7 (Blz.r.). Von dort aus wird auf einem Kurs von 159° der nur noch acht Kabellängen entfernte Neuwarper Hafen (F.w/r/gn., F.gn.) angesteuert.

Beim Einlaufen muß folgendes beachtet werden: Der Nordteil des Neuwarper Sees ist stark verschlammt: Mit 1,5 m Tiefgang erreicht man bei Mittelwasser gerade noch die Pier. Yachten, die weniger als 1,3 m tiefgehen, können auch die Insel Kahleberg an der Einfahrt in den See nordöstlich umsegeln.

Die Abstände zwischen den Molen der Hafenbecken betragen vier Meter. In ihnen finden jeweils höchstens vier oder fünf Boote Platz. Im Ostteil liegen kleine Fischerboote. Der Hafen bietet bei allen Windrichtungen guten Schutz.

Versorgung

Trinkwasser bekommt man bei den Fischern. Toiletten sind zwar am Hafen vorhanden, von ihrer Benutzung sollte jedoch Abstand genommen werden. Lebensmittel sind in sehr eingeschränktem Umfang im Dorf erhältlich.

Sehenswürdigkeiten und Ausflugtips

Der Ort wirkt, als sei er von der Welt völlig vergessen worden. Das einzig Reizvolle ist die sehr ruhige und waldreiche Umgebung.

Wer sich bei Waldspaziergängen und Radtouren vollkommen abseits vom Touristenrummel erholen will, der ist in Neuwarp genau richtig.

Register

Althagen	76
Altwarp	205
Anklam	188
Baabe	161
Barhöft	57
Barth	59
Bodstedt	71
Born	73
Breege	121
Darßer Ort	56
Dierhagen	87
Freest	169
Gager	163
Glowe	123
Hiddensee	105
Kalkofen/Wapnica	217
Kamminke	203
Karnin	190
Kirchdorf	30
Kuhle	118
Lassan	181
Lauterbach	155
Lietzow	128
Martinshafen	131
Mönkebude	197
Neuendorf	107
Neuwarp/Nowe Warpno	221
Prerow	67
Puddemin	150
Ralswiek	126
Ribnitz-Damgarten	89
Rostock	41
Saßnitz	133
Schaprode	113
Seedorf	159
Stagnieß	186
Stahlbrode	148
Stralsund	99
Swinemünde/Swinoujscie	211
Thiessow	166
Timmendorf	27
Travemünde	22
Trzebiez/Ziegenort	214
Ueckermünde	210
Usedom (Stadt)	195
Vitte	109
Wapnica/Kalkofen	217
Warnemünde	41
Wieck/Greifswald	151
Wiek/Rügen	115
Wismar	35
Wohlenberg	33
Wolgast	171
Wollin/Wolin	220
Wustrow	79
Ziegenort/Trzebiez	214
Zingst	62
Zinnowitz	187